KB242235

리더십의 철학

리더십의 철학

C. 핫지킨슨 저

주삼환·명제창 공역

 한국학술정보㈜

THE PHILOSOPHY OF

LEADERSHIP

by

Christopher Hodgkinson

St. Martin's Press, New York

옮긴이의 글

어느 추운 겨울날 아침 첫 고속버스가 대전 유성을 향하여 막 출발하려고 바퀴가 움직이기 시작하였다. 그때 남루한 차림의 젊은 부인이 아기를 업고 한 손으로는 다른 아기를 붙잡고 머리에는 짐을 이고 헐레벌떡 뛰어오면서 차를 태워 달라고 소리를 지르고 있었다. 인정 많은 기사는 잠시 멈추고 그녀를 태워 주었다. 하마터면 그녀는 몇 초 사이에 첫차를 놓칠 뻔했다. 차에 오른 그녀는 안도의 숨을 쉬고는 곧 곤한 잠에 빠졌다. 차가 버스 터미널에 도착하여 사람들이 내릴 준비를 할 때 깜짝 놀라 깬 그녀는 "여기가 남원입니까?"하고 물었다. 여러 사람들이 유성이라고 대답하자 "아이고, 잘못 탔네." 하면서 큰 걱정을 하는 것이었다. 그녀는 차를 타려는 데 급급한 나머지 행선지를 확인하는 중요한 일을 잊었던 것이다.

어떤 일에 열중하다 보면 이렇게 근본적인 것을 잊는 수가 종종 있다. 열심히 일하고 열심히 사는 것도 중요하지만, 근본적인 방향감을 잃지 않는 것은 더 중요하다. 수단에 집착한 나머지 근본적인 목적을 잃지 않도록 주의해야 한다.

전에 역자가 모셨던 교장 선생님 한 분은 화초 가꾸기를 좋아하셨다. 청부(廳夫)들과 정원을 손질하고 온실 속에서 일하는 것이 그분의 일과였다. 그 덕분에 학교는 아름다웠고, 찾아온 방문객들은 철따라 피고 지는 화단의 꽃에 대하여 칭찬을 아끼지 않았다. 그런데 그 교장 선생님은 그 일에 너무 열중한 나머지 학교가 어떻게 돌아가는지에 대하여는 관심을 쏟지 않았다. 학생들의 성적이 올라가는지 내려가는지, 학교에 시험지가 있는지 없는지 전혀 관심 밖이었다. 교감이나, 서무, 교사들이 알아서 잘해 주면 좋았을 텐데 그렇지도 못했다. 오히려 이를 악용하고 있었다. 수업시간과 근무시간마저도 제대로 지켜지지 않았다. 결국 그 학교는 교장 대신에 원예사를 한 명 채용한 셈이다. 꽃 속에서 사는 교장은 행복했지만, 학생들과 학교는 실패였다. 교장실에 왜 의자가 마련되어 있는지를 모르기 때문이었다.

행정가는 가치(價値)를 실현한다. 무엇이 가치 있다고 생각하느냐에 따라 그의 행정행동은 달라진다. 자신이 좋아하는 것(good)을 실현하느냐, 옳다고 (right) 믿는 바를 실현하고자 하느냐, 아니면 그 중간의 조직을 위한 행정을 하느냐는 가치의 문제이다. 그래서 행정은 결국 철학이 겉으로 나온 것이다. 따라서 철학은 행정과 지도자에게 근본적인 것으로 중요하다. 이 책은 이런 근본적인 것을 놓치지 않으려는 목적으로 쓰이고 또 번역되었다. 단순한 행정직원이 아닌 행정가는 지도자이다. 조직과 기관, 구성원을 이끌고 나아가는 행정가의 나침반에 대한 인식을 새롭게 하려는 것이다.

또 행정가는 수많은 다른 사람들의 삶을 통제하기 때문에 행정가가 어떤 인간관, 시간관, 행정관, 내지 철학을 갖고 있느냐에 따라 우리 조직 사회 전체가 좌우된다. 그동안 우리는 이러한 너무나 중요한 측면에 대하여 주의를 기울이지 못했다.

『리더십의 철학』은 같은 출판사의 『교육행정철학』의 자매편이다. 행정과 철학, 지도력과 철학을 접목시키려는 것이기 때문에 좀 어려우며 또한 압축 요약된 부분이 많아 천천히 생각하면서 읽어야 할 것이다.

훌륭한 행정가, 지도자를 위한 나침반이 되었으면 한다.

2006년 2월
옮긴이 주 삼 환·명 제 창 識

저자의 글

이 책은 '인간으로서의 행정가(man-the-administrator)는 행정에 어떻게 대처할 수 있으며 또 어떻게 대처해야 하는가? 하루하루를 어떻게 보내야 하는가?' 등과 같은 근본적으로 실제적인 문제에 대한 해답을 찾고자 한다.

그러나 그 해답은 실제 이상에서 찾아야 한다. 이 해답은 단지 고양된 의식과 깊이 있는 반성의 힘에 의해서 얻을 수 있다. 그래서 이 책은 당위(right)의 세계와 실천(praxis)의 세계를 연결시키고자 한다. 이러한 목적에 확실히 가치가 있는 만큼 덕망 있는 세상살이의 도구가 되고 보조물이 되는 것은 설교법이라기보다는 자신의 나아갈 길을 안내하는 지도제작법이다.

이 책에서 중심이 되는 문제는 '20세기 말의 행정가, 즉 행동인이 된다는 것은 무엇을 의미하는가? 또 무엇을 의미할 수 있으며, 무엇을 의미해야만 하는가?' 등과 같은 것이며, 이에 대한 해답을 한마디로 말하자면 그것은 바로 리더십의 철학이다.

감사의 글

이 책을 쓰는데 저자는 다양한 지위에 있는 행정가와 철학자는 물론이고 과거와 현재의 저술가와 권위자, 이론가와 실천가, 학생들과 동료, 지도자와 피지도자들의 도움을 받았다. 그분들 모두에게 어울리지는 않겠지만 감사의 마음을 표하고 싶다. 또 저자가 특별히 감사드려야 할 분들이 있다. 제일 먼저 손꼽아야 될 분은 작고하신 빅커 경(Sir Geoffrey Vickers VC)으로, 그분은 이 책을 쓰고 있는 동안 끊임없는 편지 왕래를 통하여 본인에게 지적이고 도덕적인 자극을 주는 자료를 계속 제공하였을 뿐만 아니라 이 책의 일부에서 논의되고 있는 금욕주의와 보호자의 덕목을 구체화하는 데 필요한 자료를 제공해 주었다. 또한 아주 대칭적인 방식으로 덕과 악의 변증법적인 양 측면을 신봉하는 사람들의 도움을 받았는데, 대표적인 사람으로는 어디에 있든지 간에 알렉산더대왕(the Alexander)과 시라큐스(Syracuse)의 독재자들을 들 수 있다. 이 사람들에게도 감사하고 싶다.

이 책의 저작을 부분적으로 지원해 주고 몇 번의 귀중한 국제여행과 국제적 접촉을 허용해 준 캐나다 사회과학 및 인문학 연구협의회(SSHRC)에 감사를 드리고 싶다. 또한 지속적인 지원과 비판을 아끼지 않은 아내 매쥐(Madge)와 타자 원고와 그림을 노련한 솜씨로 애써서 만들어 준 비서인 마커스(Marion Marcus) 부인에게도 감사드린다.

다음으로 필요한 내용을 옮겨 게재할 수 있도록 친절하게 허락해 준 저작권 소유자들에게 감사드린다. 즉, 웨일(Simone Weil)의 내용을 발췌토록 허용한 Messrs Routledge와 Kegan Paul 그리고 the Massachusetts

Press; 제6장 제1절에서 인용된 내용을 발췌토록 허용한 the New American Library와 the Vedanta Society of Southern California, 제6장 제6절에서 보노(Edward de Bono) 박사의 분류범주를 발췌하도록 허락한 Maurice Temple Smith; 그리고 제6장 제1절에서 구절을 인용토록 허락한 Messrs Harper and Row 등의 출판사에 대해 감사드린다.

　마지막으로 앞으로 본문에서 나오게 될 출판사의 이름을 다 열거할 수 없었음을 죄송하게 생각하며, 저자명을 밝혀야 함에도 열거되지 않은 분들에 대해서도 사과의 말과 함께 거듭 감사드린다. 이들이 이끄는 대로 저자는 따를 뿐이다.

캠브리지(Cambridge)에서
핫지킨슨(Christopher Hodgkinson)

차　례

제3장 현 실 론

제4장 이 념 론

제5장 실 용 론

제6장 원 형 론

제7장 리더십의 철학

제1장
왜 철학적으로 설명해야 하는가?

왜 철학을 하는가? 이는 실천가나 이론가 모두에게 하는 기본적인 질문이다. 특히 말이 난해하고 현학적이며 조직의 활동적 환경과 정반대로 대립되고, 현실세계에 대한 실용성과 한계성을 함축하게 될 때는 더욱 그렇다. 왜 학문적인 지적 훈련만으로는 온전한 행정적 노력을 망치게 되는가? 확실히 이보다 더 세련되고 덜 편견 된 철학에 대한 관점을 지닌 행정가들이 있다. 그러나 이들조차도 철학이 있어야 하며 철학이 통하고, 그때그때의 행정적 생활에 알맞은 직관적·무의식적·상식적 방식으로도 충분하다고 인정하는 데 그친다. 철학적 설명에 대한 이러한 습관적인 방식을 넘어서 보다 의식적인 접근을 위한 요구에 부응하기 위해서는 아마 유인가, 동기, 그 외의 다른 종류의 보상, 또는 적어도 타당한 근거가 필요하다.

실천가는 자신이 계속 얻고자 하는 것을 알고자 할 것이며, 특히 아주 바쁜 사람일수록 더욱 그럴 것이다. 물론 자신이 경영자 측에 가까울수록 또 행정가 쪽으로 덜 기울어질수록 철학을 생각할 필요를 덜 느낄 것이다. 이 책에서 계속 사용하게 될 행정(administration)과 경영(management)이란 용어의 구별은 정책결정과 정책집행, 조직생활의 판단적 측면과 활동적 측면 사이의 차이로 대략 이해될 수 있다(Hodgkinson, 1978: 4-6, 그리고 2장 이하).

행정은 종합적인 집행적 기능 중에서 보다 더 사색적이고 질적이며, 인간적이고 전략적인 측면에 해당된다. 반면에 경영은 행동적이고 양적이며, 물질적이고 기술적인 측면에 해당된다. 집행자가 이러한 종류의 차이점을 인식하고, 실천이나 성향에 있어 어떤 방식으로 향하는 경향이 있다고 할지라도, 당당하게 "자신을 위한 철학이 어디에 있는가?"라고 질문하게 된다.

이론가냐 조직 및 행정을 공부하는 학도냐에 따라, 이 질문은 다르게 들리지만 비판적인 형태를 띠게 될 것이다. 이 분야에 어떤 종합적이고 철학적인 취급을 할 수 있는 지식의 체계가 있는지에 대하여 이들은 질문하게 될 것이다.

"철학은 가능한 것인가? 철학은 어떤 이점을 주는가?" 하는 두 가지 종류의 질문에 대하여는 대답을 찾아야 할 가치가 있다. 다음에서 우리는 이러한 문제들을 탐구하고 행정철학을 위한 사례를 제시하고자 한다. 그러나 우리는 잠정적으로 실천가에게는 힘(power)이, 이론가에게는 이해(comprehension)가 도움이 된다고 최고책임자는 가정하리라고 단언하고자 한다.

이 책의 기본 가정은 '행정은 행동철학'이라는 명제로 진술될 수 있다. 진술된 대로 이 말은 애매모호하다. 그리고 주요한 용어들도 명백하게 정의되지 않았다. '철학', '행정', '행동'이란 용어가 다음에 논의할 모든 주제들과 관련되기 때문에, 정확한 의미를 찾는 것은 아마 시기상조일 것이다. 그렇지만 몇 가지 예비적인 이해가 필요하다.

'행정'은 가장 널리 알려진 인간적 활동이며, 목적 달성을 위한 인간과 수단의 조직이라고 이해되고 있다. 그 수단은 기술공학적이며 또 가장 복잡한 것(NASA, NORAD, 신경외과학)이 될 수도 있으며, 그 목적은 다양하고 세밀하고 애매모호하며 무한하다(토성환 촬영에서 맥베드 부인의 환희에 이르기까지). 그리고 항상 협동적인 인간조직이 필요할 것이며, 그 조직을 어떻게 배열하느냐와 어떻게 기능하게 하느냐는 것은 행정의 주제이다. 조직은 행정예술의 캔버스(canvas)에 비유되고, 오늘날 점차 대규모화하고, 복잡해지며 분파되고 있는 조직 내의 생활은 그 캔버스 위에 칠해지는 색깔(paint)에 비유된다. 행정예술의 형태는 아주 오래된 것이다. 태고적부터 인간은 목적달성을 위하여 인간 자신을 조직하여 왔다. 새로운 것은 관료적 형태 자체를 포함한 인간조직의 규모, 크기, 복잡성, 기술공학 등의 폭발, 경영기법에 관한 지식이 성장했을 뿐이다. 인간사회는 전보다 더 많이 조직화되고 있으며, 이것은 행정이 보다 더 편재하고, 더 우세해지고, 더 널리 보급되고 있다는 것을 의미한다. 조직이 가지고 있는 잠재력과 함께 명성, 힘 그리고 타락의 무한한 가능성도 있다. 또한 모든 이러한 발전 과정에서 본질적인 집행기능은 불변의 상태로 계속되고 있다.

그리고 본질적인 행정적 딜레마(dilemma)도 영원히 계속되고 있다. 이것은 표리부동한 조화의 문제이며, 종종 이중으로 묶여지는 문제이다. 이 이중성의 하나로 행정가는 조직 내의 규범적(nomothetic) 갈등과 개인적(idiographic) 갈등을 조화시켜야만 한다. 다시 말해서 그는 조직구성원들 개개인에 대한 개인적 관심과 부여된 조직 목적들 사이에서 오는 끊임없는 긴장을 해결해야만 한다. 다른 한편으로 인간은 자신이 현재 속해 있는 환경에 대한 숨 막히고 경쟁적이며 갈등하는 모든 압력들과 관련하여 자신의 조직활동을 조화시켜야만 한다. 이러한 것은 공생적 관계이다. 즉, 조직의 생과 사는 문화변동의 구성요소이다. 그리고 그 환경은 물리적이고 지리적인 것뿐만 아니라 정치적·사회적·경제적·역사적, 심지어는 지적·**시대정신적**(Zeitgeistlich)인 모든 의미를 포함한 생태학적인 것이다.

그래서 행정은 환경에 대하여는 집행자의 역할이 외향적으로 나타나고 내부적인 질서에 대하여는 내향적으로 보이는 야누스(Janus)와 같이 복잡하고 보편적인 인간적 과정이라고 말할 수 있다. 행정의 기본 의도는 안정상태와 성장을 추구하는 것이며, 그 기본적 기능은 압박감이 있는 상태에서 목적을 향하여 뚫고 나가는 것이다. 이것은 인간가치의 전반적 맥락에서 그렇다. 행정의 모든 국면에 부딪치고 얽히게 되는 가치는 갈등을 낳는다. 이러한 갈등의 성격에 대해서는 다음 장에서 기술하겠지만, 우선 기본적인 갈등은 대략 개인과 조직, 그리고 조직과 환경 사이에서 생긴다는 것을 알 수 있다. 이러한 긴장, 인간적 기반, 그리고 가치의 개입은 행정이 어려운 예술이며, 가장 고상하고 오래된 기본적인 전문직이 될 수 있다는 증거가 된다.

제1절 철학과 행정

'행정은 행동철학'이라는 기본 명제에서 행정과 철학이라는 주요한 용어에 대하여 각각 따로 논의를 하지 않더라도 상당한 설명을 요하는 복합적 의미를 갖는다. 두 용어 중에서도 철학이란 말은 보다 더 오래되고 더 많은 의미를 갖고 있고, 보다 더 의미를 파악하기 어렵다. 철학은 또한 더 많은 논쟁의 여지가 있으며, 오늘날에도 학문을 하는 철학자들은 그 의미에 관하여 논란을 벌이고 있다. 수 천 년이 지나는 동안에도 이 문제에 대한 토론은 생생하게 여전히 지속되어 논쟁은 끝날 줄을 모른다. 그러나 이 철학에 대한 네 가지 중요한 의미, 즉 (1) 학술적, (2) 이원론적, (3) 고전적, (4) 실제적 해석을 할 수 있으며 또 그것이 정당하다고 본다.

1. 학술적 의미

학술적 해석은 철학을 연구분야나 그 전문적 분야로서 **존재론**, **가치론**, 인**식론**으로 나누어 보는 것이다. 이 부분은 행정에 대해 다양한 의의를 준다. 첫째, 존재론 또는 형이상학은 현실과 존재의 본질을 다룬다. 이는 종교나 신학에 가까우며, 비록 이러한 지식의 실체의 효과를 감소시키는 것이 정당화될 수 없다고 할지라도, 약간 학술적으로 퇴색되면서 행정과 직접적인 관련을 갖는 것 같지 않게 보인다. 물론 이것은 간접적으로 그리고 어느 정도 집행자의 행동유형이 의미 있게 자신의 신념체제에 의해서 결정되고, 또 자신의 의식적·무의식적인 존재론적 가정에 의해 결정된다는 것을 부정할 수는 없다. 사실 그것은 자신의 실제적 완전성이나 지각된 완전성을 말하는 것이 아니라 집행자가 헌신적 노력의 수준이나 범위를 결정하는 것으로 가정한다. 또한 "인간은 종류나 수준의 측면에서 다른 동물과 다른가?"와 같이 나중에 우리가 문제점으로 고찰해 봐야 하는 전형적인 존재론적 문제는 아주 중요하다. 다시 말해서 "동물과 인간 사이에는 존재론적 불연속성이 있는가?"(Schumacher, 1977: 16-25) 이러한 문제에 대한 해답은 앞으로 조직에 있어서 어떤 차이를 만들게 될 것이다.

윤리학이나 미학이란 하위분과를 갖고 있는 두 번째 분과의 가치를 연구하는 **가치론**은 훨씬 더 직접적으로 행정행동, 조직행동과 관련된다. 그래서 행정예술 형태의 진수는 가치라고 주장할 수 있다. 이에 관해서는 후에 많이 다루겠지만, 가치의 출현, 협동적 행동을 통한 이러한 가치의 실현, 행정과정에서의 가치갈등해소, 조직의 정치적 무대에서 가치문제에 대한 토론과 억제 등은 모두 집행자가 매일, 아니 시간마다 경험하는 것들이다. 그러나 형식적·기술적 철학이 진실로 나타나면서 논쟁의 도가니로부터 다소 멀어져 간다. 그리고 이러한 철학과 행정연구의 분야와의 접촉은 무미건조하게 여겨지는 경향이 있다(Waldo, 1980: 99-117). 그렇지만 윤리학의 성격과 자료를 설명하고, 가치의 성격과 관련된 사회과학과 행동과학의 연구결과를 종합함으로써 학술적 철학이 할 수 있는 것은 무엇이든지 행정과 관련성을 갖는다. 그런데도 지금까지 철학과 행정의 두 영역 사이에 이루어진 것은 아무것도 없고 의사소통도 거의 없었다는 것은 이상한 일이다.

철학의 나머지 분과인 **인식론**도 행정가들과 관련성을 갖는 관심거리이다. 이는 "인간은 어떻게 아는가? 무엇이 참(眞)인가?"와 같은 질문을 한다. 그 하위분과인 논리학은 대부분의 경영과 행정 과정의 측면과 관련을 갖는다.

그래서 논리와 합리성은 행정과 조직의 초가치(超價値)를 구성한다고 말할 수 있다(Hodgkinson, 1978: 108). 여기서 초가치란 아주 명백한 것이어서 검토할 필요 없이 무의식적으로 모든 평가과정에 적용되는 가치과정을 말한다. 다시 말해서 모든 사람이 논리적이고 합리적인 것으로 여기고 또 효율적이고 효과적인 것으로 여기는 것을 말한다. 즉, 부정적인 것들은 그 어느 것도 여기에 포함되지 않는다.

논리는 집행자의 기본적인 도구이다. 이는 논란거리에 대한 고찰과 평가, 그리고 발표내용, 연구과제, 또한 계획에 대한 계속적인 제어를 통해서 집행자의 업무 속으로 스며든다. 중요한 능력과 기술에 대한 집행자의 전반적인 대비는 끊임없이 이용된다. 학술적인 것은 집행자의 재보(財寶)가 될 만한 가치가 있지만, 이는 논리적인 능력을 연마하고 다듬고 강화하는 것을 배움에 의해서만 보장받을 수 있다. 전에 논리학은 단지 인식론의 하위분과중의 하나에 불과했으나, 최근에 이르러 조직의 지각에 대한 일반적인 성격을 연구하는 이론적인 연구단체에서는 이에 관하여 더 많은 관심을 갖고 논의를 진행해 오고 있다(Greenfield, 1980, 1979; Giddens, 1977; Feyerabend, 1975). 조직의 현실은 무엇이며, 또 어떻게 하면 가장 잘 이해될 수 있는가? 그리고 이는 어느 정도까지 법칙과 예언에 순응하는가? 또한 조직의 현실에서 깊은 모순을 갖는 것에는 무엇이 있는가? 이러한 문제에 대한 응답은 집행적인 행동과 그 유형에 밀접하게 관련을 맺는다.

2. 이원론적 의미

철학에 대한 이원론적 이해는 그 영역을 **논리**(logic)와 **가치**(value)의 두 가지 영역으로 구분한다. **논리**는 사실·구조·통일과 일관성, 인과론적 연결, 설명적인 체계 및 계열 등을 다루고, **가치**는 평가 과정을 거치는 윤리적·도덕적인 문제로부터 동기유발이란 복잡한 문제에 이르기까지 모든 가치문제를 다룬다. 그래서 가치는 인간심리에 대한 심층적 분석에 의해 드러났거나 알려진 차합리적(次合理的) 또는 초합리적(超合理的)인 모든 요소들을 포함한다. 그리고 이들 두 분야의 지식은 모두 모든 조직행동과 관련된다. 이 책에서 주로 지지하는 철학에 대한 이러한 일반적 이해와 여기에 깔려 있는 신조는 행정이라는 하나의 예술을 성공적으로 실천하는 사람은 논리와 가치라는 분야의 사고를 가능한 한 많이 이해해야만 한다는 것이다. 여기서 행동철학은 가치를 가치와 사실의 혼합체로 바꾸어 놓는 것을 의미한다.

3. 고전적 의미

'철학'이란 단어는 '지혜의 사랑'이라는 어원으로부터 나왔다. 역사의 흐름과 학술기관에서의 철학의 정착과 후원, 지원과 보호를 통해서 암시하는 모든 것들이 지혜라는 말을 함축하고 있다는 것은 최소한 실제적인 일들에 있어서 그 의미가 변하고 있다. 그리고 이러한 의미의 상실은 민주적 풍조에 의해서 증가되고 있다. 비록 어떤 사람이 자신의 동료들에 대해서 자신의 행동절차를 설득했다고 할지라도, 감히 누가 단호하게 자신이 동료들보다 현명하다고 주장할 수 있겠는가? 철학을 배경으로 한 모든 엘리트적 허세는 속물적 통설로 의심을 받거나 공격을 받게 될 것이다〔『개방사회와 그 적들』(1966)이란 책에서 플라톤(Plato)에 대한 포퍼(Karl Popper)경의 비난을 보라〕.

 궤변·방법적 지식·상식 등이나 눈가림으로 지혜를 추구한다고 할지라도 지혜 그 자체에 대한 매력은 여전하다. 집행자들은 지혜를 싫어하지 않는다. 객관적인 근거가 다소 놀랍기는 하지만 집행자들이 대립하지 않는 철학연구를 통해 얻어낼 수 있다면, 이들은 지혜추구자이어야만 한다. 소크라테스(Socrates)가 이러한 연구의 정당화를 위해서 "검토되지 않은 삶은 살만한 가치가 없다"고 말했던 것으로 생각된다. 확실히 이러한 말은 "검토되지 않은 가치는 지닐 만한 것이 못되고, 검토되지 않은 행정은 행할 만한 것이 못 된다"라고 확대할 수 있다. 이러한 추리는 반성적·분석적·종합적 그리고 지성적 활동에 종사하게 되면 실제적이고 의의 있는 이득이 있다는 것을 말한다. 지혜는 수단적으로 봉사해야만 하는 것처럼 보인다. 그러나 지혜는 대개 공짜로 얻어지는 것이 아니며, 학술기관(Academy)을 통해서 얻어지는 것도 아니다.

반면에 그 원리는 우수한 행정가를 양성하는 어떤 학교에서는 인정되고 있으며, 그 사례로는 영국 옥스포드대학의 피피이(PPE; philosophy, politics and economics) 교육과정, 프랑스의 행정학교(Ecole Normale d'Administration), 일본의 마츠시다 정치경영학교 등이 있다. 법률학을 고급행정가 양성의 적절한 수단으로 보는 독일의 경향도 이러한 기본적인 경향과 그 맥을 같이 한다.

이러한 의미에서 행동철학은 아주 단순한 실제적인 지혜나 현명한 행정을 의미하는 것이다.

4. 실제적 의미

마지막으로 일상적인 의미의 철학을 정책형성으로 보는 관점이다. 정책과 정책과학의 예술에 관해서는 이미 아주 많은 사람들이 언급했고, 또 많은 저작물들이 있다(Tribe, 1972). 그러나 한 가지 확실한 것은 정책결정이 아직도 백지상태라는 점이다. 정책결정자들은 편견적이고 선입견으로 이루어진 책상 앞에 앉게 된다. 공명정대라는 신화는 과학적 객관성이라는 신화와 가깝다. 모든 결정은 가치라는 구성요소를 포함하며, 의사결정자는 가치복합을 갖게 된다. 정책을 형성하는 경우에 사실적인 상황이 다소 논리적인 일관성과 경험적 정밀성을 갖고 정책결정자나 행정가들에게 다시 제시된다는 점이다. 이러한 주장에 명시적 또는 암시적으로 담겨 있는 것은 주관의 객관화와 사태의 확대이다. 그래서 이러한 주장과 재구조화는 가치의 영향권에서 벗어날 수 없다. 예를 들어 이러한 일은 집행자가 대화나 토론을 통해서 자신이 속한 조직목적(the purposes, aims, goals)과 목표(objectives)를 결정하는 경우에 발생한다. 요약하자면, 집행자는 조직의 가치복합을 결정한다. 그래서 이것은 경영과 조직행위라는 수단으로 무미건조한 세계에서 세속적이고 일상적인 철학을 현실이나 사건으로 바꾸어 놓는다. 러셀(Bertrand Russell)의 말대로, 일을 하고 나면 거기에는 지구상의 물질의 분배에 변화가 생기는 셈이다. 여기서 행동철학은 정책의 형성과 집행을 의미하게 된다.

이러한 내용이나 앞에서 제시한 내용으로 볼 때 철학은 행정과 통합되고, 행정을 행동철학으로 정의할 수 있게 해준다. 그러나 여전히 "철학은 왜 하는가? 철학은 철학 자체를 다루지 않을 수 있는가?"라는 문제는 남는다.

제2절 왜 철학을 하는가?

철학이 행정과정과 행동의 중심이라고 말했지만, 행정철학에 관한 저작물이 적은 것은 이상한 일이다. 아마 현대적 사상에 대한 어떤 지배적인 영향을 통해서 이에 대한 설명을 할 수 있을 것이다. 일반적으로 논리실증주의와 실증적 태도는 현대적인 에너지들을 유물론적 방향에 초점을 맞추도록 영향을 주었다(Barrett, 1979: 49). 컴퓨터 공학, 인공두뇌학, 합리적·합법적 관료제, 일반체제이론, 실증주의적 이념과 같이 대체적으로 이상에 기초했거나 현실에 기초한 발전(Simon, 1965)은 모두가 다 철학적 자극 및 관련된 인간주의적 감성을 잊게 만든 마취제였다. 물론 초합리적이고 기술공학적인 시대에서조차도 이러한 흐름은 전적으로 사라지지 않았다. 예를 들면 금세기 초기에 쓰인 저작에서 테드(Ordway Tead)는 철학하는 이유를 다음과 같이 정당화하고 있다.

만일 우리가 철학을 하지 않으면 안 되는 명확한 목적을 알고자 한다면, 이러한 검토는 바로 철학적 설명을 통해서 가능해진다. 그리고 법인조직의 장기 목표, 개인 욕구의 선택적 충족, 적절한 범위의 개인적 창의력의 발견, 단일 법인조직의 이익을 국가경제 또는 국제경제와 상호 관련시키는 것도 또한 철학의 한 부분이라는 사실이다.

개개인이 인간의 존엄성과 의의를 본질적인 기준으로 보는 철학에 따라 일하지 않는다면, 인간의 전문직 생활은 의미가 없다(Dimock, 1958: XI).

그리고 디목(Dimock)은 자기 나름대로 행정철학을 같은 맥락에서 다음과 같이 말하고 있다.

그렇지만 과학이란 측면에서 행정을 본질적으로 인문과학의 하나로 보는 것이 옳다고 우리는 지금까지 생각해 왔다. 행정은 단순히 공학·재정 그리고 구조뿐만 아니라 철학·문학·역사 그리고 예술 등의 학문과 연결되고 있으며, 또 최소한 결부되어야만 한다고 본다. 비록 최근에서야 인식되었다고 할지라도 이러한 필요성을 벌써 인정했었다는 것을 벨회사(the Bell System)와 같은 대회사의 결정에서 찾아볼 수 있다. 즉, 이 조직은 펜실베이니아(Pennsylvania) 대학교의 시설과 같은 대교육기관의 교육시설과 깊이 결부되었다. 이 회사에서 유능한 집행자들은 문학·예술 그리고 철학과 같은 교과를 포함시킨 집행자 계발 과정을 밟아야 했다. 그렇다면 왜 철학을 안 하나? 행정의 핵심은 행정가들이다. 그리고 행정가들은 자신들이 인간의 인간성과 철학적 통찰력에 중점을 두는 지식과 기술의 분야와 일체가 될 때, 계속 인간적이고 철학적인 인간이 되며 인간적 욕구와 열망을 충족시킬 수 있는 지속적인 프로그램을 계획할 수 있다(Dimock, 1958: 5).

이 인용문은 수십 년이 지난 오늘날에도 여전히 타당성을 갖는다. 이 원칙이 포함하고 있는 것과 이에 대한 반응들은 앞서 언급한(고전적 의미를 보라) 내용을 통해서 볼 때 분명해진다. 이는 또한 바나드(Barnard)의 행정에 관한 고전적 저서의 말미에서 증명된다. 바나드는 그의 저서에서 "저자는 협동의 확대와 개인의 발전이 상호의존적이며, 이들 사이의 조화와 균형이 인간복지의 필수조건이라고 믿는다. 왜냐하면 그것은 전체로서의 사회와 개인이라는 양 측면에서 모두 주관적이기 때문에, 저자는 과학이 이러한 균형을 설명할 수 없다고 믿는다."(Barnard, 1972: 296)고 하였다.

다시 말해 행정예술은 그 진정한 바탕을 인문과학에 두고 있다. 디목은 이러한 사실을 정확히 진술하였다. 행정은 또한 응용적 예술이며, 모든 기존의 학문들이 교차하고 모든 과학이 기여하는 학제적 결합체이다. 그러나 그 본질은 목적 달성을 위해 인간들이 인간들을 움직이는 것이다. 그리고 이것은 단순히 아주 복잡한 동물이나 기계뿐만 아니라 **인간**에 대한 의도적인 행위이다. 행정가들이 자신을 위해 철학을 하고 태만으로 인해 다른 사람들이 하도록 내버려 두지 않기 때문이다. 그리고 여기에는 반대 논리뿐만 아니라 이미 강력한 근거도 있다. 반대 논리에 대하여 먼저 살펴보기로 한다.

제3절 왜 철학을 안 하는가?

모든 권위자들이 앞에서 말한 입장에 동의하는 것은 아니다. 대표적으로 사이몬(Simon)과 함께 실증주의자나 행동주의자들은 행정 과정을 다른 곳에서 주어진 목적과 이에서 파생되는 수단—목적의 연결고리에 관한 타협으로 간주하려고 하며, 집행자의 기능을 단지 효율성과 효과성이란 초가치적 기준에 따라 이러한 수단—목적의 달성을 충족시켜 주는 것으로 본다(Simon, 1965: 62-6; Skinner, 1971). 조직이 버스라면 행정가는 운전사이다. 이러한 사고방식에서 무엇 때문에 철학을 필요로 하겠는가? 이러한 저자들은 문헌에서 알려진 대로 정치—행정의 이분법으로 알고 있거나(Thomas, 1978: 6-12; Waldo, 1979: 22), 전에 말한 것처럼 행정—경영의 구별로 알고 있다(2장을 보라). 히틀러(Hitler)전쟁 당시 생산경제의 많은 부분을 담당했으며 유능한 행정가였던 슈페르(Albert Speer)는 적절한 예가 된다. 상당 기간 동안 수감된 후에야 슈페르는 결국 자신의 행정경력에 관한 철학적이고 윤리적인 잘못을 밝혔다. 그러나 이러한 일은 그가 한창 활약할 때에는 전혀 없었다. 그 당시 그가 나약하고 비생산적인 침입에 대한 반성을 전쟁노력에 대한 위협으로 여기는 것은 물론이고 실제적인 행정의 업무나 진로의 방해물로 여긴 것은 당연하다. 마찬가지로 행정-경영 또는 정치-행정의 구별 중에서 경영 쪽으로 기우는 실천가들이나 이론가들은 일차적으로 사실·전술·계량·계산과 물질적 자원과 관련된 문제와 밀착하기 때문에 철학적 반성은 산만한 것이라고 주장하는 경향이 있다. 지네가 계속 기어가야만 하는 경우 너무 지나친 자기분석에 탐닉할 수 없다는 원리에 비추어 볼 때, 노골적으로 혼란하거나 쇠약하지 않을 경우 철학적 반성은 효율성과 효과성을 감소시킬 수 있으며 사치스러운 것이 되고 비용-효과분석을 놓치는 결과가 된다. 더욱이 실용주의 정신의 인간행동에 쉽게 밀착하여 사람들로 하여금 철학을 불신하도록 부추기는 부류의 반주지주의가 있다고 말하는 것은 아마 냉혹하지도 않고 불실한 것도 아니다. 그러나 종종 오가는 불신·의심 그리고 경멸은 행정-경영의 구별을 그릇된 이분법이라고 굳히게 된다.

이러한 반론들에 대한 반증은 그 반론들이 행정 과정에 대한 오해에 잘못 기초를 두어 뿌리를 내리고 있다는 것이다. 뒤에 가서 실증주의자·실천가·이론가 모두가 다 같이 군국적(軍國的)인 오류나 완전한 지각의 오류 또는 두 가지 오류 모두에 빠져 있다고 설명될 것이다(Kaplan, 1966: 131). 이들은 가치와 사실을 구분할 수 있고 분리될 수 있다고 여기며, 반면에 진리는 사실과 가치가 항상 서로 뒤엉킨 것이라고 여긴다. 그러나 목적은 종합적인 철학적 바탕에 손상을 주지 않고 수단과 분리될 수 없고, 이러한 구분은 실용주의적으로 만들어지는 표면적 안이 때문에 소위 현실세계에서 실용주의적 역기능은 물론 위험한 철학적 망상을 초래한다. 다음 장에서는 정치-행정 또는 행정-경영의 구분이 이분법이 아니라 연속선으로 적절하게 해석된다는 것을 보여주게 될 것이다. 비록 어떤 환경이나 의미에서 쇠퇴한다고 할지라도 가치와 감정은 연속선의 어떤 지점에서 완전히 사라질 수는 없다. 유혹의 지점이 가까워지면서, 사람들이 비교적 가치중립적 경영과학의 가능성을 포함하는 지점으로 넘어가는 경향이 있는 것도 하나의 사실이다. 그러나 이 책의 초점은 연속선의 다른 쪽, 즉 경영보다는 행정 다시 말해 행동철학이라고 정의된 행정 쪽으로 기울어진다. 이 연속선의 행정 쪽 지점에서 주저하지 않는 사람은 잃게 될 것이며 망설이는 사람은 실패하지 않는다.

달리 설명을 하면, 철학은 행정행동을 구성하는 부분이자 중심이다. 그리고 철학은 행정가가 이에 대해 자아의식적이든 아니든 이런 역할을 한다. 문제는 철학이 나쁜 역할을 하기보다는 더 좋은 역할을 하도록 보장하려는 데 있다. 이 책은 이러한 문제를 다루며 약간의 믿음, 즉 집행자의 역할에 대한 철학적 하부구조와 그 시사점에 관련된 행정의식의 수준을 높이는 것이 이롭고 미덕이 있으며 장점이 있다는 신념에 근거하고 있다. 현대생활의 상당 부분이 조직 내에서 수행되고 조직에 의해서 다스려지기 때문에, 이러한 주장을 받아들이면 집행자나 행정가의 지위 그 이상이 된다. 탈공업사회에서 모든 사람들은 개인생활의 질을 위한 행정의 질에 많이 의존하게 된다.

이러한 관점에서 아주 극단적인 의미의 경영조차도 논리와 가치의 문제에 관련시켜 보고 일반적인 철학적 분석과 정밀한 검토를 하게 되면 이익을 많이 얻게 될 것이다. 조직의 현실은 상당한 정도까지 자신과 자신의 환경에 대한 조직구성원의 통제나 자신의 도덕적 자율성과 책임감에 기여하는 사회현상학적 힘에 관련한 구성요인, 즉 개방적 구성요인이다. 행정가가 특별한 계층의 조직구성원인 한에 있어서 이들이 갖는 철학적 소양은 조직의 일에 대한 자신의 힘과 이해를 향상시키는 경향이 있다. 철학이 인간본성에 관한 지식이며 이에 대한 이해라면 이는 힘이 된다. 그리고 '힘'(power)은 행정가의 어휘집에 첫 번째로 등장하는 중요한 용어이다.

요약하자면 행정철학에 대해 반대주장을 하는 주요한 이유는 일단 수단이 목적과 구별되게 되면 주지주의적 활동이 조직의 일에 대한 실용주의적 행동의 측면에서 경영의 효율성과 효과성에 손해를 주게 된다는 것이다. 그러나 이러한 책임은 행정 과정에 대하여 잘못 이해하고 가치의 논리에 대하여 잘못 이해하는 데 있다. 이러한 시점에서 우리에게 남은 과제는 이러한 오해를 바로 잡고 힘과 이해·자율성·향상된 생활의 질이라는 더 큰 목적을 달성하는 것이다.

제4절 힘으로서의 철학과 이해

집행자의 행동 분야에서 그가 철학을 해야 하는 가장 설득력 있는 근거는 행정가들이 힘을 가져야 한다는 것이다. 행정가들은 다른 사람들과 관련된 결정을 내린다. 그리고 이러한 결정은 먼저 직장에서의 인간생활의 질에 영향을 주고, 나아가 모든 생활영역의 질에 영향을 준다. 더욱이 인간사회는 점차적으로 조직사회로 탈바꿈하고 있으며, 그 조직 속의 인간생활도 점차 대규모화하고 복잡해지는 조직의 행동과 진보한 관료적·기술적 장치를 가진 현대국가의 모습을 갖추게 해준 현재의 원형(archetype)과 주형(matrix)에 의해 영향을 받고, 또 다스림을 받는다. 웨버(Weber)는 금세기 초기에 이러한 발전을 예견하였으며(Bendix, 1962: 423-57), 드러커(Drucker) 등도 2차 세계대전 이후 이러한 사회적 현상에 대한 세인들의 관심을 일깨워 왔다(Burnham, 1941; Ellul, 1954; Drucker, 1978: 262, 263; Whyte, 1956; Scott and Hart, 1979: 50-5). 디목(Dimock)이 주장한 대로 행정의 핵심은 인간이며, 인간 중에서도 힘을 갖춘 인간이고, 이러한 힘의 종류는 무한하고 다양하다. 그러므로 행정철학은 조직의 일과 관련된 힘을 합리적으로 이해하고 일깨우려는 시도로 볼 수 있다.

물론 나름대로의 내적인 계서(階序)를 가진 조직이나 궁극적으로 힘의 분배에 기초한 계서적 계급구조를 가진 대규모 사회에서나 힘의 영역에는 새로울 것이 없다고 주장할 수도 있다. 그리고 협동적 노력을 위한 순종이 필요한 곳에서 개인의 소망이 억제되는 것은 조직논리의 본질적인 요소이다. 힘은 모든 행정의 기본 전제조건이다. 행정철학의 원조는 아니지만, 플라톤(Plato)은 『법의 정신』(*The Laws*)과 『공화국』(*The Republic*)에서 이러한 내용을 밝혀놓은 바 있다. 이는 모두 진실이다. 그러나 이것은 현대적인 관료제와 공학기술의 출현에 대한 선과 악의 개입에 해당하는 부가된 능력을 무시한다. 그리고 구조적 복잡성이 증대되고 조직목적으로부터 개인적 역할이 소원해지는 정도에 비례하여 조직 내외에서 개인적 소외의 범위가 증가되어 왔다. 오늘날 현저하게 나타나고 있는 것은 바로 심리적 소외감과 관련된 잠재가능성이다. 또한 기술공학적 매체에 의해 제공되는 정보의 과잉과 과다로 단지 조직행동을 제한하는 데 자신이 무기력하고 무능력하다는 것을 높여줄 뿐이다. 그리고 의식적이든 무의식적이든 조직상의 악의의 범위는 계속 확대되어 중요한 행정 문제는 가치-철학적인 문제에 이르게 되었으며, 이 문제는 '조직에 의해 만들어진 악을 최소화하기 위해 인간이 서로를 어떻게 다스릴 수 있는가?'와 같이 표현될 수 있다.

우리는 지금, 빅커스(Geoffrey Vickers)경이 말한 탈자유주의시대, 드러커(Peter Drucker)가 말한 탈공업시대로 접어들고 있다(Vickers, 1972: 182; Drucker, 1942). 이는 또한 통일된 이념과 일관된 가치지향이 서양에서 자유주의적 자본주의의 정치적·종교적 정설로 제시되었고, 유태교-기독교의 가치가 와해되는 지점으로까지 약화되었다는 점에서 탈기독교적인 것으로 분류되기도 한다. 만일 동질적이거나 획일적인 질서에 접근하는 것이 계속된다면, 그것은 자기도취적 또는 쾌락적 물질주의의 성격을 갖기도 하지만(Lasch, 1979), 이보다는 이질적 다원주의 형태이거나 그 형태를 결여한 형태라고 할 수 있다. 확실히 행정실제나 조직 내의 지도성에 있어 체계적인 철학적 또는 종교적 체제에 대한 완화되고 온건한 영향은 쇠퇴하기 시작하는 것같이 보인다. 이런 경우 자본주의와 복지집단주의에 대한 세속적인 이

넘은 자신들의 주의(tenets)를 고집하는 행정가들에게 시사하는 바가 있을 것이다.

그러나 이러한 철학적 퇴보와 함께 거기에는 식별 가능한 변화 사실, 즉 대규모의 초국가적인 대량적 성장, 사적인 부문의 법인, 공적인 부문의 복잡하고 급증하는 관료제; 과점기업, 기업담합, 규제받는 자본주의; 보편적인 기술공학적 위임; 조직사회; 사실상의 신봉건제도 등이 있다.

우리 사회는 그 사회 속의 개인에 대한 가장 유력한 관계가 일차적으로 조직에 대한 가입이기 때문에 신봉건제도의 성격을 갖는다고 할 수 있다. 이런 점에서 거기에는 단순히 그의 경제적 유지나 지원뿐만 아니라 그의 정체성이 생겨나게 된다. 새로운 봉토는 오늘날의 거대한 기관들의 소유이며, 새로운 영주는 바로 오늘날의 경영 엘리트나 집행 엘리트들이다. 이러한 사회에서 기업체에 속해 있지 않은 인간은 부랑자나 버려진 사람일 것이다. 왜냐하면 일의 구조 속에 있는 합법화된 정체성(identity)은 그러한 조직역할에서 그가 주장할 수 있는 곳으로 흐르기 때문이다. 그리고 그러한 조직역할은 계속적으로 자신의 생에 대한 의미나 목적은 물론 자신의 정체성을 설정하고 결정하게 하며, 단순한 경제적 생활지원보다 더 중요한 것을 가정할 수 있는 조직관계의 망을 확립하게 한다. 특히 어떤 사건에 의한 경제적 생활지원보다 더 중요한 것이 국가의 완전한 조직에 의해 보장받을 경우에 더욱 더 그렇다.

이것은 개인주의가 소멸하고 기업가·예술가·급진주의자·발명가 그리고 고립된 자가 우리들 속에서 사라졌다는 것을 말하는 것이 아니다. 오히려 이들은 새로운 봉건주의의 포근한 보호 아래 성장하고 있다. 그러나 이들은 사회조직적 구조의 내외에 있는 틈바귀·공간 그리고 으슥한 곳에서 더 즐기며 성장하지만 조직 그 자체의 내부에서는 덜 그렇지 못하거나 전혀 그럴 수 없다.

신봉건주의는 점증하는 국가의 힘과 이를 촉진하는 관료주의에 의해 계속 강화되어 왔다. 웨버(Max Weber)는 이런 점에서 마르크스(Karl Marx)보다 더 신빙성 있는 예언을 하였다. 그리고 선진국들의 공적이거나 사적인 부분에서의 풍토적인 수준과 함께 관료제가 성장하면서 거기에는 부수적으로 관료적 병리와 소외로부터 금전적 인플레이션에 이르기까지 여러 종류의 다양한 관료적 병리와 역기능이 있었다. 그리고 이러한 것이 계속 성장하는 것은 어쩔 수 없는 것이다.

그럼에도 불구하고 비록 명백하게 신생적 질서에 대한 외면적이고 관찰가능한 사실이 증가한다고 할지라도, 동시에 거기에는 행정행동을 안내해야만 하는 가치들에 대한 분명한 새로운 견해의 일치가 따라오지 못했다. 예를 들어 이와 관련하여 토마스(Thomas)는 경영과학과 함께 전통적으로 윤리학을 구체화시켜 온 학파인 영국의 행정사고학파 안에서조차도 조리 있는 철학이 아직 나타나지 않고 있다고 하였다. 게다가 체제이론기법·조작적 연구·집단역학 및 인사심리학(人事心理學) 등의 현대적 이론의 발전은 행정사고의 유사과학적 측면만을 강조하고 윤리적이고 철학적인 고려를 경시하는 효과를 갖고 있다. 수단이 목적을 무색하게 했으며, 이로 인해 가치에 대한 행정적 무감각증이 생겨나게 되었다(Waldo, 1980: 16). 이러한 효과는 사회에 파급되었으며, 의미의 상실 및 아노미(anomie)현상에 대한 사회적 징후는 현저하게 되었을 뿐만 아니라 널리 퍼지게 되었다.

공학적 기술과 현대조직은 효율성과 효과성이란 초가치에 포함되었지만, 반면 그것들은 그 의미를 상실한 생산성을 증가시켰다. 철학은 상쇄(相殺)하는 힘이다. 분석에 의하든 종합에 의하든 기술에 의하든 또한 처방에 의하든 진리에 대한 문제제기와 정사(精査) 그리고 우선적인 위임을 통해서 철학은 옛 의미를 부활하거나 새로운 의미를 설정함으로서 의미를 추구한다. 행정철학의 기능은 바로 조직이나 행정실제의 수준에서 이러한 의미를 추구하는 일에 종사하는 것이다. 그러나 이러한 일이 모든 집행자나 지도자에게 호소력을 갖지는 않을 것이다. 사람들은 일본의 엘리트 행정학교 교육과정에서 발췌해 온 다음의 문제들을 가지고 실랑이하는 것에 대해 대부분의 사람들이 꺼려한다는 것을 이해하고 동감한다. 즉, "인간의 본성이란 무엇인가? 인간의 진실한 본성에 기초한 조직체제에는 어떤 것이 포함되는가? 지도자의 진실한 청사진은 무엇인가? 기업의 사회적 책임을 우리는 어떻게 보아야만 하는가? '적재적소의 원칙'은 어떻게 실현될 수 있는가?"(Matsushita, 1980: 18-19) 등이 이러한 문제에 해당된다. 그렇다고 모든 집행자들이 "철학적 과업은 행동보다 우선한다. 그리고 철학자들이 경영자가 될 수 없다면, 경영자들이 철학자가 되어야 한다는 것은 분명하다"(Scott and Hart, 1979: 225; Monsen, 1971)라고 하는 미국인의 명제에 고분고분 승낙하지도 않을 것이다. 그러나 주지주의적 겸양이나 실용주의적 주저가 극복될 수 있는 곳에서나 이해를 위한 힘을 추구하는 사람들에 대해서, 이 책은 조력해주고 관념적인 지지를 해주게 될 것이다. 그리고 이러한 지원은 가치문제의 해결에 도움이 될 수 있고 또한 실천적 행정철학에 대한 개인적인 종합에 기여할 수 있는 가치분석의 기법을 통해서 시작될 것이다. 다음 장에서부터는 일차적인 관심 영역과 집행자 유형을 분야별로 기술하고, 독자에게 가치분석적 도구를 소개함은 물론 각 유형별 집행자 역할의 특성을 고찰한다. 그리고 나서 이러한 가치분석을 처음에는 조직환경에 적용하고 그 다음에는 다양한 행정적 방침설정에 적용하게 될 것이다. 마지막 장에서는 또한 비실용적이고 앞에서 진행해 온 토론과 논쟁에 논리적으로 일관되는 리더십의 철학으로 끝맺음을 하게 될 것이다.

행정은 일단 가장 오래되고 가장 고상하며 가장 기본적인 天職(Callings)이다. 부분적으로 예술이고 다른 한편으로는 과학이지만, 언제나 인간성의 중추를 이루고 있다. 선과 악에 대한 행정의 잠재력은 아주 현저하고 인상적인 것이다. 그러나 그러한 성격은 왜 철학이 그렇게 침묵을 지키고 행정적 목소리가 그렇게 잠잠했는지 전혀 의심도 해보지 않게 한 원인이기도 하였다. 거기에는 행해져야 할 일이 있었으며, 노력으로 모든 것을 극복하게 될 것이다.

제2장
행정과 가치

옛날에 피타고라스(Pythagoras)는 왜 그가 자신을 철학자로 생각하는지에 대하여 질문을 받은 적이 있다. 그는 올림피아(Olympia)에 있는 거대한 시장을 예로 들어 대답했는데, 그 시장에는 여러 나라에서 그리고 여러 가지 말에 능통한 사람들이 와 있었다. 그중에서 어떤 사람은 즐기려고, 어떤 사람은 일하려고 또 어떤 사람은 계획을 세우려고 왔으며, 그중에는 운동선수와 예능인·정치가·예술가와 기능공도 있었고, 방아를 찧는 무리들 중에 어떤 사람은 가만히 서 있었고, 어떤 사람은 초연한 태도로 관찰하고 있었으며 어떤 사람은 전체를 파악하기 위해 구경하고 있었다. 이들은 거기서 일어나고 있는 것을 해석하려고 했다는 점에서 모두 철학자라고 하였다.

현대적인 의미에서의 비교는 더 쉽게 할 수 있다. 오늘날의 우리는 그리스 시대의 사람들보다 훨씬 더 과도한 활동에 익숙해져 있다. 그리고 조직 내외의 현대적 생활에서 사람들은 개인의 의식이 계속해서 그 내용에 의해 압도되어 색다른 질의에 몰두하고 애착을 갖게 된다고 생각한다. 예를 들어 치과의사는 자신의 송곳에만 관심을 집중하고, 소극적인 텔레비전 시청자는 자신의 텔레비전 화면과 의미 없는 대화에 몰두하며, 행정가는 자신의 일로 인해서 자신을 잃는다. 그래서 철학자의 과업은 의식의 갱생, 즉 아주 쉽게 전체적으로 휩싸이게 되는 활동의 흐름에 대한 신중한 철회·애착 그리고 정사(精査)에 의하여 의식을 조작하는 일이라고 할 수 있다. 이러한 형태의 관찰은 객관성과 과학적 패러다임에 대한 객관적 모범에 의해 제지받는 과학자의 관찰을 능가하기도 한다. 왜냐하면 철학자의 관찰은 궁극적으로 객관성은 물론 주관성도 원용하기 때문이다. 그렇지만 객관성은 주관성을 전제하지 않으면 안 된다. 그리고 몇 가지 종류의 객관성에 대한 시도가 먼저 행해져야 하며 세상을 정확하게 파악해야만 한다.

이 모든 것은 분리와 비애착, 즉 행정과정의 지속적인 흐름에서 유형과 규칙성을 지각할 수 있는 몰입적이고 의식소모적인 사소한 실제로부터 충분한 거리를 두고 철회해야 하는 것을 암시해 준다. 2장에서 우리는 제일 먼저 과거에 시도된 몇 가지 행정 과정에 대하여 도식화한 것을 고찰해 보고, 그러고 나서 또 다른 과정을 고안하여 제시하고자 한다. 이것은 재조정하기 위해서 필요할 것이며, 행정이론에서 인습적으로 간과되었거나 생략되어 온 주관적인 요소나 가치요소를 포함한다. 그 다음에 이것은 가치문제, 즉 몇 가지 가치이론에 대한 집중적인 토론, 주관적인 철학적 설명의 목적과 이를 실천의 장으로 도입하는 데 기여할 수 있는 가치모델의 개발 등과 같은 가치문제에 관한 논의전개 및 고찰을 필요로 할 것이다. 요약하면 다음에 계속되는 장에서는 집행자의 행동에 대한 유형별 기술, 이 분야에 대한 논리 과정의 첨가, 객관적·주관적 기술을 위한 개념적 근거의 설정 그리고 궁극적인 처방문제 등이 앞으로 시도될 것이다. 어떤 의미에서 철학의 과업은 좀더 신중하게 보다 더 검증 가능하고 정확하게 기술하는 것으로부터 보다 더 정당화될 수 있고 변호할 수 있는 처방으로 바꾸는 일로 이해되어야 할 것이다.

제1절 행정과정

일차적으로 자기반성의 유혹에 빠진 행정실천가들과 행정이론가들의 노력에 의하여 행정과정을 분류하여 제시하게 되었다. 고전적으로 패이욜(Fayol), 구릭(Gulick) 그리고 어윅(Urwick)은 우리에게 **포스드코브**(POSDCORB)를 남겨 줬다(Gulick, 1937). 대체로 **포스드코브**와 이에 대한 몇 가지 수정된 행정과정은 계속 유지되어 오고 있다. 여기에는 시간의 검증을 아주 잘 견디어 온 몇 가지 진리가 있을 것이며, 암기를 돕는 것은 정말로 설득력 있는 상식이 된다. 기획(planning)·조직(organizing)·인사배치(staffing)·지휘(directing)·조정(co-ordinating)·보고(reporting) 그리고 예사편성(budgeting) 등은 비록 행정가들이 이러한 일을 수행하는 이유, 행정가들이 따르는 시간적 흐름의 틀, 구성요소들 간의 관계나 그 안에 있는 우연적인 작은 요소들 간의 연결에 관해 아무것도 언급하지 않았으나 행정가들이 해야 하는 일들임에는 틀림없다.

행정과정을 보다 현대적으로 변형한 것은 리취필드(Litchfield)가 제시한 것으로, 그는 행정과정을 의사결정(decision making)·프로그래밍(programming)·의사소통(communicating)·통제(controlling)·재평가(reappraising) 등의 순서로 제시했다(1956). 이는 리취필드가 공공·군사·상업 그리고 교육이란 형용사적 첨가어가 붙은 일반적인 행정실제에도 그대로 적용할 수 있다고 확대시킨 것이다. 또한 토마스(Thomas)는 **스로커스**(SLOCUS; staff and line, organization, communication, span of control)라는 형태로 영국식 변형체를 만들어내었다. 이러한 도식들은 본질적으로 그 범위가 단선적이고 이차원적인 단순한 분류들이다. 그러나 보다 더 색다른 변형체도 가능하다. 예를 들어 맥켄지(Mackenzie)는 『하버드 비지니스 리뷰』(*Harvard Business Review*)에서 삼차원으로 주장하고 지속적이고 연속적인 기능의 과업을 통해 (1) 아이디어(ideas), (2) 사물(things),

(3) 사람(people)이란 요소의 영역으로부터 구체적으로 열거하고 정의될 수 있는 활동으로 **포스드코브**를 외적으로 나누어 세밀하게 손질한 내용을 발표하였다(1969). 인간은 **보상**(reward) 활동에 대한 정의를 내리기 위하여 칭찬하고 다시 계산하고, 단련하며 **지향적**(orient) 활동에 대한 정의를 내리기 위하여 새 사람을 그 상황과 친숙하게 한다. 그러나 보상적 활동과 지향적 활동이 존재하지만, 이것은 행정과업이 분할될 수 있는 여러 가지 활동 중의 두 가지에 불과하다. 그리고 이는 비록 포괄성에서 얻어질 수 있는 것이 복잡성에서 상실된다고 할지라도 의미 있게 세련된 것이다. 이것이 간결·복잡 또는 결함 그 어느 쪽이든 간에 질서에 도달하는 것은 우리의 이해능력을 능가하는 것처럼 보일 것이며, 그래서 이러한 심오한 행정의 민속적 지혜는 충족될 수 없을 것이다. 그렇지만 분류학적 방법은 이론의 발전에 있어 원형적 단계이다. 앞서 기술한 바와 같이 그것은 전체적인 개요로부터 본질적인 형태와 특징, 규칙성을 분리해서 추출하려는 시도이다. 그러면 집행자들이 하는 것은 무엇인가? 그것은 바로 의사결정에 있는 일관되고 독특한 요소들을 알아내는 것이다. 정말로 결정은 독특한 행정행위이며 행정 과정의 심장부에 해당된다. 그래서 바나드(Barnard)는 이러한 행위가 전혀 인위적일 필요가 없다고 말하고 있다. 즉, 세련된 '집행적 결정의 예술은 현재 적절하지 않은 문제의 결정이나 조급한 결정, 효과적으로 이루어질 수 없는 결정이나 타인이 해야만 하는 결정에 있는 것이 아니다'(1972: 194).

그러나 집행적 행동의 분야를 보는 또 다른 방식들이 있다.

제2절 규범적 차원과 개인적 차원

〔그림 2-1〕로 제시된 도식은 행정이론에서 늘 나오는 것이다(Getzels

and Guba, 1957). 이는 어떤 조직이나 사회체제는 규범적인 공식적 차원과 심리적이고 개인적인 비공식적 차원에 따라 어떻게 분석될 수 있는 지를 사회학적 관점에서 간결하게 묘사하고 있다. 행정가에게 중요한 차원은 역할과 역할-기대, 직무와 직무기술을 공식적으로 구조화함으로서 자신이 속한 조직을 그 조직의 목적과 연결하도록 하는 규범적 차원이다. 반면에 행정적인 조직성원이 아닌 사람들은 대체로 개인적 차원에 관심이 있다. 그리고 이들에 있어 규범적인 차원의 문제는 본질적으로 자신들의 만족을 제한하는 속박의 문제이며, 동시에 조직과 자신들의 계약과 관련된 합리적이고 법적인 기초를 제공한다. 물론 앞서 밝혔던 조직이 진공 속에 존재하는 것은 아니며, 오히려 역사적이고 지리학적 형세 그리고 이로 인하여 결과적으로 생긴 기풍(ethos)·습속(mores)·가치(values)에 의하여 특징지어지는 주변의 환경 속에 존재한다(Getzels and Thelen, 1960: 제4장).

[그림 2-1]조직생활의 두 가지 차원

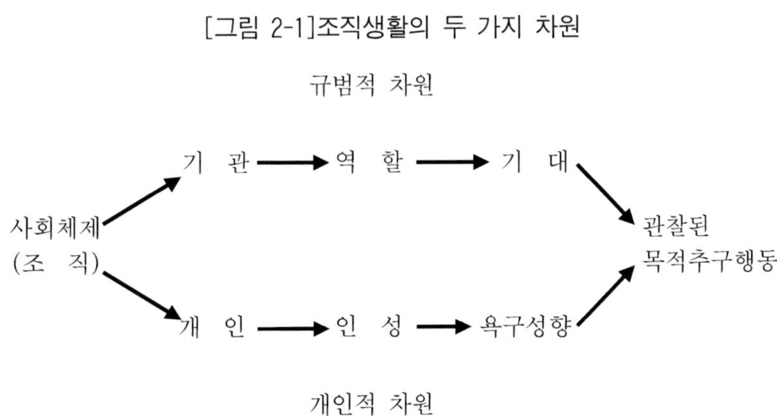

그래서 집행자의 과업은 일종의 조화, 즉 사회에 대한 조직의 조화, 조직목적에 대한 조직성원의 조화, 개인과 점차적으로 확대되는 공동이익과의 조화로 알려지고 있다. 물론 이러한 조화는 정적인 것이거나 역동적인 것, 창조적인 것이나 평범한 것, 분열된 것이거나 조화적인 것 그리고 진보적인 것

이거나 퇴보적인 것일 수 있다. 그리고 이 모든 것을 행하는 데 있어 표면적인 수단은 모든 경쟁적 개인이나 집단의 이익에 초점을 두는 조직의 목적 또는 복잡한 목적에 의해 추적될 수 있다. 물론 이론이나 실제 그 어디에서도 목적기제가 쉽사리 이해되지는 않으며(Georgiu, 1973: 291), 문화차원의 지속적인 존속이 단순히 복잡성을 증대시키는 것만도 아니다. 이러한 관점에서 행정 과정은 갈등하고 변화하는 힘이 있는 곳에서 조직의 유지와 성장을 달성하는 복잡한 예술이라고 할 수 있다.

이와 같은 측면은 〔그림 2-2〕로 나타낼 수 있다. 일단 집행적 관심에 관한 일차적 차원은 조직과 그 목적을 연결시키는 것이다. 그렇지만 여기서는 각본연출적(dramaturgical) 요소가 강조된다(Thompson, 1961: 138). 비록 행정적 기능이 고전적인 웨버식(Weberian) 관료제 모델에서 이루어진 것과 같이 합리적·합법적 또는 기술적·전문직업적인 것으로 옳게 구축된다고 할지라도, 행정가는 여전히 자신이 지속적으로 어떤 역할을 수행하고 있다는 것을 인식해야만 한다. 이러한 역할은 전래적으로 **지도자**의 역할로 이해되어 왔으며, 그러한 역할수행을 다양한 관중들이 끊임없이 감시해 왔고, 심지어 그 각본이 즉석에서 만들어져야만 하고 또 전체적으로 애매모호할 때조차도 그들 관중에 의해 감시를 받아왔다.

조직성원인 개인은 직접적으로 규범적 차원과 만나는 것이 아니라 자신의 일상적인 생활 중에 공식적 또는 비공식적 집단과 만나게 된다. 그리고 이들 집단은 자신과 집행적 성원 사이에 끼어들어 개인의 의식과 공식적인 행정적 차원의 경험을 조절한다. 달리 말해서 개인의 조직에 대한 전망이 행정가의 전망과 같지는 않다. 그리고 조직의 목적과 관련해서 개인은 한 번 또는 그 이상의 이동을 한다. 〔그림 2-2〕에서 V_3는 **조직**에 대한 공식적인 가치지향을 나타낸다는 것을 표시한 것이다.

마찬가지로 전반적인 기풍(V_5)은 조직에 직접적으로 끼어들지는 않지만 매개적인 하위문화를 통해서 조절된다. 가령 캘리포니아, 뉴욕, 프랑크푸르트에 있는 회사나 그 회사의 자회사는 각기 의미 있게 차이가 있을 것이다. 역사적 시대정신이 무엇이든지 간에 각각의 하위문화(V_4)는 그 나름의 부분적 습속과 규범을 갖는다. 그래서 지리와 역사는 직장에서 의식에 관련된 시공적 결정인자가 된다. 그리고 1960년대 말의 반문화에 대한 허용적이고 반권위적인 풍토에서 지리적·사회문화적 위치는 여전히 학교행정가들이 자신의 조직을 운영하는 방식에 중요한 차이를 생기게 하였다. 그래서 터키(Turkey)와 그리스(Greece)의 관료제는 비록 이들 두 나라의 행정가들이 웨버(Max Weber)의 이상형적 조직론에 동의한다고 할지라도 현저하게 다르다. 그러므로 행정현실에 대한 종합적인 관점은 주요한 영향력을 갖는 문화와 개인심리학(V_5, V_1)에 대한 하위문화와 집단(V_4, V_2)의 조절적·여과적 효과를 고려해야만 한다.

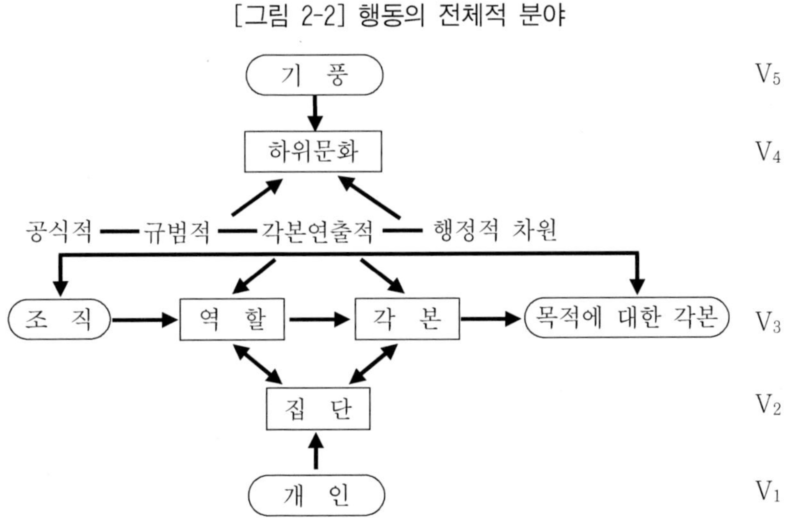

[그림 2-2] 행동의 전체적 분야

아무리 추상적이라 할지라도 아마 우리는 기풍과 문화, 가치지향에 대한 대규모의 동시대적 형태는 지속적인 집행적 감시와 관심의 문제라는 것을 강조해야만 할 것이다. 가령 1960년대의 반문화는 허용적이고 반권위적 개념을 정치나 국내의 활동무대는 물론 직장에 소개되었다. 그러므로 동시대적 행정가가 현재 고려해야만 하는 생태학적이고 인종적인 요인들은 마찬가지의 사례라고 할 수 있다.

조직목적에 대한 미사여구는 V_5의 변화를 반영한다. 그래서 대규모의 상업조직들은 현재 전에도 그랬듯이 돈벌이할 목적으로 존재한다고 대담하게 선언하지 않는다. 오히려 그러한 조직들은 이익의 축적이 필요하고 충분한 조건을 갖추지 못했어도 몇 가지 종류의 공적인 봉사, 즉 자동차 운송을 통한 생활양식의 향상, 생명보험증서의 제공을 통한 생활의 질 개선 또는 환상적인 미용제품의 개발을 통한 심미적인 발전도모와 같은 봉사를 표방한다. 그리고 비록 이러한 말들이 주로 그 조직의 미사여구에 해당되는 것이라고 할지라도, 결코 그들 조직의 논리나 조직목적의 현실에 주는 영향을 배제하지는 못한다.

전체적으로 집행적 행동의 분야는 다섯 가지 수준의 가치지향과 가치기능, 즉 문화적·하위문화적·규범적·집단적 그리고 개인적인 것으로 구성된다. 물론 이 다섯 가지는 역동적이고 우발적인 관계로 중첩되고 얽히고 상호작용한다. 이것은 〔그림 2-2〕의 도식이 가치가능성을 철저히 연구할 것인지 아니면 체계적인 것 이외의 것이나 초월적인 여섯 번째 수준의 가치(V_6)가 있는지에 관련된 몇 가지 철학적 관심과 논쟁의 문제가 된다. 우리는 이러한 문제를 다음 단계에서 고려하게 될 것이다. 우선은 역사와 진화가 비종교적 마르크스주의자(Marxist)와 과학적 실증주의자들에게 이러한 방식으로 기여할 수 있다는 것을 주목할 수 있다. 반면에 신과 운명은 다른 사람들에게 이러한 추상의 수준에서 설명적인 구성요소로 기여할 수 있을 것이다. 그리고 이러한 탐구의 과정에서 발생되는 문제는 물론 형이상학적인 것이며 집행적 인간행동이 형이상학과 손을 끊을 수 있다. 그러나 가까이 있는 문제가 경험적인 행정 과정을 개념화하는 것이고 이러한 목적을 위해서 우리가 지금 세 번째 그림을 모색할 필요가 없다는 설명은 되지 못한다.

제3절 역동적 과정(P3M3)[*]

　진리에 비추어 보아 결점이 없다고 할지라도, 앞서의 행정과정에 대한 **분류**는 결함을 지니고 있다는 측면에서 상당한 비판을 받는다. 이러한 결함의 대표적인 예는 분류의 단계에서 고착되고 퇴행의 길을 걸음으로써 생기는 실패일 것이다. 그렇다고 앞으로 제안하게 될 모형이 세 가지 등한시되었던 측면을 모두 다루어 줄 수는 없다. 즉, (1) 행정과 경영에 관한 논리적으로 다른 범주들을 식별하는 데 있어서의 실패, (2) 본질적인 행정의 철학적 성격을 인식하는 데 있어서의 실패, (3) 행정 과정 내의 특별한 전문적 식견에 대한 몇 가지 일반적인 시사점을 도출하는 데 있어서의 실패 등에 대한 관심을 환기시키기 위해 모두 결함을 치료하려 할 수는 없다.

　'행정은 행동철학'이라는 공리적 명제를 가지고 논의를 시작해 보자. 명료한 정책언어나 미완성의 말로 표현하기 어려운 가치의 형태가 있다고 할지라도 철학은 흔히 조직이란 장치를 통해서 행동으로 옮겨진다. 어떻게 옮겨지는가? 이는 두 가지 계열의 방식을 통해서 옮겨지는데, 하나는 본질상 추상적·철학적·질적·전략적·인간적인 행정 과정을 수단으로 해서 옮겨지며, 다른 하나는 성격상 구체적·실제적·실용적·양적·기술적·기술공학적인 경영과정을 수단으로 해서 옮겨진다. 이러한 논리는 〔그림 2-3〕으로 나타낼 수 있다.

---

[*] P3M3은 행정의 정책입안(policy making)의 측면과 이에 포함되는 요소인 철학(philosophy)·기획(planning)·정치(politics)의 머리글자와 경영의 정책집행(policy implementation)의 측면과 이에 포함되는 요소인 유통(mobilizing)·관리(managing)·감시(monitoring)의 머리글자가 각각 3이라는 의미에서 만들어진 것이다.

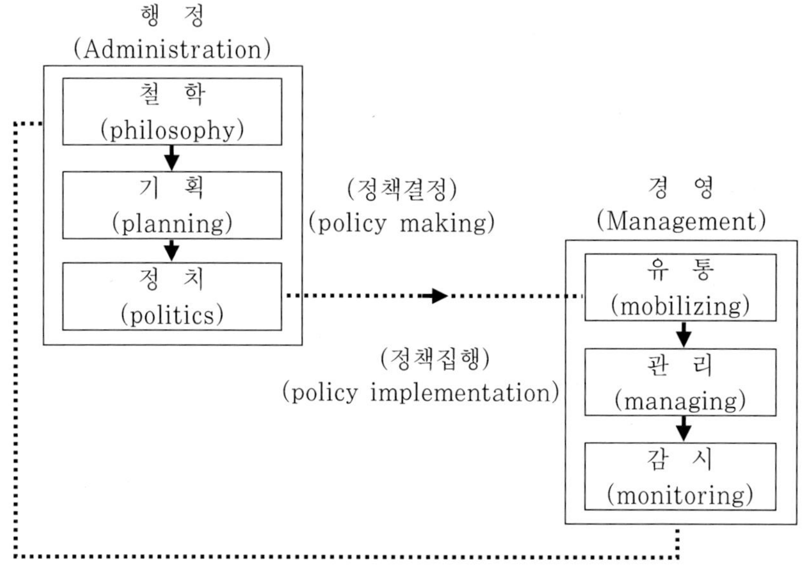

이러한 도식에서 이상적인 유형의 계열은 다음과 같다. 조직의 가치는 논쟁·논리적 토론·논리·설득·가치명료화 등의 철학적 과정을 통한 최고 수준의 행정에 의하여 분명하게 된다. 이는 **아이디어**(idea)의 수준이다. 이러한 첫 번째 국면에서 나오게 되는 아이디어는 몇 가지 형태의 기획으로 옮겨지며, 문서화되고 지속적인 의사소통이 가능한 형태로 바꾸어지게 된다. 그리고 이러한 형태는 정치적 과정의 설득으로 접어들게 된다. 이는 권력·자원통제·정치의 영역이다. 그러고 나서 우리는 아이디어 수준으로부터 **인간**(people)의 수준으로 옮겨가게 된다. 권력과 지원이 기획과 계획의 주변을 안내하면서 제휴를 형성하고 어떤 방편이 사용되어야만 하고, 사람들을 설득하여야만 한다. 행정에 대한 이러한 세 가지 과정의 국면들은 모두가 정책결정의 부문에 포함될 수 있다.

권력이 제휴되고 자원이 제공된 경우에, 다음 단계는 유통과 경제학자들이 조직의 목적을 위해 필요한 토지·노동·자본 등의 생산의 요인이라는 것들을 조직하지 않으면 안 된다. 이 국면은 중요하며, 비유해서 말하면 행정적 국면에서 경영적 국면으로 기어(gear)를 변화시키는 국면에 해당된다. 이 국면은 한편으로 정책결정의 철학과 다른 한편으로는 경영과학 사이의 예술 중에서 매개적인 것이다. 여하튼 이 시점에서 단편적인 것들은 종합되며, 철학적 관심은 인간의 정치적 행동을 통한 아이디어의 영역에서 사실, 행동과 **사물**(things)의 영역으로 바뀌게 된다. 그리고 유통의 측면에서 중요한 것은 인간자원을 조직목적에 적합하도록 동기유발하는 것이다. 실현과 현실화 또는 어떤 조직적 목적은 무엇보다도 먼저 이러한 국면에 대한 성공적인 협상에 의존한다.

이러한 변화가 있게 되면, 제공되고 유통되는 자원을 여전히 매일 매일의 단기적인 **관리**(managing)와 장기적인 **관리**를 해야 할 필요가 있다. 여기서 관례화·프로그래밍·사실적인 경영과학의 가능성이 존재하게 된다. 마지막으로 여기에는 감독이란 경영적인 국면이 있는데, 이 국면은 스터플빔(Stufflebeam) 등(1971: 40)이 이미 설명한 공식적인 감독·감사·결산·평가와 같은 의미의 활동이 포함된다. 다시 말해서 모형에서 철학으로 나타나는 행정적 의사결정을 위한 정보의 제공과 같은 활동을 포함한다. 환류(feed back)의 고리는 행정적 회로에서 맨 마지막의 국면이지만 여전히 경영적 국면에 관련된다. 조작적 연구와 체제분석은 **사물**의 실체와 **아이디어**에 대한 근원적이고 지속적인 과제 사이의 조화와 적합성이 비교되고 검증되는 철학적 의미에서 진실한 평가가 행하여지는 것과 같이 이러한 고리를 활성화시킨다.

이와 같이 마지막 세 단계의 과정은 경영적인 것으로 분류될 수 있고 정책집행이란 제목 속에 포함되는 것같이 보일 것이다. 그리고 이들은 현실에 더 가까우며 과학에 더 가까운 것이다.

완전한 분류는 행정이론에 관한 필요 충분한 논리로 구성되는 것 같다. 이는 이상적인 형태의 체제에다 질서를 첨가하며, 조직생활 전반에서 연속적이고 중첩된 주기로 발생하며 발생하고자 한다. 그렇다고 그 단계들이 생략되거나 계열로부터 빠지거나 고정되거나 지나치게 강조되기도 한다는 것을 말하는 것은 아니다. 종종 그럴 수도 있겠지만 사람들은 철학적 설명이 없이도 계획할 수 있으며, 감독국면을 회피하고 벗어나며 팽개칠 수 있으며,

심지어 얼마 동안 관리 없이 행정을 할 수도 있고 행정을 하지 않고 경영을 할 수도 있다. 그러나 논리는 계속되며, 궁극적으로 **질서는 세계를 지배한다**.

집행적 행동의 분야에 대한 이러한 개념으로 인해 행정과 경영 사이에는 분명하고 확고한 차이가 있게 된다. 즉, 행정은 보다 더 철학적인 성격을 갖고 경영은 덜 철학적인 성격을 갖지만, 양자는 모두가 다 전반적인 집행적 기능에 있어서 애매모호하게 서로 얽히고 상호의존적인 관계에 있다. 그리고 이들 범주나 각각의 하위범주 중에서 그 어느 것도 가치중립적인 것으로 생각될 수 없다. 이러한 분류에 관한 범주나 그 하위범주는 논리적으로 서로 다르며, 이에 대한 가장 실제적인 시사는 전문적 식견이나 소질이 전체적인 집행적 주기와는 다를 것이라는 점이다. 훌륭한 행정가가 되기 위해 반드시 훌륭한 경영자가 되어야 할 필요는 없다. 그리고 정치적으로 노련한 행정가는 자신의 역할과 관련된 기획과 감독의 기능을 이해하지 못할 수도 있다. 최종적으로 행정적 미사여구의 대명사이며 지나치게 남용되어 온 지도성이란 용어는 이러한 주기에서 처음 단계인 **아이디어**의 국면과 마찬가지이거나 그 이상으로 중반단계인 사람의 국면에서 그 나름의 **조작적** 초점을 발견하기도 한다.

제4절 가치개입

앞서의 분석을 통해서 이제 두 가지 사실을 분명하게 알 수 있다. 한 가지는 행정과정에서 의사결정이 가장 중심이 되는 부분이며, 다른 하나는 행정적 과업에 선악·정사(正邪)·비용과 이윤·효과성과 효율성 등의 가치가 일반적으로 개입된다는 사실이다. 물론 이러한 두 가지 특징은 결정과정에서 가치란 요소를 제외시키는 것이 불가능한 것으로 보이기 때문에 논리와 관련되어 있다(Hodgkinson, 1978: 48-66). 그리고 결정과 관련된 세 가지 바꿀 수 없는 요소는 사실·가능성·가치이며, 아이디어·사람·사물의 상호관계와 끊임없이 관련되고 행동철학에 관련된 활동에서 가치요소가 아주 중요하게 여겨져야만 하는 것은 전혀 놀라운 일이 아니다. 그렇지만 행정은 그것이 정치 그 자체와 마찬가지로 권력에 기초를 두고 있는 모험적 과업이며, 결정이 타인을 위하고 타인과 관련하여 만들어졌으며 일차적인 관심이 권력과 권위의 확보·유지·향상이라는 점에서 독특한 성격을 갖는다. 그리고 행정의 기능은 결코 주어진 상태로 방치되어서는 안 되며, 조직의 목적과 공약을 통해서 끊임없이 합법화되어야만 한다. 또한 도덕성이 **타인**에 대한 관심의 문제로 해석된다면 행정은 특이한 도덕적 활동이다.

또한 나름대로의 윤리적 규약과 가치갈등해결에 관하여 외견상으로 분명한 양식을 가진 확고한 전문직과는 달리 행정실제는 이들 보다 더 복잡하고 혼란스럽다. 사실 행정실제는 윤리에 관한 새로운 가능성이 제기되고 낡은 가능성이 줄어드는 행동의 교차로에 놓여 있다. 또한 사람들은 아리스토텔레스(Aristotle)의 실천에 대한 견해를 정치적 맥락에서 윤리적 행위로 여기게 된다. 비록 전문직업적 공약의 문제가 뒤의 장에서 논의되어야 한다 할지라도, 현시점에서 행정은 엄격히 말해서 결코 전문직이 아니라 할 수 있다(Waldo, 1980: 61-2; Self, 1972: 289-99). 그리고 행정은 어느 정도 전문직업적인 자질을 갖춘 사람들이 종사하는 단순 직업으로 생각될 수도 있다. 그래서 행정은 그 나름대로 어두운 측면을 지닌 단순 직업이다. 행정은 전통적으로 마키아벨리(Machiavelli), 니체(Nietzsche) 그리고 인도의 산스크리트(Sanskrit)어인 **성공의 비결**(arthasastra)에서 발견되는 전형적인 사례들처럼 행정과 특별히 관련된 가치문헌에서 입증되었듯이 탈도덕적·비도덕적·반도덕적인 것에 호소하여 왔다(Gowen, 1931: 171-88; Nietzsche, 1956; Burnham, 1943).

아마 인간적 가치의 영역 내에서 그 중요성에 대한 묵계적 인정은 그 문제를 생략하고 그냥 지나쳐 버리도록 수많은 시도를 하게 한 행정의 특징일 것이다. 사람들은 웨버(Max Weber)의 저작물에 의한 현대 관료제이론의 출현으로부터   기획예산제도(PPBS)·목표관리(MBO)·경영정보시스템 (MIS) 그리고 사업계획평가검토기법(PERT) 등과 같은 합리적 기획의 모형과 기법을 통한 현대적 경영에 관한 체제적 접근에 이르기까지의 순서를 추적할 수 있다. 그리고 이러한 모든 신생적 유사행정철학들은 합리적 실증주의 정신에 의하여 고취된 것인데(Simon, 1965: 45-77), 집행적 기능에서 통합적인 가치문제를 회피하는 경향이 있다. 물론 이러한 움직임은 과학·응용과학·공학적 기술의 성장 및 발전과 긴밀하게 관련되어 있다. **극단적인 예**는 행정가를 순수한 공학기술자로 여기는 것이며, 행정가 자신의 가치나 윤리는 '세인의 의지'나 '자신들의 이사회로 표현되는 소유권자의 의지'와 같은 몇 명의 **해결사**에 의해 제공되기도 한다. 그리고 만일 이러한 것이 이상적인 집행적 가치의 방부제를 얻는데 충분치 못하다면 동기심리학에 관한 경험적 연구결과가 바람직한 논리적 틀에서의 어떤 탈선을 견제하고 설명하기 위해 적용될 수 있다. 그래서 기풍과 개인은 둘 다 미연에 제거될 수 있고 행정가는 잡역부가 되지 않을 수 있다. 그러나 전쟁이 중요하다고 해서 장군에게 전적으로 내맡길 수 없는 것과 마찬가지로 가치문제가 집행적 기능에서 본질적인 것이라고 해서 철학자에게 전적으로 내맡길 수 없을 뿐 아니라, 신화에서처럼 우리가 속한 조직을 소유하고 그 조직의 방편을 지휘하는 신비력을 가진 '사람'에게도 내맡길 수 없다.

제5절 가치의 논리

1. 가치의 주관성

가치를 생각하는 데 있어 파악해야 할 요점은 가치라는 것이 **세상에** 존재하지 않는다는 점이다. 가치는 순전히 현상학적이고 주관적인 것이며 내적이고 사적인 경험의 사실이며 궁극적으로 개인의 머릿속에 단지 연약한 부분을 차지하고 있으며, 다시 말해 의식과 심성—두뇌의 상호작용이란 심층적이고 아득한 신비에 해당된다. 사람들은 그들이 금화나 모나리자와 같은 어떤 대상에 가치를 부여하는 현상학적 연습을 하면서도 그 대상들을 가치 없고 실속 없는 것으로 망각하는 경향이 있다. 즉, 금화는 단지 물리화학적인 속성을 지닌 금속에 불과하며, 모나리자는 캔버스 위에 그림물감을 채색한 것에 불과하다. 마찬가지로 인간이란 존재는 가죽으로 된 포대이며, 승진이나 해고와 같은 인간조직 내의 행동은 육체의 움직임이고, 음성적인 화현(和絃)으로 연주되는 바람소리는 시공적인 흐름에서 유기체나 비유기체적 물질의 재배치와도 같은 것이다. 그리고 그러한 대상·사실·사건에 즉각적으로 투입되는 가치는 **원리상** 점유자·행위자·구경꾼 그리고 참가자의 **의지**이다. 사실의 세계는 주어진 것이고 가치의 세계는 만들어진 것이다(Hodgkinson, 1978: 220, 명제 7). 같은 논리로 모든 순간 그리고 그 이후의 모든 사건들은 분석적으로 대등한 것이라고 주장할 수 있다. 그러나 각각의 것은 가치 없고 실속도 없으며, 역설적이지만 문자 그대로 대단히 귀중한 것이다. 생활은 일련의 순간—사실—사건들이며, 주관성은 가치를 그러한 순간—사실—사건의 탓으로 돌린다. 그리고 원리상 사람들은 이러한 행위를 **자유롭게** 할 수 있다.

 사실 그 원리에 대립되기는 하지만, 사람들은 비록 윤리학·미학·경제학·정치학·정신분석학 그리고 조직이론과 같은 문화적 논지에 관한 다양하고 정교한 도식을 통해서 설명할 수 있다고 하지만 대부분의 가치전가는 무의식적이고, 조건반사적이고 본의 아니게 일어난다(Greenfield, 1973, 1978). 그래도 사실의 세계는 주어진 것이고 가치의 세계는 만들어진 것이다. 그리고 행정적 예도(藝道)나 지도성에 관한 신비가 협동적 성취, 새로운 첨단, 새로운 가능성의 세계라는 새로운 차원의 목적을 위해 가치창조와 같은 가치의 세계를 통해 현실적 제약과 같은 사실세 계를 극복해야 한다. 그래서 가치사고에 관한 최초의 불가항력적인 특성은 행정 과정에 어마어마한 의의를 갖는다는 점이다. 얼마나 놀라운 역설인가! 실존하지만 실체를 갖지 못하는 가치는 세상에다 색채와 완전한 의미를 제공한다.

2. 오류의 형태

정확하게 가치에 대한 앞서의 세밀한 구분과 다양한 성격 때문에 우리는 어렵고 애매한 문제에 접하고, 나아가 가치에 관한 사고에서 수많은 오류를 범하기도 한다. 논리적 범주의 오류와 분류에 관한 오류는 전형적인 것으로 이는 논리적 형태의 오류라 하는데, 올바른 논리적 **형태**를 취하지 못하는 것을 의미한다. 이러한 문제는 러셀(Bertrand Russell)에 의해 제기되었고 그 원리는 논리와 가치 이상의 것을 일상적 경험의 세계로 전개한다. 논리적 형태의 첫 단계에서 진실한 진술은 이보다 더 높거나 낮은 수준의 또 다른 것들에 대해서는 효력을 갖지 못한다. 그래서 평균수명에 관한 통계치는 집합적인 전체에 대해서는 꽤 정확할지라도 집합 전체를 구성하는 개개인에 대해서는 적용할 수 없다. 그리고 여론조사자는 선거에서 어느 정당이 승리할지 예언을 할 수는 있지만 어떤 개인이 어떻게 투표할 것인지 예언할 수는 없다. 이러한 경우에 두 가지 논리적인 형태가 대개 혼란은 없지만 가치사고에서 범주들을 통합하려는 경향성은 항시 절박한 것으로 나타난다.

행정가에게 가장 관심거리가 되는 기본적인 논리적 형태들에는 구성원과 개인(예: 조직구성원·피고용인), 집단과 계급(예: 비공식적 조직·위원회·집행자·노동자·행정적 조력자) 그리고 계급의 부류(예: 공식적 조직 또는 기관) 등이 있다. 논리적 형태의 문제에 있어 **계급**(class)은 그 구성원들의 계급과 다른 등급의 것이다. 또한 초급 수준의 의미론과 상식적인 예방조치에 비추어 **이름**을 명명한 것이 아니라 다른 논리적 형태이며, 명명된 이름보다 더 **고급스런** 것이다(Korzybski, 1933).

오류의 형태로부터 야기되는 혼란의 문제를 논의하는 데 있어 생물학자이며 동시에 철학자였던 바테손(Gregory Bateson)은 이와 관련하여 다음과 같은 예리한 관찰을 하고 있다.

'범죄'라는 말과 같은 이러한 개념의 성격에 대하여 고려해 보는 것은 흥미로운 일이다. 사람들은 마치 자신들이 범죄행동으로 생각되는 부분들을 처벌함으로써 그 범죄가 소멸될 수 있는 것처럼, 그리고 범죄가 한 부류의 행동이나 그 부분에 대한 명칭인 것인 양 행동한다. 더 정확하게 말해서 '탐험'과 마찬가지로 범죄도 행동을 이루는 방식에 관한 이름으로 여긴다. 그러므로 행동을 처벌한다고 해서 그것이 범죄를 소멸시키지는 못한다. 수천 년에 걸친 소위 범죄학이라는 것은 논리적 형태의 측면에서 단순한 큰 실책을 면하지 못했다(Bateson, 1979: 138).

바테손의 말은 동등한 힘을 갖고 놀이·작업·헌신 그리고 기타 직접적으로 조직적이고 행정적인 관련을 갖는 모든 다른 개념들에도 적용될 수 있다. 그리고 확실히 이러한 큰 실책을 저지르며 지속적으로 가치에 관한 논지를 주장하였고, 또 큰 실책을 범할 위험은 항상 존재한다. 이러한 이유로 그 용어들에 대한 공식적인 정의에 대하여 언급하기 전에 가치사고나 가치논리가 행정행동에 영향을 주는 한 계속 괴롭히는 몇 가지의 보다 일상적인 오류들에 대하여 살펴볼 필요가 있다.

3. 오 류

행정에서 오류적 사고에 빠질 염려는 아주 많다. 그리고 이것은 가치이론가들이 어떻게 해서든지 이해하도록 시도해야만 하는 역동적 변인들이 무한히 많기 때문이다. 그러나 그 근거는 사람들이 가치논리의 영역이라 불리는 것을 알려고 하는 경우에 더욱더 파악하기 어렵게 된다. 그래서 가치에 관한 공식적인 패러다임을 제시하기에 앞서 저자는 이 어려운 지적인 분야를 철저하게 파악하고자 하는 데서 피해야 하는 네 가지 가장 두드러진 함정에 독자들이 관심을 가져 주었으면 한다. 네 가지 주요한 오류의 이름들은 정확한 것이 아니라 하나의 제안에 불과하며 이해를 돕기보다는 주로 관심을 갖도록 하기 위한 것이다. 그리고 논리적으로 명쾌하고 정확한 것을 추구하는 데 있어, 거기에는 냉혹하다고 할 만한 많은 노력이 있어야 하며 이성은 이상적인 것을 위해 희생해야만 한다.

(1) 자연적 오류(the naturalistic fallacy)

20세기 초반 영국의 고전이었던 『윤리학원론』(*Principia Ethica*)이란 책을 쓴 캠브리지대학의 철학자 무어(G. E. Moore)는 선의 개념은 다른 말로 바꿔 말할 수 없는 **독특한** 것이라고 하여 명성을 얻었다. 그에 의하면 결국 선은 선이란 용어로만 정의될 수 있다는 것이다. 그러므로 가치는 사실과는 다른 존재론적 범주이다. 그래서 사실, 수많은 사실들, 그리고 사실적 정보 중에서 그 어느 것도 가치를 **증명**할 수 없다. 유명한 명구로 표현되었듯이 사람들은 존재(is)로부터 당위(ought)를 얻을 수 없다(Popper, 1948: 154).

이제 법률가와 같이 행정부는 특히 논거에 의해 '사실'을 염두에 두기 쉽다. 그러나 사실의 세계는 저절로 어떤 가치를 산출해 낼 수는 없다. 즉, 사물은 단지 사물일 뿐이며, 사건은 단지 사건에 불과할 뿐이다. 그러나 우리가 잘 알다시피 가치는 세상 안의 심리학적 또는 사회학적인 그런 사실들로 구성되기 때문에 문제는 난해하고 복잡해진다. 그리고 사실에서 가치를 추출해 내려는 유혹은 항시 존재하며, 이로 인해서 자연적 오류를 범하게 된다.

비트겐슈타인(Wittgenstein)의 해결방식도 또한 행정가에게 유용한 것이 못된다. 그는 자신이 저술한 『논리철학논고』(Tractatus Logico-Philosophicus)에서 가치의 세계와 사실의 세계를 뚜렷하게 구별하고, 사실의 세계는 신비적이며 "사람이 무엇에 관하여 말할 수 없게 되면, 사람은 그것에 관하여 침묵을 해야만 한다."(1922: 명제 6.522, 7)는 최종적인 결론을 내리고 있다. 행정가들, 그리고 사무원의 경우도 완전히 청렴결백하게 될 수는 없다. 이들은 수시로 연설을 하도록 강요받으며, 연설이 아니라고 하더라도 행동에 있어서 가치판단을 털어놓도록 강요받는다. 그러나 이들은 몇 가지 존재(is)에서 당위(oughts)를 끌어내려는 유혹을 경계해야만 한다. 가치는 확실히 사실과 뒤엉켜 꼬이지만, 그렇다고 이것이 이들 두 범주 사이에 어떤 본질적이고 인과적 관계가 있다는 의미는 아니다.

(2) 동질적 오류(the homogenetic fallacy)

비록 가치를 사실로부터 조심스럽게 구분해 낸다 할지라도 거기에는 여전히 이들이 서로 동등한 자격으로 있는 것처럼, 다시 말해 한 종류에 속한 모든 것들이 똑같은 존재론적 범주 속에 있는 것처럼 다루는 과오가 있게 된다. 다음에 제시하게 될 패러다임에서와 같이 가치 그 자체는 계서적 분석에 따른다. 이들은 등급에서 이질적이다. 그래서 가치개념 그 자체 내에서 이러한 계서적 차이가 혼란되거나 망각될 경우에 동질적 오류를 범하게 된다. 가치는 모두가 다 같은 종류의 것은 아니다. 이러한 점에 대하여는 다음에 상술하겠지만 여기서 본질적인 오류는 앞에서 언급한 종류에 대한 형태적 오류이다. 두 사람이 모두 가령 정직이란 가치에 동의할 수 있다. 그러나 그 동의가 똑같은 정도나 똑같은 종류를 요구할 필요는 없으며 가치 또한 마찬가지이다. 어느 한 사람은 진실로 생각하는 것이 다른 사람에게는 거짓으로 생각될 수도 있다.

(3) 절삭적(切削的) 오류(the excisionistic fallacy)

행정가들뿐만 아니라 실증주의자들이 상당히 편애하는 것으로, 이는 문제의 근원을 잘라 내고 고려해야 할 명백한 욕구를 제거함으로서 가치문제를 해결하거나 풀려고 하는 경우에 나타나는 오류이다. 그러므로 만일에 가치갈등의 출처가 특정한 조직구성원에게 있을 경우, 그 구성원을 전근 가게 하거나 면직시키거나, 심한 경우에 조직의 서열에서 완전히 축출시킬 수 있다.

그래서 가치문제를 해결하거나 푸는 상태의 모습을 창조해낸다. 그렇지만 이 상태는 망상적인 것이다. 단순한 행동의 착수나 권력의 행사에 의해서 옳음과 그름의 진리에 대하여 아무것도 말하지 못한다. 해고된 위반자가 옳았을 수도 있다. 그의 해고는 이러한 가능성에 관해 아무것도 말하지 못한다. 그것은 단지 행위자들 사이에 있는 권력의 배분에 의하여 나타날 뿐이다. 근원적인 가치문제는 드러나지 않았으며 그저 회피되었을 뿐이다.

(4) 군국적(軍國的) 오류(the militaristic fallacy)

그 자체는 절삭적 사고를 각색한 것으로 이러한 오류는 대부분의 열성가들을 본떠서 명명되었는데 이는 목적이나 종국적 가치가 수단이나 도구적 가치와 전적으로 구별되는 경우나, 목적이나 종국적 가치가 수단이나 도구적 가치로 인한 선입견 때문에 잊혀지는 곳에서 발생한다. 대체로 기술공학적·관료제적·과학적 그리고 체제적 사고의 탓으로 쉽사리 돌릴 수 있겠지만, 모든 이러한 지향성이 성향을 인자로 간주하고 효과적이고 효율적인 노력이 행동주의적이고 실증주의적 목표를 향해 매진하도록 하는 목적에 따라 문제를 분류하고 분석하여 원자화하는 것은 잘못이다. 행정문헌에서 이러한 입장은 일반적으로 사이몬(Simon)과 기타 논리실증주의자들이 대표하여 왔는데(March and Simon, 1958: 130, 169), 비경영적이고 비집행적 지위에 있는 추정적인 정책결정자들에 의해 모든 중요한 가치들이 조직의 집행적 수준에 관계없이 결정되기 때문에 이들은 가치문제가 행정가를 위해 존재하는 것이 아니라고 여겼다. 그러나 가치문제는 모든 수준의 권위계서를 통해 조직에 스며들며, 과도한 합리성은 병리이고 가치감각력이 부적절한 군사적 장식에 의해 쇠퇴하거나 제거되는 곳에서 과도한 합리성 또한 지식인들에 대한 독재가 된다는 것은 진리이다.

이상의 네 가지 오류들은 행정에서 이들의 특이한 중요성과 조직생활에서의 특별한 적용가능성 때문에 가치논리에서 잠재적인 보편적 오류들 중에서 뽑아 본 것이다. 그리고 각각의 오류들이 평범한 집행자의 생활에서 매일 그리고 자주 엄격하게 개입된다고 단언해도 큰 무리는 아니다. 항상 그런 것은 아니지만 아주 빈번하게 오류는 무의식적으로 일어나며 그래서 이러한 유혹에 대한 계속적인 인식을 하는 것은 상당히 진보된 소양을 갖고 있다는 뜻이다. 그러나 이러한 인식의 유지가 불가능한 것은 아니다. 그리고 여기서 이해하는 것은 그 첫 단계에 해당된다.

제6절 가치 패러다임

이제 우리는 주요한 용어인 가치를 정의하고자 한다. 이는 간단하게 정의될 수 있다. 가치는 **바람직한 것이라는 개념**(a concept of the desirable)이다 (Parsons, 1951: 162). 좀더 정확하게 말해서 가치는 동기유발하는 힘을 가진 바람직한 것이라는 개념, 즉 행동을 동기유발하는 결정요인으로 작용하는 경향이 있는 바람직한 것에 관한 개념이다. 그러나 오늘날 이러한 정의는 '경향'(tend to)과 같은 허점이나 '동기유발'(motivating)과 같은 불명료성으로 더 모호하고 허술한 것같이 보인다. 물론 요점은 우리가 '조작적'으로 정의하지 않고서도 가치를 가질 수 있다는 것이다. 우리는 날씬한 몸매가 바람직하다고 동의하면서도 계속해서 게걸스럽게 음식을 먹는다. 사실은 때때로 마치 가치의 중심적 기능이 감각에 대한 우리의 직선적인 향유(享有)를 방해하는 것처럼 보이기도 한다. 그렇지만 이에 대한 논의는 뒤로 돌리기로 하고, 여기서는 간단한 가치의 정의에 대하여 생각해 보기로 한다.

가치는 하나의 개념이기 때문에 주관적이다. 그리고 이는 소망(desire)에 관한 현상학과 관련된다. 또한 이러한 것들 중에서 그 어느 것도 간단한 것은 없다. 비록 동기유발이란 측면에서 소망에 대하여 내적으로는 철학자와 예술가, 외적으로는 심리학자와 사회과학자들이 그동안 상당히 연구해 왔다 할지라도, 우리는 이에 관해 명쾌하게 알지도 못하고 이해하지도 못하고 있다. 이론들은 분파하고 서로 경쟁한다. 그리고 논리적 형태의 오류는 풍토적인 특성을 갖는다. 소망은 그 자체가 다양한 존재론적 수준으로 표현되며 의식에 대하여 다양한 관계를 나타낸다. 이는 또한 전적으로 무의식적이고 심층적인 심리적 충동(drives)과 정신적 콤플렉스(complex)로부터 고도의 의식과 승화된 의지에 관한 관념에 이르기까지의 범위에 해당될 수 있다. 더구나 개념과 같은 정신적 구성요인의 성격을 완전히 이해하기는 어렵다. 현상학 그 자체를 통해서 사람들은 우리를 무지의 개척자가 되게 하고, 정사(精査)를 통해서 조사자들로 하여금 재빨리 직관과 창의성의 성격·심성－두뇌문제·자아(self)의 존재와 비존재 그리고 의식의 성격과 같은 다루기 힘든 문제를 접하게 했다. 또한 사람들은 "사람이 무엇에 관하여 말할 수 없게 되면 사람은 그것에 관하여 침묵을 해야만 한다."는 비트겐슈타인(Wittgenstein)의 경구에 의해 유혹을 받는다. 그러나 현명하게 침묵에 의지하지 않는 것은 우리의 논지를 향상시킬 수 있으며, 그 논지는 행동분야에서 필요로 한다. 그리고 아리스토텔레스(Aristotle) 이후 우리는 **실천**이나 실천철학에 관한 개념을 갖게 되었으며, 이러한 개념에 의하여 사람들은 자신의 행동을 통해 훌륭한 삶을 영위하고 또 발견하고자 했다. 놀라운 것은 명료치 못한 언어의 겉모양 속에 숨겨진 끝없이 분파된 복잡성과 신비를 통해서 우리가 '가치는 바람직한 것이라는 개념'이라는 간단한 관념과는 전혀 거리가 먼 실제적 간편성과 효율성으로 여전히 이해할 수 있다는 것이다.

이러한 점을 명심하고 〔그림 2-4〕로 제시된 패러다임에 관심을 두기로 한다. 가치에 대한 전형적인 분류학은 저자가 할 수 있었던 범위에서는 "대상·행동 그리고 사건을 왜 **좋음**(good)과 **옳음**(right)의 문제로 생각하였는가?"라는 물음에 네 가지 또는 네 가지 종류의 응답이 주어질 수 있기 때문이라고 답할 수 있다. 가치화에 대한 네 가지 기반과 정당화는 원리(유형 Ⅰ)·결과(유형 ⅡA)·합의(유형 ⅡB)·선호(유형 Ⅲ)가 포함된다. 이제 이들에 관해 역순으로 거슬러 올라가며 살펴보기로 한다.

[그림 2-4] 가치 패러다임

가치유형	가치의 기반	심리학적 기능	철학적 지향	가치의 수준	
Ⅰ	원 리	능동성	종교주의		옳음
			실존주의	Ⅰ	
		의 지	직관주의		
ⅡA	결 과(A)		공리주의		
		인 지	실용주의	Ⅱ	
		이 성	인간주의		
ⅡB	합 의(B)	사 유	민주적 자유주의		
Ⅲ	선 호	감 정	행동주의		
		정 서	실증주의	Ⅲ	
		느 낌	쾌락주의		좋음

　유형 Ⅲ의 선호는 순수하고 단순하게 주체가 대상이나 행동을 **좋아하고** 선호한다는 기반에서 가치를 정당화시킨다. 이러한 의미에서 동물들은 모두가 다 가치를 소유하며, 이들의 가치는 모두가 다 자기정당화인 것이다. 마찬가지로 동물인 인간도 자신들의 유형 Ⅲ의 가치를 가지며, 그러한 선호를 헤아릴 수 없는 일상적 언어로 기록한다. 즉, **내게 있어서 그것은 일종의 생활습관 같은 것이다.** 나는 커피보다는 차를, 피카소(Picasso)보다는 터너(Turner)를, 그리고 청색보다는 적색을 더 좋아한다. 그리고 이 종업원이 저 방식을 좋아하는 반면 저 종업원은 이 방식을 좋아한다. 이러한 선호는 선천적인 것일 수도 있으며 학습된 인간적 조건에서 있을 수 있다. 그래서 상업적이거나 정치적 설득자들은 그들의 관중들로부터 도식에 있는 유형 Ⅲ의 선호에 관한 변화를 가져오기 위해서 상당히 노력한다.

　하위유형 A와 B를 둘 다 포함하는 유형 Ⅱ의 가치는 **합리성**이란 일반적 기반에서 정당화된다. 이는 처음에 합의(ⅡB)로 나타날 수 있다. 가령 사람들이 실패를 나쁘거나 좋지 않은 것으로 깨닫게 되는 경우, 이는 거기에 여론에 의한 평가나 의회나 법적 경로를 통한 심의와 같은 몇 가지 종류의 합리적 과정을 거쳐 확립되고 공표된 기존의 성문율(成文律)과 법의 형태로 명시되고 있는 표현된 사회적 합의가 있기 때문이다. 여기서 개인적인 선호는 집단화되고 평균화되고 요약된다. 그리고 다음에는 더 높은 수준의 합리적 과정으로 옮겨가며, 이러한 것들을 수용하는 결과의 분석에 근거해서 가치를 설정하는 데 관심이 주어진다. 막지 못한 살인적 방종은 불쾌한 것이기 때문에 살인은 나쁜 것이며 살인을 하지 않는 것은 옳은 것이다. 달리 말해서 비살생의 윤리는 그만한 값어치가 있고 좋은 것이다. 살생이 없게 되면 경찰·교도소·세금 등이 덜 필요하기 때문이다. 정직은 더 좋고 더 효율적이며 효과적인 조직 그리고 사회적 환경에 도움이 되기 때문에 옳은 것이다. 가치판단과 행동에 대한 검증은 그 결과가 되며 윤리적이고 도덕적인 탐구는 이러한 종류의 것들에 대한 분석적 추리에 크게 기여할 것이다.

유형 I의 가치는 초합리적인 것으로 이성을 넘어서는 것이다. 이들 가치는 원리의 수용에서 명시된 바와 같이 신앙·의향·의지의 행동을 암시한다. 비록 이러한 원리들이 종종 합리적 논지에 의해 옹호된다고 할지라고, 이들은 그 기원이나 노선에 있어 본질적으로 형이상학적이다. 또한 이들 가치는 의식이나 직관과 같이 합리적으로 다루기 힘든 현상학적 실체에서 유래를 찾으며 또 그렇게 주장된다. 간통은 시나이 산(Mount Sinai)에서 내려진 석판에 새겨진 규율을 어겼기 때문에 이 수준에서 그릇된 것이다. 그러나 자신이 속한 부대의 명예와 동료들을 위해서 전쟁터에서 죽음을 아끼지 않는 것은 **영달과 영광은 조국을 위한 것**이라는 윤리에 그 병사가 동의하였기 때문에 옳고 훌륭한 것이다. 청빈·순결·순종 등은 성인이나 선지자의 도덕적 안목에서 훌륭한 것이며, 그래서 사람들은 수도서원(修道誓願)에 의해 그런 덕목들을 자신의 것으로 만들고자 한다. 사람들은 유형 I의 가치를 가질 수도 있고 갖지 않을 수도 있다는 점에 주목하라. 그러나 원리의 주장에 따르는 것은 대개 가치를 정당화하고 기반을 세우려는 시도에서 최고의 그리고 최종적인 판결에서 호소력을 갖게 된다. 그래서 사람들은 감정적인 애착(III)·집단적 설득(IIB)·경제적 보답과 같은 순수한 이득(IIA) 때문에 조직에 대한 충성심을 가질 수도 있다. 그러나 국가조직에서 집단의식에 충성하기에 앞서 모든 이들 영역은 영달과 영광의 다양성에 대한 집단의식을 궁극적으로 주장을 하겠지만 이는 단지 형이상학적이고 초합리적 기초에 대한 최종적인 분석에 그 주장의 기반을 둘 수 있다. "좋으나 나쁘나 그래도 내 조국"이라는 식의 생각은 유형 Ⅰ의 조직에 대한 충성이다.

패러다임에 제시된 각각의 가치유형과 수준에는 이에 상응하는 심리학적인 대응과 철학적인 대응이 있다. 유형 Ⅲ의 가치는 그 원천이 감정과 정서이며, 유형 Ⅱ의 가치는 인지적·합리적 능력이며, 유형 Ⅰ의 가치는 의지의 측면에 호소한다. 절대적으로 필요하다고 단언할 수 없지만 의지의 자유에 대한 정도는 원리를 포용하고 유지하는 데 필요한 관여의 행동을 하기 위하여 필요하다. 반면에 이성과 소질은 더 낮은 수준의 가치를 위해서 필요하다.

〔그림 2-4〕에 제시된 철학적 범주들은 대개 각각의 가치부류에 적합한 지향에 대한 대강의 흐름을 나타낸 것이다. 그래서 다음에 논의되는 바와 같이 논리적 실증주의자들은 모든 가치를 정서적 수준(Ⅲ수준)으로 하향시켜 설명하는 경향이 있다. 그리고 행동주의자들은 자신들의 세계관이 결정론 쪽으로 기우는 경향이 있다(Skinner, 1971). 이와 극단적인 대조를 이루는 실존주의자들과 철학적으로 이들과 같은 부류에 속하는 동료들은 의식의 자유, 선택이나 관여 그리고 근무에 대한 책임감 그리고 선택에 따르는 고통을 효과적으로 이용한다. 주로 종교적 세계관을 지닌 사람들이 이러한 지향성을 갖는다. 일반적으로 행정을 위한 형식상의 가치수준에서 철학적 경향성을 규정한다면 실용주의나 공리주의를 지향하는 경향이 있는 제Ⅱ의 수준이라고 할 수 있다. 결국 대부분의 집행자들이 자신들의 역할 때문에 무의식적으로 규범적 성향을 가질 것이며, 자신들의 권위와 권력의 한도 내에서 최대다수의 최대행복과 실용주의적인 일처리 방식과 '가능성의 예술'에 일차적인 관심을 갖는 것은 이해될 수 있다.

이것이 패러다임의 본질적인 요소들이다. 여기에 다른 측면들이 첨가될 수 있고 또 첨가될 것이며, 다른 유사물을 그려낼 수도 있다. 예를 들어, 그 수준

들은 아리스토텔레스학파적인(the Aristotelian) 좋음(Ⅲ)·더 좋음(Ⅱ) 그
리고 자아의식적이고 자유로운(Ⅰ) 것과 상통한다. 그리고 이 패러다임은 이
책의 나머지 부분 전체에서 계속 이어질 것이며, 우리에게 기본적인 논리와
주요한 분석의 도구를 제공해 줄 것이다. 어떤 가치든지 이는 어떤 수준으로
명시될 수 있고 또 어떤 수준을 갖는다는 것은 주목되어야만 한다. 그래서 유
형 Ⅰ의 정직은 원리에 기반을 둘 것이고, 유형 Ⅱ의 정직은 그것이 논증되어
왔고 집단의 규범이기 때문에 평가될 것이며, 유형 Ⅲ의 정직은 단순히 이것
이 서슴없이 거짓말을 하는 부정직을 더 좋아하고 문제가 발생했을 당시 어떻
게 느끼는가 하는 문제와 관련되기 때문에 바람직한 것으로 고려될 것이다.
커피보다 차를 선호하는 것은 단순히 유형 Ⅲ의 차에 대한 평가인 선호일 수
도 있고 영국사회 내의 생활로 생긴 결과, 다시 말해 프로그램화되고 사회적
으로 조건화된 유형 ⅡB의 차에 대한 평가일 수도 있으며, 연구를 통해 차의
카페인 함량이 커피의 함량보다 덜 유해하다는 것이 밝혀졌기 때문이라는 유
형 ⅡA의 논증적인 차에 대한 평가일 수도 있다. 그리고 극단적으로 차를 마
시는 전반적인 행위가 선(禪)의 다례(茶禮)에서와 같이 신비적이고 의사종교
적 수준의 것으로 여겨지는 원리적 유형 Ⅰ의 차에 대한 평가일 수도 있다. 모
든 측면의 인간행동은 이러한 분석이 가능하기 때문에 그러한 예증들은 수 없
이 많다. 어떤 가치에 있어 정말로 중요한 것은 그 수준과 유형이다. 그러므로
그 유형을 변별하지 못하는 것은 동질적 오류를 범하고 혼란과 논쟁을 다분히
유발하며, 의사소통과 이해의 단절을 도모하게 하는 것이라고 할 수 있다.

제7절 실증주의

　논리실증주의자들은 우리에게 동질적 오류의 고전적 예를 제공해 준다. 이

것은 독자들이 이러한 학파의 철학이 행정사고 및 경영과학에 준 영향이란 관점에서 주의 깊게 고려해야만 하는 것이다(Simon, 1965: 45; Habermas, 1971; Barker, 1969). 이들은 급진적 형태로서 모든 가치들이 최종적인 분석에서 감정(affectivity)과 정서(emotion)로 옮겨간다고 주장했다. 즉, 그것은 이 책에서 사용하는 말로 하면 단지 유형 Ⅲ의 가치만 있으며, 다른 가상적인 수준들은 오류적 사고의 인공물이거나 다른 몇 가지 부류의 철학적인 대담한 실패에 불과하다는 것이다. 그러므로 완고한 궁극적 분석에 근거한 고전적 사례를 들어 설명한다면, "나는 살생(killing)을 하고 싶지 않다"나 "살생, 으윽!"(Ayer, 1948: 102~20)과 같이 생활에 대한 가치와 살생에 대한 금지는 사적인 선호와 정서적 구조의 문제이다. 그래서 살생에 대한 법적인 금지명령과 살인죄에 대한 정의는 더 높은 수준인 ⅡB에서의 감정표현이 되기도 하지만, 여전히 주(州)의 법에 의한 사법적 기구를 통해서 명시된 대로 살생에 대한 집합체적인 느낌·혐오·증오로 표현된다. 더 자세히 알아보기로 한다. 살생의 결과 삶(life)이 비열하고 더럽고 야비하고 불충분한 것을 의미하는 형편에 이르게 되는 것처럼 만일 가치가 결과의 기반(ⅡA)에서 정당화되고 이에 기초한다면, 이는 단지 어느 한 단계에서의 감정표현에 불과할 것이다. 미래의 상태는 객관화되며 그래서 단일하거나 집합체적 감정에 따라 판단되고 평가된다. 우리는 어떤 성과가 나올 것인가에 대한 문제는 좋아하지 않는다. 첫눈에 온당한 것처럼 보이는 것은 단지 전에 제거된 정서이다. 마지막으로 우리는 비실증주의자·신조·원리에 있어서의 신념(Ⅰ수준) 등에 관한 마지막 요새에 이르게 된다. 살인은 나쁜 것이다. 왜냐하면 시나이 산에서 그렇게 선언되었기 때문에, '양심'이 우리에게 그렇다고 말했기 때문에, 내가 그렇다고 선택했거나 내 자신이 그러한 선택의 행동을 했기 때문에 살인은 나쁜 것이다. 그러나 실증주의자가 말하듯이 이러한 것들은 형이상학적 기반을 갖는 것이며 검증될 수 없는 것이다. 거기에는 신념의 논리가 없으며 신념의 영역에서 사람들은 우리의 정원에 요정들이 있다거나, 예언자 존스(Jones)는 우리에게 시안화물을 마시도록 명령할 권리를 가졌다든지 사람은 자유의지나 어떤 것을 가지며 어떤 한 가지 가치는 나머지 다른 가치들과 마찬가지의 것이라고 하는 등의 **어떤 것**을 자유롭게 믿는다. 더욱이 사람의 가치는 의심할 것도 없이 단순히 그 사람의 감정적 구조와 정서적 기질을 반영하는 것이다. 그리고 또 다시 사람은 III수준으로 후퇴하게 된다. 요약하면, 유형 II의 가치는 합리화된 유형 III의 감정인 반면에, 이른바 유형 I의 가치는 초합리적이고 논리적으로 검증이 불가능한 단계에서 유형 III의 감정이다. 인간은 이들이 유형 III의 가치를 가졌지만 윤리학에 대해 특이한 망상을 가졌기 때문에 다른 동물들과는 그 종류에 있어 서로 구별된다. 즉, 여기에는 보편적인 몇 가지 부류의 윤리적 원리, 즉 인간에게 의무를 부과하는 당위의 범주가 있는데, 그 범주는 그의 동료 피조물에 의해 공유되지는 않는다.

　이런 것들이 논리적 실증주의의 사례이며, 이것은 만만치 않은 사례들이다. 사실 실증주의자들이 설정해 놓은 논쟁의 범주 내에서는 반박할 수 없는 것 같이 보일 것이다. 사람들은 단지 가치에 대한 가상적인 수준들 사이에 있는 긴장상태에 대한 당사자들 나름의 현상학적이고 검증이 불가능한 경험에 대하여 언급하거나, 비트겐슈타인이 말하는 '침묵'의 영역에서와 같이 실증주의자들이 가지고 있는 논지의 한계를 벗어난 입장을 취함으로써 그와 같은 것을 논박할 수 있다. 그렇게 하는 것은 인간이 단지 정도뿐만 아니라 그 **종류**에 있어서까지 다른 동물과 구별된다는 것과 실증주의적 경향의 한계와 어울리지 않는다는 명제를 긍정하는 것이다. 그리고 이러한 기본적인 철학적 틈새(cleavage)에 대한 결론을 내리는 일은 독자 개개인에게 맡겨야만 한다. 그렇지만 이 책은 비실증주의적 경향을 지향하며 전반적인 가치 패러다임 내에서의 실증주의자들의 입장을 능가하면서도 그것을 포함하는 두 가지 모두를 추구한다.

제8절 초가치

  이상에서 논의된 가치의 개념 이외에 초가치의 개념(Hodgkinson, 1978: 180)에 대하여 소개할 필요가 있다. 초가치는 아주 확정적이고 널리 알려진 바람직한 것(the desirable)이라는 개념으로 논쟁이나 논란의 여지가 없는 것으로 여겨지는 개념이다. 그래서 초가치는 대개 개인적인 생활이나 집합체적 생활에 대한 일상적인 가치계산으로 표현되지 않고 검증할 필요가 없는 가정의 형태로 다루게 된다. 그리고 행정과 조직생활에서 가장 현저한 초가치는 효과성과 효율성이다. 그 누구도 조직을 덜 효율적이고 덜 효과적인 방법으로 운영하라고 권하지는 않는다. 생존과 성취는 개인적인 초가치의 예증이 되며, 합리성은 학술과 관료제의 초가치의 예증이 된다. 초가치는 심층적이며, 대개 검증하지 않을 뿐만 아니라 개인적이거나 집합체적 가치계서를 강력하지만 무의식적으로 구조화하는 영향력을 지닌 특별한 가치이다. 만일 인간이란 존재가 완전히 합리적이고 이들이 지닌 초가치가 잘 알려진 것이라면, 과학적이고 상당히 예언 가능한 연역적 논리의 행동을 추론하는 것은 가능할 것이다. 그렇지만 가치 패러다임의 논리는 잠재가능성에 대한 복잡한 혼합과 차합리적(次合理的)·합리적 그리고 초합리적이라는 구성요소들에 대해 긍정적인 시각을 갖는다. 패러다임은 그 내부에 이차적 평가, 그 자체에 초평가과정적 구조를 감추고 있다. 그리고 이러한 평가와 그 과정적 구조는 신중한 숫자 부여를 통해 Ⅰ에서 Ⅲ까지 질의 순위를 설정한다. 유형 Ⅰ의 가치는 말없는 가운데 암시적으로 유형 Ⅱ의 가치보다 몇 가지 측면에서 '더 훌륭하고,' '더 고급스런' 것으로 여겨지며, 유형 Ⅱ는 유형 Ⅲ보다 더 훌륭하고 고급스런 것으로 여긴다. 이것은 아리스토텔레스의 합리적인 동물의 변별과 같이 사유가 느낌보다 여러 가지로 우월하며 관여의 힘을 가진 자유의지에 대한 자율적 행동이 추론이나 추정보다 더 우월하다는 논리에 근거를 두고 있다. "사람들은 감각에 관한 힘이 대단하다고 한다. 그러나 감각보다 더 대단한 것은 심성이다. 그리고 심성보다 더 대단한 것은 불타(佛陀)와 이성이며, 이성보다 더 대단한 것은 인간을 포함한 모든 삼라만상에 내재된 성신(聖神)이다"(Bhagavad Gita, Mascaró, 1962, 3:43). 아니면 산스크리트어에 대한 또 다른 번역(Prabhavananda and Isherwood, 1949: 72)에서와 같이 "감각은 감각대상보다 더 높은 수준이며 심성은 감각보다, 개인적 의지는 심성보다 더 높은 수준이라고 말한다. 개인적 의지보다 더 높은 무엇이 있겠는가? 오직 생명의 본원(the Atman) 그 자체뿐이다."

그럼에도 불구하고 그러한 이차적 평가가 개별적일 뿐만 아니라 초평가적이라는 것은 분명하다. 그러나 괴델(Gödel)의 원리(1931: 173-98)에 따르면 그것은 그 나름의 체제 내에서 그 정당화를 발견할 수 있다. 그리고 그것은 이 책에서 설명되는 가치논리에 대해 자명하고 상당히 체계적일 뿐만 아니라 기본적인 것이다. 거기에는 비아리스토텔레스적(non-Aristotelian) 논리학과 비유크리트적(non-Euclidean) 기하학이 있을 수 있다는 또 다른 공식이 가능할 것이다. 그렇지만 패러다임적 형태는 설명적인 힘을 제공한다는 믿음 때문에 지지를 받으며, 일상적인 인간사와 관례, 특히 조직활동에서의 인간사나 관례와 일치된다.

> **신조**: 나는 우리 자신과 타인을 위한 개인적인 자유의지의 잠재력, 부분적인 결정론과 어느 정도의 자유 그리고 인간적 자율성 신장의 가능성이 있다고 믿는다.

정도와 종류에 있어서 인간과 동물이 다르다는 것은 바로 이런 신조 때문이다. 그리고 행정을 가장 위대한 인간적 예술이라고 부르는 것도 바로 이것 때문이다.

제9절 예 증

가치 패러다임을 어떤 행동이나 사건에 응용할 수 있다는 것을 이해할 필요가 있다. 또한 어떤 가치는 패러다임의 특정 수준에서 나타날 수 있다고 이해하는 것도 중요하다. 예를 들어, 정직과 같은 윤리적 가치의 경우를 생각해 보기로 한다. 가령 성장 과정에서 성인·예언자·선각자와 같이 특별히 뛰어난 개인이 정직이 중요하고 기본적인 부분이라는 도식에 의해서 생래적(生來的)이고 통합적인 도덕적 질서가 있는 도덕적 안목을 얻어야만 한다면, 사람들은 분명히 이러한 가치를 자신의 생활형태(form of life)와[*] 관련하여 유형 Ⅰ의 수준의 것이라고 할 것이며, 또한 아주 당연하게 다른 사람들에게 '거짓말을 하지 말라!'와 같은 윤리적 명령으로 제안하도록 요청받고 있는 것으로 느낄 것이다. 어쩌면 시간이 경과함에 따라 이러한 관여는 **타인**에 대한 그 도덕적 힘을 상실할지 모르지만, 여전히 사람들은 자신들이 습관적으로 정직하지 못한 것이 사회에서 불편하고 불쾌하며 부담이 되며 비효과적이라는 타산적 기반에서 정직이란 가치를 신봉할지도 모른다. 이런 경우는 합리적인 ⅡA의 관여일 것이다. 그리고 더 깊이 논의하여 만일 정직이란 가치가 단순히 행위자의 생활형태를 제한하는 집단이나 그 집단들 사이에 기대되는 규범이기 때문에 정직을 지킨다면, 이런 경우는 합의적인 것(ⅡB)이며 주로 사회적 프로그램의 문제이고, 그 가치에 관한 이유와 원인이 있어도 이것은 합리적 수준에서 대수롭지 않게 고려되었다. 결국 사람은 단순히 정직이 특정상황에서 선호하는 것이기 때문에 정직하게 되고 또 그렇게 되기를 선택할 것이다. 이런 경우는 유형 Ⅲ의 가치이며, 이러한 관여는 최소한의 영향

---

[*] 여기서나 다른 곳에서의 생활형태라는 표현은 비트겐슈타인(Wittgenstein)이 말하는 의미로 이해되어야만 한다(Pitkin, 1972: 132-9). 즉, 그것은 개인적인 것을 능가하는 것을 한 가지 방향에서 언어적이거나 사회적인 관계의 망이나 나머지 다른 방향에서 존재론적 기원으로 확대하는 인간존재의 형태이다.

을 받는 최소로 안정되거나 관여된 생활형태이다.

이런 시점에서 가치구조의 행동적 지침이 오도될 수 있다는 것을 사람들은 주목할 수 있다. 유형 Ⅲ의 표현은 유형 Ⅰ보다 더 복잡스럽게 되기 쉽다. 예를 들어, 학부형들의 항의를 처리해야 하는 교육장과 같이 그 항의에 관한 올바른 가치의 **유형**을 행정가가 아는 것은 아주 중요할 것이다. 성난 학부모들은 단순히 유형 Ⅲ의 혈기를 참을 수 있을 것이다. 그러나 만일 이들의 관심이 성교육을 반대하는 유형 Ⅰ의 종교적 관여와 같은 자신들의 심층적인 가치구조에 영향을 준다면, 부딪히는 곤란은 심각할 것이며 비록 행동적 술렁임이나 분노가 유형 Ⅲ의 열광적 분위기보다 덜하다고 할지라도 행정가의 목은 위태롭게 되기 쉽다. 생활형태 내에 명시된 그 자체로서 가치의 질은 그 유형론적 수준에 따라 다양할 것이며, 그 수준들을 구별할 때는 행정적 가치분석에 관한 예술과 관련된다.

유형론은 모든 평가 및 가치행동에 적용된다. 이러한 사례들은 이미 제6절의 끝부분에서 보듯이 가정생활의 영역에서 있었으며, 모든 측면의 인간사에까지 확대될 수 있다. 성적인 행위와 관련된 생활에서 동성애는 단지 감정적 선호(유형 Ⅲ)의 문제이거나 아니면 동성애적이거나 이성애적으로 되는 어떤 개인이 속한 집단의 규범일 것이며(ⅡB), 이러한 사례가 있을 경우 그 규범에 의해 옳거나 그릇된 것으로 판단될 것이다. 아니면 동성애는 해로운 사회적 결과를 유발할 것으로 보이기 때문에 그릇되며, 이로운 사회적 결과를 유발할 것으로 보이기 때문에 옳은 것으로 여겨질 것이다(ⅡA). 그리고 이와 관련하여 항상 두 가지 방식으로 논쟁이 있었는데 그 하나는 동성애가 인간을 재생산하지 못한다는 것이며, 다른 하나는 동성애가 계속적으로 논란을 유발할 수 있으며, 가족제도에 대한 위협이나 인구과밀의 조건하에서 이점으로 해석될 수 있다는 것이다. 결국 동성애는 계속적인 논쟁을 유발할 수 있으며, 인권운동가들이 어느 한 가지 측면을 취하고 종교적으로 정통파 기독교 신앙을 가진 사람들이 다른 측면을 취하게 되는 경우 유형 Ⅰ의 수준에 역행하게 될 수 있다. 그렇지만 행정적 예증으로 되돌아가서 고용과 해고에 관한 원형적인 행정적 결정을 고려해 보도록 한다.

조직구성원이 멋진 동료가 될 것으로 보이기 때문이나 직장분위기를 개선하는 데 기여할 것으로 생각되기 때문이라는 감정적 선호에 본질적인 기초를 두고 고용하게 되는 경우 이는 유형 III에 해당된다. 이러한 세습적이고 독단적인 결정은 복잡한 조직이나 관료조직에서는 아주 드물며, 대신 거기에는 어느 정도 겉에 드러나는 합리성을 성취하는 시도를 통해서 결정을 내리게 된다. 최소한 거기에는 아마 심사위원회에서 그러한 선호에 대한 비교검증을 통해서 보다 비공식적인 조사에 의해서 후보자에 대한 합의를 추구하려는 노력이 있게 될 것이다. 그래서 그 결정은 수준 IIIB로 향상될 것이다. 그리고 자격에 대한 신중한 정사와 잠재력이 있는 후보자들을 그 역할에 맞추어 보는 몇 가지 부류의 비용-이윤 분석에 의해 정선하는 과정이 분명히 있을 것 같다. 이러한 일이 이루어지는 경우 여기서 합리성의 정도는 그 결정을 IIA수준으로 명명하기에 충분할 것이다. 그리고 사람들은 이것이 아마 현대조직에서 형식적 수준이 될 것이라고 주장할 수 있었다. 이것은 많은 표면적인 IIA의 적용이 사실상 IIB나 III의 정서적 선호에 대한 표현이 아니라는 의미는 아니다. 앞서의 이러한 수준의 평가 외에도 원리의 요소들에 대하여 소련에서는 인간의 이념적 입장이나, 학문적 맥락에서 학자적 위치나 그 우수성과 같은 것들로 소개된다. 그리고 이러한 원리의 문제는 가치계산적 측면이 무시되고 있다. 그래서 임명에 관한 결정은 유형 I의 결정이 된다.

이와 관련하여 교황(Pope)의 임명과 승진을 생각하여 보면 좋다. 추기경회의는 전적으로 심사위원회의 일에 맡겨진다. 유형 III의 선호란 요소는 유형 IIB의 합의를 추구하는 데 포함되며, 그 다음에 이것은 전체조직의 후보자들에 대한 예상된 영향에 관한 유형 IIA의 논의에 포함된다. 마지막으로 추기경들은 신앙을 간구하며, 거룩한 신성이 정치적 과정을 거치게 되며 개인이 양심을 추구하면서 가치논리의 마지막 국면을 개념화한다. 교황선출은 유형 I의 행정적 결정에 관한 극단적이면서도 교훈적인 예증이다.

마찬가지로 이런 논리는 해고 및 면직의 과정에도 적용된다. 실제로 크라운(the Crown) 장관이 장관직에서 쫓겨난 일이 있었는데, 이것은 그가 항 공편으로 여행을 했었을 때 이등석을 타고 다니면서 그의 지위에 따라 그에 게 정해진 일등석 요금과의 차액을 착복했기 때문이었다. 확실히 그 잘못은 용서받을 만한 사소한 범죄였다. 그러나 시저(Caesar)의 아내에게 적용되 었던 원리는 그가 속한 내각과 정치 동료들에 의해 공적으로(유형 I) 면직 되는 표면적인 근거로 이용되었다. 장관들은 당연히 오점이나 결점이 없는 것으로 봐야 한다. 물론 실제적인 것으로부터 가설적인 것으로 바꾸는 것은 해고에 대한 **현실적** 근거가 다음 선거에서 자기 당의 전망에 대한 관심(유형 ⅡA)이었거나 아니면 단순히 집단의 불만·적의 그리고 부정적 감정(유형 ⅡB)이 될 것이다. 또한 이것은 현대적 조직에서 형식적 수준이 ⅡA이며, 이 것은 해고나 면직이 발생할 때마다 방어 가능한 근거들을 요구하는 직업보 호규정과 불만 처리의 편재에 의해 강화될 수 있다. 노동조합·동업조합 그 리고 전문직연합회 등은 관습적으로 해고의 기반으로 양립하기 어려운 것(Ⅱ B나 Ⅲ)을 지지하지 않을 것이다. 그리고 이러한 유형에 관한 겉치레의 행정 적 결정에 대한 형식적 실제는 지금도 상당히 지켜지고 있다. 최소한 ⅡA의 정당화에 대한 피상적 모양을 제공하는 근거를 따라가기 위한 노력이 변함 없이 계속되고 있다. 또한 세련된 집행자의 의지가 명백한 ⅡA나 Ⅰ의 해고 파면에 포함되거나 여기에 '현실적 근거'를 두기도 하는 ⅡB와 Ⅲ의 평가를 식별할 수 없다고는 아무도 말할 수 없다.

또한 가치분석의 관점에서 '그는 거칠고 거만하지만 우리 조직이 정말로 필요로 하는 사람'이라는 것과 '그는 정말로 멋있는 친구이지만 우리는 그를 내보내야만 한다'라는 말을 대비시켜 일상적인 논리적 근거를 고려해 보면 흥미롭고 많은 시사를 받을 수 있을 것이다. 미국 트루먼(Truman) 대통령 이 총사령관 맥아더(MacArther) 장군을 해임한 것은 미 대통령 산하에 있 는 헌법부의 "허풍을 중지시킨다"는 계엄과 관련된 유형 Ⅰ의 원리와, "맥아 더가 트루먼 자신의 정치적 경쟁자가 될 수 있다"는 유형 Ⅱ의 정치적·합리 적인 배려에서부터, "나는 그를 해고할 때 후레자식이라고 말했다"와 같은 유형 Ⅲ의 감정에 이르기까지 패러다임의 네 가지 수준 모두에 관련된다.

이 모든 예증들을 통해서, 그것은 결정에 대한 가장 유력한 특징이자 두드러진 평가적 역설이나 강조이며, 이러한 특징과 역설의 강조는 가치유형론에서 부여되는 수준을 결정한다는 것을 주목해야 한다. 또한 오류의 형태에 관한 가능성은 크지만, 명쾌한 분석은 가치의 진짜 수준은 결정의 계산과 관련되는 각각의 중요한 가치들을 위해서 발견되어야 한다는 점을 필요로 한다.

제10절 동기유발

지적인 고민과 철학적 혼란을 초래하는 데 있어 가치와 겨눌 수 있는 한 가지 개념이 있다면, 그것은 아마 동기유발(motivation)의 개념일 것이다.[*] 조직 관련 문헌에서 상당한 이론화(theorizing)와 끊임없는 경험화가 이 동기유발이란 문제에 관심을 보였다(Steers and Porter, 1975). 또한 이 문제는 정기간행물의 주제와 초점에 있어 상당량을 차지하고 있으며, 상대적으로 가치의 연구를 위축시켜 왔다. 정말로 그것은 행정가가 되려고 하는 사람, 이론가·실천가들이 윤리학과 도덕의 문제를 상당히 연구할 가치가 있는 것으로 고려할 경우에도 이러한 문제를 불가시(不可視)의 상태에 이르게 하였다. 왜 이렇게 변칙적인 상황에 이르렀는가?

아마도 이는 경험적 행동과학이 어느 정도 행동자가 선택하는 자유를 암시하고 그래서 예언을 목적으로 하는 과학과 상반성을 갖고 불확실성과 비결정론의 요인을 포함하는 가치와 같은 개념보다는 최소한 충동하거나 이것을 느끼는, 그래서 결정론을 암시하는 동기유발과 같은 개념 쪽으로 보다 더

---

[*] 정의적인 철학적 분석에 관해서는 R. S. Peters(1960)를 보라.

친밀성을 갖기 때문일 것이다. 동기유발은 결정론적인 함축적 의미를 갖고, 인간사에 대한 보다 더 많은 통제가능성의 징조가 된다. 그러나 우리는 단순화에 대한 바람, 축소하려는 경향성 그리고 동질적 오류 등을 인식해야만 한다. 분명히 인간의 본성은 혼합적인 것이다. 그리고 이것은 상당한 정도로 동기유발적인 결정론의 영향을 받기 쉽다. 즉, 인간의 본성은 종종 지나치게 결정론적이기 쉽다. 그러나 이것은 여전히 자유롭게 될 가능성이 있다.

가치패러다임은 동기유발에 관한 분석을 포함하며 그 이상의 것이다. 그래서 우리는 동기유발이란 용어에 집착할 필요가 없다. 왜냐하면 그것은 동기유발이 가치의 **출처**로서 취급될 수 있기 때문이다. 거기에서는 바람직한 것 (the desirable)에 관한 개념이 추출될 수 있고, 이러한 개념들은 가치로부터 생겨난다. 그래서 유형 Ⅲ의 가치는 심층심리학의 무의식적 역학에서 유도되거나 아니면 구쾌피고(求快避苦)를 추구하는 본능적 경향성인 쾌락주의에서 나오기도 한다. 다음으로 유형 Ⅱ의 가치는 동기유발에서 합리적 분석과 공동의 판단으로 옮겨질 수 있으며, 모두 다 그렇다고 할 수는 없다고 할지라도 이들 가치 중의 상당 부분은 사회적 조건화에 의한 것이다. 그리고 유형 Ⅰ의 가치는 초합리적 관여에 대한 독특하게 인간적인 동기유발에서 생성되는 것이라 할 수 있다. 물론 이러한 주장을 고집하는 계통의 행동주의자는 특히 좋지 않게 생각할 것이다. 프로이드학설(Freudian)에 있어서의 강박관념을 예로 들자면, 거기에는 편재된 최초의 충동에 관한 문제가 없다. 그러나 이러한 동기유발적인 충동은 욕구 패러다임의 모든 수준에서 설명될 수 있다. 가령 쾌락적인 만족을 추구하는 행동은 Ⅲ수준이고, 춤을 추는 것으로부터 파티를 마치기까지의 습관화된 짝짓기 의식에 관련된 모든 예절은 ⅡB수준이며, 공인된 매춘행위는 ⅡA수준이고, 성직자가 독신생활을 하는 것은 Ⅰ수준에 해당된다. 동기유발적인 충동이란 개념 그 자체는 충분한 가치분석을 할 만큼 세련된 것이 못되며, 가장 일반적인 수준에서 이러한 비판이 모든 저명한 환원주의자들과 동기유발 이론가들에게 가해질 수 있다는 것은 이러한 예증을 통해서도 아주 명백해질 수 있다. 마르크스(Marx)와 프로이드(Freud)는 이러한 동질적 오류를 범하였다. 최종적인 분석에서 비록 관련된 심리학적 충동이 의심할 여지없이 우리에게 바람직한 것에 관한 복잡한 가치지향과 형태를 제공해 준다고 할지라도, 성과 권력과 재산은 아무것도 아니다. 이러한 우리의 논지에서 동기는 명시적이든 암시적이든 간에 가치라는 개념 속에 포함되는 것으로 취급될 수 있다.

그렇지만 행정과 조직에 관련된 문헌은 가치보다는 동기유발이라는 현상 때문에 한층 더 복잡하게 된다. 아마도 이것은 지도성을 수반한 집행적 역할에 대한 확인 및 이러한 개념이 이어받게 되는 모든 혼란에서 유래될 것이다. 그리고 전래적으로 이것은 자신의 부하를 '동기유발시키는' 행정가의 책임을 강조하게 되었다. 종종 행정가의 본질적인 과업은 자신이 속한 조직 내에서 일종의 교환에 대한 쾌락적인 균형을 유지하고, 바나드(Barnard)가 말한 대로 조직구성원들이 협동체제를 떠나기보다는 그곳에 남아 있기를 선택하는 것과 같은 유인가를 유지하도록 하는 것으로 생각되었다(Georgiu, 1973: 300; Barnard, 1972: 93). 경제학에 원리가 있는 것은 사실이지만 그 현실이 설명을 단순화하지 못하는 경향이 있는 것처럼 조직생활에 관한 이러한 모습에도 진실이 있다. 조직의 외양들 사이에나 그 내부에서의 이동에 진실로 자유가 있다면, 즉 신봉건주의 상황에 정면으로 모순될 가능성이 있다면, 거기에는 분명히 행정가를 포함한 어떤 주어진 부류의 조직구성원들을 위한 동기유발의 가격표가 결정될 수 있었던 몇 가지 가설적인 평형상태를 항상 지향하는 경향을 갖는 동기유발적 힘에 관한 조직간 또는 조직 내의 시장이 있을 것이다. 그러나 환원주의나 동질적 오류의 위험을 피할 수 있다고 할지라도 이러한 이론화는 도움이 되지 못한다. 조직이란 시장에서 밀고 당기는 식의 감정적 노력은 국부적인 진리이다. 철학자 바레트(Barret)는 최근에 "의미에 대한 지각은 동기유발에서 일차적인 사실"이라고 주장하였다(1979: 293). 그리고 동기유발에 관한 문헌들은 소위 더 높은 수준의 동기유발이 실제로 존재한다는 것을 인정한다. 행정가들에 있어 이러한 사실은 허즈버그(Herzberg)의 연구(1959, 1966)와 매슬로우(Maslow)의 저작물(1954, 1968)에서 좋은 예증이 되고 있다.

매슬로우의 유명한 욕구이론에 의하면 인간의 동기유발적 욕구에는 가장 낮은 수준의 생리적 욕구와 안전의 욕구로부터 더 높은 수준인 사회적 소속감과 지위에 대한 욕구 그리고 극치(極致)의 경험을 갖게 되고 개인의 모든 잠재력이 극대화되는 유사신비적 상태인 최고 수준의 자아실현욕구에 이르기까지 계서적인 순서가 있다는 것을 가정한다.[*] 자아실현에 관한 매슬로우 이론의 정곡이 없다고 할지라도 허즈버그는 마찬가지로 하위 수준의 욕구와 상위 수준의 욕구를 구별하고 있다. 하위 수준의 욕구를 감독·임금·작업조건 등과 같은 조직적 측면을 위생적 욕구라고 명명했으며, 승진·성취감·책임감·도전 등과 같은 상위 수준의 욕구를 동기유발적 욕구라 명명하였다. 동기유발적 도식과 가치 패러다임 사이의 대비는 〔그림 2-5〕에 제시되었다. 일반적으로 동기유발이론가들의 논쟁은 상위 수준의 욕구가 대두되기 전에 먼저 하위 수준의 욕구가 충족되어야만 한다는 계서적 전제에 쏠려 있는 것 같다. 사람이 치통을 앓고 있는 동안에 그 사람은 철학자가 될 수 없다. 사흘 굶어 생각 못해 내는 일은 없다. 그렇지만 가치 패러다임의 의미에서 그 해석은 상당히 포착하기 어렵고 난해하다. 여기서 그 가정은 사회적으로 생성된 유형 Ⅱ의 가치와 개인의 내면에 자리 잡고 있는 방종적인 유형 Ⅲ의 가치 사이에 지속적으로 변증법적 긴장이 상당히 있으며, 유형 Ⅰ의 가치와 그 하위 수준의 가치 사이에도 이따금 변증법적 긴장이 상당히 있다는 것이다. 성인도 아니고 정신병자도 아니고 초인간도 아닌 보통 사람들은 도덕적으로 옳고 사회적으로 승인된 것과 그들이 행하기를 좋아하는 현실적 방식 사이에서 이러한 첫 번째 유형의 현상학적 긴장을 경험한다. 더욱이 인간은 사회적 동물일 뿐만 아니라 합리적 동물이다. 그리고 같은 종류의 변증법적 긴장은 끊임없이 인간본성의 감성적 측면과 인지적 측면 사이의 내적인 상호작용에서 그 자체를 드러낸다. 유형 Ⅰ의 가치는 더욱더 어려운 것이다.

---

[*] 이러한 계서를 보다 더 심도 있게 알려면 Low(1976)를 보라. 그는 선(禪) 철학과 경영실제 모두에서 이에 관한 통찰을 하고 있다.

이들 가치의 성격은 초합리적인 것이다. 이론상 이들 가치가 개인의 가치체제 내에서 발생할 필요는 없지만 만일 그렇게 되어야 하는 경우 이들 가치는 거절할 수 있는 힘을 체제에 넣어 준다. 즉, 이들 가치가 하위유형의 가치와 개인적인 생활형태 내의 경쟁적 동기유발을 극복하고 재배열하고(realign) 종합하는 지배적인 성격의 패권을 갖는다. 다마스커스(Damascus)에 이르는 여행 중 사울(Saul)은 유형 Ⅰ의 관여를 배웠으며, 종교적 개종의 현상을 경험하였다. 모든 진정한 종교적이거나 세속적 '개종'은 유형 Ⅰ가치의 주입을 암시한다. 유형 Ⅰ의 가치는 심층적인 관여와 강력하게 결정된 동기유발을 수반하게 한다. 그리고 이들 가치가 행동분야에서 존재하게 되는 경우, 가치계산은 근본적인 개혁을 하게 된다. 말하자면 동기유발은 과도하게 되고, 이성은 직관에 도움을 주게 된다.

[그림 2-5] 동기유발과 가치의 관계

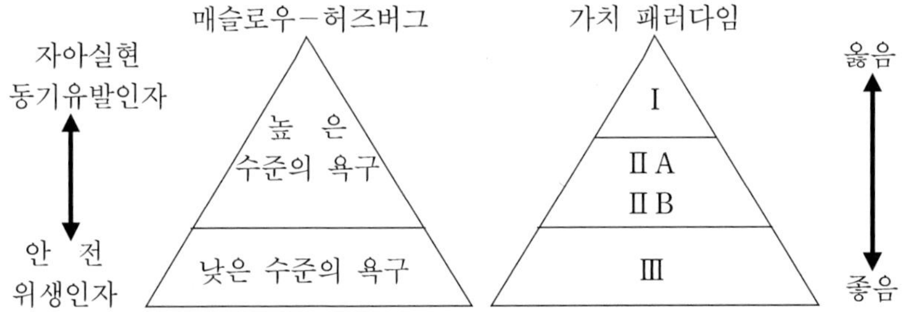

지금까지의 내용으로 볼 때 동기유발과 가치라는 용어는 어느 정도 서로 바꾸어 쓸 수 있고 서로를 강화해 주는 것 같다. 그렇지만 혼란을 피하기 위해 이 책에서의 논지는 대부분 동기유발이란 언어보다는 가치라는 언어에 한정시키게 될 것이다. 그리고 동기는 인간의 가치체제의 한 자료이며 원천적인 요인이 된다. 또한 동기는 가치에 관한 일반적인 언어적 게임 속에 포함되는 요소들로 간주된다.

제11절 실 천

항시 암시적이었던 것이 이제는 명시적으로 분명해진다. 그리고 이러한 것을 기꺼이 받아들이는 집행적 행동과 행정적 노력의 분야는 철학적 측면이라는 것을 인정하게 된다. 자기 자신과 자신의 동료들을 깊이 이해하고 동기유발을 포함하지만 이것을 능가하여 가치의 가능성이란 영역에 이르기까지의 인간본성에 대한 지식을 갖추는 것은 집행자가 해야 하는 최고 수준의 직분이다. 결국 행정적 구조라는 직물과 조직생활에 관한 날실과 씨줄은 원형질에 해당되며 인간의 본성은 풍요한 다양성·복잡성 그리고 자주 단순성을 갖고 있다. 그래서 행정가는 뛰어나게 주변상황을 파악하는 사람이어야 한다.

물론 행정가의 역할은 사람들이 어떤 사람이며, 그 사람들의 성격과 특징, 다시 말해서 사람들의 가치형태에 따라 다르게 된다. 그리고 행정가들의 역할은 다른 형태의 조직맥락과 가치에 의해 관여를 받을 것이다. 그러나 맥락과 역할에 아무리 변화가 있다고 할지라도 그 철학적 주제는 지속될 것이며, 어떤 철학적 기술은 초보적인 생존을 위해서도 바람직하고 적절하게 될 것이다. 가장 낮은 수준에서 조직생활은 일종의 일상적인 전투이다. 그렇지만 행정이라는 병기고에서 가장 치명적인 무기는 논리적·비판적 기술, 개념적인 종합, 가치분석과 관여, 언어와 의사소통과 수사적인 면의 표현력, 그리고 가장 기본적인 인간본성에 대한 심층적인 이해 등과 같이 철학적인 성격의 것들이다. 그래서 결국 철학은 본질적으로 실제적인 것이다. 철학이 제공해 주는 지도(cartography)는 행정가에게 가장 중요한 항해를 위한 보조기구가 된다. 그러나 이러한 전투장비를 사용하는 기술을 저절로 얻을 수는 없다. 오히려 경험과 연공에 의하여 자연스럽게 획득한다는 조건부로 얻는 것이다. 이런 이유에서 지금까지 보편적으로 시행하고 있지만 현재 일본에서 가장 분명하게 시행하고 있는 연공 우선의 원칙으로 승진시키는 실제 제도는 어쩌면 현명하며 자연스럽게 정의를 구현하고 있는 셈이다. 물론 여기서 경험이란 단순히 시간을 채우는 것이 아니라 의식적인 반성적 사고를 수반한다는 조건이다.

이러한 시점에서 아리스토텔레스(Aristoteles)는 이상하게도 서양에서 잊혀온 것으로 보이지만 우리가 급히 다시 배워야 하는 귀중한 교훈이 된다. 이것은 인간이 세 가지 특이한 앎(knowing)의 방식, 세계에 대한 세 가지 접근방식, 세 가지 행동양식을 갖는다. **이론**(theoria) · **기술**(techné) 그리고 **실천**(praxis)이 바로 그것이다. **이론**은 주어졌거나 설명을 필요로 하는 감각자료의 세계에서 추상화되고 일반화되고 연역과 귀납의 사고 과정을 추구하는 가장 순수한 형태의 앎의 작용을 뜻하는 것이다. 이것은 첫 번째 원리에 관한 탐색에서 우위를 차지해 온 심성의 상태이다. 보다 더 높은 수준의 범위에서 그것은 **철학**(*philosophy*)이 탁월한 지혜에 대한 사랑이란 의미를 내포한 것에서 알 수 있듯이 **지혜**(sophia)에 대한 기대를 제공해 준다. 그런데도 그렇게 많이 이루어졌으며 우리에게 과학을 제공했으며 우주와 소우주 공간의 한계를 탐구할 수 있게 했고, 우리의 화학적 성격을 그렇게 많이 해명할 수 있었던 더할 나위없는 영광은 아직도 우리에게 행동이론이나 조직 및 행정에 관한 이론을 제공하지 못하고 있다.

이론이 우리에게 가장 후하게 남겨준 것은 **기술**(techné), 즉 문제와 · 재료 · 모든 예술 · 기술 그리고 인간이 생산한 것들을 생산적으로 정리시키는 앎의 방식이다. 전문적 방법 · 전문적 기법 · 공학적 기술 · 응용과학 및 응용이론 등은 바로 이러한 뿌리에서 생겨나는 것이며, 달 로켓 발사로부터 다중매체에 이르기까지 그리고 치병리학으로부터 여성의 속옷에 이르기까지의 현대생활의 구조와 질의 상당 부분도 이러한 인지적 양식에서 유래된다. 공학적 기술은 그것이 압박을 가하는 만큼 자유롭게 되고 또 자유로운 만큼 구속을 받으며, 우리의 능력을 신장시키는 만큼 동시에 우리가 지니는 지식의 범위를 정하는 특정한 능력을 소유하게 되며, 우리의 운명에 서광을 비추게 하는 만큼 우리는 관료적 세포 속에 얽매이게 된다. 아리스토텔레스의 사고에 있어 **기술**은 감각세계의 현실을 다루는 방식인 **창조**의 원인이 되며, 그래서 인공물·대상·구조물 등이 생산되게 된다. 그리고 기술의 실행자는 **호모파버**(homo faber), 즉 생산적이고 창조적인 인간, 명장이나 기공과 같은 인간, 응용과학자, 공학기술자, 경영인, 회계검사관, 공인회계사나 서기와 같은 사람들이다.

이러한 차이는 평범한 것이며 잘 이해할 수 있는 것이다. 사실 그 차이는 현대사회에서 아주 잘 지켜지는 이론과 실제 사이의 이분법에 동의하여 왔다. 그래서 현대사회에서 그 차이는 이론가와 실천가, 연구자와 개발자, 학문적 몰두와 현장경험, 입안자와 대중 그리고 이 책에서 자주 언급되고 있는 행정가와 경영자 사이의 전문직업 생활에서 몇 가지 위험 부담을 안고 구분해 왔다. 이러한 구분은 단순한 의사소통의 실패보다 더 큰 잘못을 초래할 수 있다. 그러나 그 구분 또한 개념작용의 실패에서 연유된 것이다. 여기서 빼먹고 있는 것은 아리스토텔레스가 말한 세 번째 용어인 실천(praxis)이다.

영어에 이 용어와 똑같은 말은 없지만, 마르크스주의자(the Marxist)들이 전유해 온 것보다 더 좋은 행운을 갖는 것으로 여기서 반성, 즉 올바른 이념적 의식을 갖는 행동으로 이해된다. 아리스토텔레스는 이 용어가 정치적 맥락에서의 윤리적 행동과 단순히 이론(합리성·과학)과 가치·(도덕·정서·윤리학)의 혼합으로 여길 수 있는 고의적인 인간의 행위를 의미하는 것으로 간주한다. 그러므로 **실천**(praxis)은 복잡하고 난해하지만 다소 본질적인 개념이다. 실천은 행동에 있어서의 이원성, 즉 한편으로는 의식과 반성에 대한 두 '요소'와 다른 한편으로는 행위와 관여를 암시한다. 행위와 행동에 대한 현대적인 비교는 이러한 차이에서 끝나지만 조잡하고 보다 더 이원적인 성격을 갖는다. 행동이 확인된 의향을 수반한 움직임이라면, 행위는 겉으로 나타난 식별 가능한 움직임이다. 엄정한 행동주의자들이 이러한 차이에 대해 어떤 현존하거나 잠재적인 의지설을 필요하다고 보지 않겠지만, 실천의 개념은 현상학적 수준에서 약간의 자유로운 선택을 주장할 것이다. 그리고 이 개념은 아마도 인간의 의식적이고 반성적이며 의향적인 행동을 암시하게 될 것이다. 또한 이 개념을 행정에 응용하게 될 경우 경영과학은 윤리학과 가치이론을 조합시키는 것을 의미하게 될 것이다. 앞에서 제시한 바 있는 〔그림 2-3〕의 모델에서 이것은 또한 특별한 힘을 발휘하여 행정 과정에서 교량적 부분에 해당할 것이다. 즉, 그것은 일반적 의미에서 행정을 경영과 연결시켜 주며, 특별한 의미에서 정치를 유통과 연결시켜준다. 그러므로 실천은 행정에 독자적으로 응용 가능한 개념이라고 할 수 있다. 즉, 이것은 행정의 귀감으로 간주될 수 있을 것이다. 그러나 이것은 지적이고 정신적인 강요를 할 수도 있는데 아마도 이것은 그 개념이 사용되지 못한 이유이기도 할 것이다. 그리고 그 개념을 주로 필요로 하는 영역은 의식과 가치와 관련된 영역의 것으로 이러한 주제에 대해서는 지금까지 상당한 내용이 언급되었다. 그렇지만 결국 실천은 **이론**(theoria)과 기술(techné) 사이의 진실한 연결체이기 때문에 규명되어야만 한다. 행정에서와 마찬가지로 실천은 행동철학이다.

지금까지 2장에서는 가치문제에 상당한 관심을 기울였다. 그리고 가치문제는 아리스토텔레스적인(Aristotelian) 실천의 개념과 일치한다. 실천은 **실제에 관한 이론**(a theory of practice)의 부분으로 이해될 수 있고(Culbertson et al., 1981), 이러한 실제에 관한 이론은 두 부분을 갖는데, 첫 번째 부분은 분석을 필요로 하는 행정사례의 현실에 관한 경험이고 귀납적인 처치이며, 두 번째 부분은 실천에 해당되는 행정미래의 현실에 관한 선험적이고 연역적인 처치이다. 2장에서 제시했던 가치 패러다임은 분석과 실천의 모두를 위한 개념적 도구를 의미했던 것이다. 행정에 대한 이러한 평가적 접근의 필요성은 복합주의와 가치혼란이 팽배한 시대에 강화되며, 이러한 복합주의와 가치혼란은 조직적 봉건제도를 강화하는 시기에 있게 된다. 점진적으로 개인생활의 질은 조직에 의하여 결정되며, 이러한 경향은 행정철학을 훨씬 더 필요로 한다. 이와 관련하여 이후의 3개의 장에서 우리는 조직의 상황에 대한 연구와 이에 따른 행정적 생활형태에 대한 연구를 위한 분석적 원리로 패러다임을 사용하게 될 것이다. 종합적으로 생각해 보건대 이러한 단계와 행동자는 실천 가능성에 관한 전체적인 범위를 포함하며, 관여에 관한 철학적 이론이 구축될 수 있는 기초를 마련하게 된다.

제3장
현 실 론

제1절 현실원리

사실 삶은 전투이다.……악은 오만하고 강하다. 그리고 미는 매혹적이지만 드물며 선은 약하게 되기 쉽고 어리석음은 도전적이기 쉬우며, 사악은 승리하기 쉽다. 또한 우둔한 사람은 대단한 지위에 있기 쉬운 반면에 분별 있는 사람은 하찮은 지위에 있기 쉽다. 그래서 사람들은 일반적으로 불행하다. 그러나 현 상태의 세계는 환상도 아니고 환영도 아니며, 한밤중의 악몽도 아니다. 우리는 영원히 계속해서 이 사실을 각성해야 하며 이 사실을 잊을 수도 없고 부정할 수도 없으며, 이 사실과 더불어 살아야 한다(Henry James).

앞서 인용한 제임스(James)의 말은 과장된 것도 아니고 그렇다고 불건전한 것도 아니다. 이것은 문자 그대로 진실이다. 즉, 이것은 모든 진로가 다 그렇지는 않더라도 진로의 중요한 부분이 되며 아마 가장 근본적인 부분이 될 것이다. 또한 이것은 사람들이 곧잘 무시해 버리고 생략하며, 망각해 버리는 부분이 될 것이다. 그리고 대부분의 경우에 언급하지 않고 그냥 지나쳐 버리는 정통적 문헌에 외계인이 자기 자신을 한정시킨다면, 그 외계인은 이러한 측면의 조직생활에 관한 증거를 발견하는 데 있어서 아마도 어려움을 겪게 될 것이다. 그래서 기술적이거나 과학적인 문헌에서 이러한 내용을 적지 못하고 또 구체화시키지도 못하여 매일매일 권태·욕구좌절·패배 그리고 때에 따라 순수한 죄악이나 악의를 경험하지 않으면 안 될 것이다. 이런 이유로 우리는 가장 덜 쇠퇴한 지점으로부터 우리의 철학적 탐구의 여행을 시작해야만 한다. 만일 철학이 검증된 삶을 의미한다면, 우리는 그러한 생활을 형성하게 하는 모든 것들을 고찰해야만 한다. 특히 우리는 더 거친 현실들에 대한 우리의 기억을 만들어 나가야 한다. 철학은 깨끗하지 못한 것으로부터 시작한다.

이런 것들 때문에 우리가 인간본성에 대하여 소박한 부정적 입장을 취할 수 없으며, 조직과 행정에 대하여 비관론을 가질 수도 없다. 이것은 단순한 출발을 위한 논리와 정당한 관점으로 도움이 될 뿐이다. 만일 우리가 이를 넘어설 수 있다면 이는 더할 나위 없이 좋다. 그러나 그렇지 못하다면 이는 할 수 없는 일이다. 아무튼 우리는 우리에게 부여된 철학적 임무를 수행해야 한다.

먼저 조직생활에서의 감정적 경험은 가치 패러다임과 조화를 이루어야 한다. 이러한 경험은 최하 수준의 쾌락에 해당된다. 여기서 사람들은 쾌락을 추구하고 고통을 피하고자 할 것이다. 바꾸어 말하면 사람들은 자신이 충성하고 몸담고 있는 조직이 제시하는 일련의 규칙이나 제약 아래서 그들 나름의 복리를 극대화시키려 한다. 만일 사람들이 "조직에서 자신들이 얻을 수 있는 것이 있기 때문에 조직 안에 머무른다"는 가정을 받아들인다면, 이러한 가정이 시사하는 실리적 기능은 다양한 방식으로 나타날 것이다. 냉소적으로 말하여 이것은 돌출구의 윤리를 초래할 수 있을 것이다. 조직에서 출세란 형태로 나타나는 생활은 돌출구에서 보다 나은 직위를, 보수체계에서는 더 많은 배분을, 조직생활에서 무자비하면서도 은밀하게 사익을 추구하며, 자신의 부수입·권력·지위를 극대화하려는 노력을 집요하게 또 가차 없이 진행시키고자 하는 육체적 투쟁인 동시에 정신적 투쟁이다. 그리고 이러한 생활은 결국 해고·퇴직 아니면 제임스가 말한 전투가 계속되고 있는 다른 조직의 부서로 자발적이거나 아니면 강요적 전출을 당하는 등 조직으로부터 추방당하는 결과를 가져온다. 클라우제비츠(Clausewitz)가 전쟁은 다른 수단에 의한 정책의 지속이라고 말한 것은 제도적 평화의 조건이 정상적인 규모의 복리라는 시사이다.

이러한 관점을 과장된 것이라 단정하거나 제임스의 중세기적 금욕주의를 비난하거나 오만한 냉소주의라고 몰아붙이기에 앞서 부정적인 것으로부터 어떤 논쟁점을 끄집어 낼 수 있다는 강점이 있다는 것을 고려해 보는 것이 좋다. 결국 이러한 생각은 "생(life)은 고통"이라고 부처님이 설파한 최고 진리로 요약될 수 있다. 생활 속에 쾌락과 기쁨이 포함된다는 일상적인 역리에 대해 부처님은 모든 쾌락은 일시적이고 덧없기 때문에 그 자체만으로는 더러운 고통의 원천이며 또한 일시적으로 지나쳐 버리는 것이며 반복된 고통을 불러일으키는 씨앗에 불과하다는 깨달음을 통해서만 완전해진다고 가르치고 있다. 부처님은 행정후보생으로부터 경력이 시작되었지만, 조직을 설립하거나 자신의 위대한 철학적 실험의 마지막 단계에서 조직에 참여하기를 확고부동하게 거절했다는 것은 어느 정도 흥밋거리이다. 물론 예수님의 제자들도 그랬었지만 부처님보다 덜 위대한 제자들은 주목할 만한 성공적인 형태의 조직을 곧바로 설립하기에 이르렀다. 그러나 이러한 사실은 비록 우리가 부처님의 심오한 최고 진리를 인정하는 것이 온당하다 할지라도, 불교의 논리가 조직에 대하여 갖는 시사점을 우리가 고려해야 하는 근거는 아직 되지 못한다. 최소한 여기에는 불교가 조직이나 행정에 관한 시사점을 준다는 합당한 가능성이 있어야 한다. 만일 불행이 인간의 정상적인 조건이라면, 이러한 규범은 분명하게 행정적인 인정을 받아야 한다. 아지리스(Argyris)와 같은 예외적 분야의 현대 권위자들이 이를 인정하고 있는데, 아지리스는 때때로 인간의 인성과 인간의 조직은 근본적으로 양립할 수 없다고 설득력 있게 주장하고 있다(1957, 1964, 1973: 141).

그렇지만 대부분의 학자들은 조직생활에 관한 본질적인 자비심을 당연시하고 있으며, 자아(the ego)를 최소한으로 희생하면 목적성취나 자본성장을 통한 집합체의 이익을 보다 덜 중요시한다고 추정한다(Handy, 1976; Katz and Kahn, 1978; Likert, 1967; McGregor, 1967). 마찬가지로 정설적인 문헌에서 행정가들은 비현실적 용어로 묘사되는 경향이 있다. 고전학파에 속하는 사람들은 행정가들을 도덕적 중립자로 묘사하거나(Simon, 1965; Weber, 1947, 1956), 아니면 도덕적 귀감자로 묘사하는(Barnard, 1966; Drucker, 1967; Vickers, 1965) 경향이 있다. 반면에 인간관계론이나 '인간자원론'에 강조점을 두는 현대적 학파에 속하는 사람들은 행정가들을 일종의 도덕적 변덕쟁이로 묘사하는 경향이 있다. 민주적 지도자들은 정력과 창조적 문제해결의 기술을 풍부하게 갖고 있다고 생각한다(Miles, 1975). 이러한 모든 고정관념들 속에 진리가 있지만, 이중에서 그 어느 것도 완전하게 조직의 환경과 분리시켜 고려할 수는 없다. 그리고 이것이 이제 우리가 관심을 두어야 하는 현실들이다. 즉, 철학을 위한 기반이 될 수 있는 일반적 진술 속에 스며들 수 있는 한없이 다양한 조직생활에는 어떤 것이 있는가? 이와 관련하여 다음에는 조직의 현실에 대한 부정적인 것, 감정적인 것 그리고 유형 III의 몇 가지 측면들에 대하여 알아보기로 한다.

제2절 조직의 악

조직이 도덕적 원초물로 분석될 수 있다는 것은 이미 다른 곳에서 장황하게 설명하였다(Hodgkinson, 1978: 171ff). 논의의 요점은 개인만이 의식과 의지를 지닐 수 있다는 것이다. 즉, 개인만이 가치를 경험할 수 있다. 그러므로 집단의 결정이나 집단적 판단이나 행동으로 여겨지는 것은 가치와 관련시킬 경우 기껏해야 의사의식(擬似意識)이거나 준의지(準意志) 또는 유형학적으로 독특한 것에 불과하다(2장을 보라). 따라서 조직으로서의 조직은 도덕적으로 책임을 질 수 없다. 그런데도 불구하고 조직은 개인들보다 집단적으로 더 강력하며, 실제로 세상에서도 그렇게 여기고 있다. 그러나 비록 그런 행동이 외견상 자비적 목표를 지향한다고 할지라도, 부패될 잠재적 가능성은 무시될 수 없다. 웨일(Simone Weil)은 아마도 이에 관련된 가장 설득력 있는 사례를 제시했다고 할 수 있다. 그녀는 논의의 시작을 자연상태의 인간을 들어 설명한다. 즉, 자연상태의 인간은 원시적 조건에서 자연의 힘 덕분에 자신의 기본적인 욕구를 만족시킬 수 있기 때문에 최소한 자유를 누린다는 것이다. 이들은 자신이 통제할 수 없거나 지배할 수 없는 환경에 대해서 예속상태에 있다. 그래서 이들은 결정을 내리기보다는 내려진 결정을 수용하게 될 것이다.* 그러나 진화와 역사의 흐름은 자연환경에 대한 인간의 통제라는 의미에서 협동적 사업과 이보다 훨씬 더 복잡한 형태의 집단적 노력이나 조직이란 수단을 통해서 인간이 갖는 자유의 범위를 신장시켜 왔으며 이러한 수단은 공공 부문이나 사설 부문 또는 국제 부문에서 국가나 현대적 관료제의 창안으로 그 절정을 이루었다. 자연은 마침내 정복되고 있으며, 최소한 다양한 수준의 조직과 문화가 평상인과 자연이란 미개한 현실 사이를 중재하고 있다. 그러나 역설적으로 웨일은 한 가지 형태의 압박은 단지 또 다른 형태의 압박으로 교체되어 왔으며, 거기서 행정가와 통치자와 집행자는 새로운 압박자가 되고 있다고 주장한다.

간단히 말해 인간과 자연을 상대로 한 투쟁에 있어 효과적으로 증대시키고 조정시키는 노력이 필요하며, 조정이 어느 정도의 복잡성을 갖고 집행의 일차적 법칙이 복종이면서 그것은 소수 지도자의 독점물이 되어 왔다. 그리고 이러한 사실은 공무나 사무에 모두 적용된다. 여기에는 다른 특혜의 원인이 있다. 그리고 그 출처들은 중요한 것들이다. 게다가 금전의 경우를 제외하고 이러한 것들은 역사의 흐름에서 주어진 순간에 나타난다. 그리고 모든 이러한 요인들은 모든 압박체제에 관여하게 된다. 변화하는 것은 특혜의 원인들이 분배되고 결합되는 방식, 권력의 집중정도 그리고 모든 독점에 있어서 다소 폐쇄적이거나 그 결과로 나타나는 다소 신비적인 성격 등이다. 그렇지만 특혜 그 자체는 압박을 유

---

* 이와 대립되는 인류학적 입장을 알려면 Sahlins(1972)를 보라.

발하기에는 충분치 않다. 불평등은 약자의 저항과 강자의 정의감에 의하여 쉽사리 완화될 수 있다. 그래서 다른 요인의 개입, 즉 권력에 대한 투쟁이 없다면 불평등이 자연적 욕구의 형태보다 한층 더 엄정한 형태의 필요성을 요청하지는 않을 것이다(Weil, 1965: 504).

즉, 인간은 처음에 조직을 통해 자연을 극복했다. 그리고 조직은 계서적인 권력구조들을 갖고 있으며, 권력은 부패한다. 이와 관련하여 웨일은 또 다음과 같이 적고 있다.

> 정확하게 말해서 권력은 단지 하나의 수단이다. 좀더 좋게 말하자면 권력을 갖는다는 것은 한 개인이 임의로 행사하는 한정된 힘 이상의 행동의 수단을 갖는다는 것이다. 그러나 대상을 파악하기 어렵다는 본질적인 무능력 때문에 권력추구는 목적(end)에 대하여 고려해야 할 모든 것을 다 배제시켰으며, 마침내는 불가피한 반전을 거치면서 권력의 추구가 모든 다른 목적을 대신하게 되었다. 이것은 수단과 목적 사이의 관계가 반전된 것이며, 이러한 기본적인 어리석음으로 역사의 흐름에서 무감각하고 잔인한 정의를 설명한다. 인간의 역사는 압박자와 핍박자 모두를 겸한 인간을 만드는 고역의 역사이자, 그들 자신이 제조해서 생명력 있는 인간성을 가재(家財)의 소지품이 되게 한 지배도구라는 노리개의 역사이기도 하다(Weil, 1965: 508).

물론 이것은 너무 지나치게 강력히 표현되었을는지도 모른다. 인간은 하나의 종족으로서 본능적으로나 선천적으로 악하지 않다. 그러나 하나의 종족으로서 이들은 어떤 조직의 생활형태에서 특별히 접할 수 있는 도덕적 열역학의 이차적 법칙에 종속되게 된다. 그리고 이러한 현실에 대한 경험은 수많은 관점을 통해서 얻을 수 있다.

일차적으로 조직구성원이라는 의식에 관한 개인의 경험은 아무리 살기 좋은 세상에서라도 자율성의 상실을 의미한다. 가령 어떤 조직에 자발적으로 가입했다면 이는 일종의 심리적인 계약이다. 즉, 조직에 참여하는 사람은 추정적인 순이익을 얻는 대가로 자기 자신의 시간에 대한 완전한 통제나 권위에 대한 독립과 같은 어떤 특혜를 유보하기로 동의한 것이다. 이러한 개념은 바나드(Barnard)가 말한 무관심권(zone of indifference)이란 개념이나 사이몬(Simon)이 말한 수용권(zone of acceptance)이란 개념으로 요약될 수 있다. 그리고 이러한 수용권 안에서 조직구성원은 두말 않고 복종하며, 엄격히 말해서 제멋대로의 도덕적 행위자가 되기를 보류한다. 물론 이들이 끊임없이 자신의 영역권을 비판적인 반성이나 재고에 종속시킴으로서 자신의 도덕적 자율성을 회복시키려 하겠지만, 이렇게 하는 것은 우선적으로 어떤 비효율적이고 비효과적이며 권위-위협적 재고를 단순히 제거하는 조직의 패권에 대한 전반적인 관점을 전복시키게 될 것이다.

경제이론의 신비적 시장에는 심리학적 계약을 거래하는 자유도 있을 것이고, 조직구성원의 수요와 공급이란 상호작용을 통하여 공평과 평형을 확립하는 자유도 있을 것이다. 그러나 이것은 현실이 아니라 이론의 요소이다. 현실에 있어 일단 개인이 참여할 것이냐에 갑자기 부적응하게 되면 어떻게든지 그리고 어떤 수단에 의해서든지 그 사람이 조직에 몸담게 된다는 것은 사실이다. 지금은 없어져 버린 프랑스 외인부대의 낭만적인 신병모집을 상기해 보라. 외인부대에 들어오고 이를 잊어버려라! 사람들이 잊어버렸다는 것을 근거로 하여 등록한 후에 석방하는 것이 계약의 완료라고 할 수는 없을 것 같다. 마찬가지로 북아일랜드공화국 군대(IRA)와 같은 테러분자들의 조직에 가입한 낭만적인 반란자는 자신의 수용권이 그의 동의를 수반하거나 아니면 수반하지 않은 상태의 독단인 것으로 거의 완전에 가까운 자율성의 상실이란 지점으로까지 확대되어 왔다는 것을 알게 될 것 같다.

해롭지 않은 대부분의 조직들조차도 환경 때문에 새로운 신병의 수용권은 지나치게 빨리 결정되어 버린다. 그래서 압박감은 늘어나고 자율성은 감소하게 된다. 그러나 만일 그가 행운을 잡은 사람이라면 그는 자신의 무관심권의 중심부나 그 주변에 머무르게 될 것이다. 그렇지만 개인이 유형 Ⅰ이나 유형 Ⅱ의 가치에 대하여 도덕적으로 타협하거나 적응하기 위해 자신이 갖는 영역권의 경계를 확대해 나가지 않는 것은 드문 경우이며, 계서의 상층으로 갈

수록 한층 더 드물게 보여 진다. 그리고 이런 경우에 더 쉽게 심리적으로 적응하는 한 방법도 개인의 무관심권 또는 수용권 영역을 의식적 또는 무의식적으로 확장해 나가 어떤 가치의 부조화를 감소시키거나 제거시키는 것이다. 그래서 극단적인 경우에 조직에 대한 인상은 본인이 "국가가 당연한 것처럼 조직도 옳은가, 아니면 그른가?"와 같이 왜(why)라고 물을 수 없을 때까지 캐나갈 수 있다. 공공행정이나 다른 분야의 역사에 대한 수많은 사례연구는 조직에 대한 인상이란 보편적인 일반개념을 유력한 힘과 도덕 이하의 힘으로 지속시켜 나간다. 그리고 앞 장에서 논의되었던 초가치는 이러한 아이디어들을 구체화하는 이론적 기초를 제공한다.

이차적으로 그러한 경험은 집단적이거나 관료제적인 인상에 종속되는 조직의 개개 구성원에만 해당되는 것이 아니다. 조직의 고객 또한 때때로 그들 자아에 대한 욕구좌절과 특별봉사나 허가 또는 처치에 관하여 그들이 개인적으로 지각한 청구권에 대한 유린을 경험한다. 가령 관료제에 대한 경멸적 의미나 '번문욕례'(繁文縟禮)와 같은 경멸적인 언어 등의 일상적 언어는 바로 이러한 데서 생겨난 것이다. 이러한 경험은 현대생활의 한 부분으로 너무 흔하기 때문에 상세하게 설명하지 않아도 이해될 것이다. 확실히 본질적으로나 성격상으로 자아에 대한 이런 식의 일반적 욕구좌절은 악이 아니며, 특히 "집단이 옳으냐? 아니면 개인이 덜 옳으냐?" 하는 제3자의 관찰자적인 관점에서 볼 때 악이 아니지만 그러한 욕구좌절은 조직수준에서의 인정이나 동정을 잃은 한 부류의 악을 제기할 수 있다. 조직은 의식적인 것이 아니고 느낄 수 없으며 유력한 것이라고 할지라도 얼굴을 갖고 있지 않다. 그렇지만 이것은 개인적인 수준에서 신경증이란 반동적인 각색을 하게 되는데 톰슨(Thompson)은 이를 **관료병**(bureausis)이라 명명하였다(1961: 170 이후를 보라). 그리고 조직현실에 대한 이러한 부류의 개인적인 반응은 많은 다른 인간적 악기능과 함께 폭력과 반사회적 공격성을 초래할 수 있다. 뿐만 아니라 정당화가 되든 안 되든 간에 조직은 **압박감을 주는**(oppressive) 것으로 경험한다.

셋째로, 악에 대한 경험은 행정가들이 갖는 유형 I의 가치가 위협이나 반대를 받을 경우에 집행자들 사이에서 적나라한 현실이 될 수 있다. 그래서 발생되는 갈등은 행정가의 사표를 강요할 만큼 그렇게 가혹할 수 있으며, 조직의 얼굴과 성격을 충분히 변화시킬 수 있을 정도로 무한한 권력투쟁을 촉발시킬 수 있다. 루터(Martin Luther)가 자신이 속했던 조직의 계서와 단절한 것은 이에 관련된 고전적인 사례이지만, 일상적인 경험을 통해서 사람들은 조직을 유형 Ⅰ 이하 수준에서 도덕적으로 원초적이고 압박감을 주는 것으로 느낀다. 집단적 의사결정에 대한 일상적인 압력은 전형적인 것이며, 도덕적 역겨움에 틀림없이 기여하게 될 단체의 강압과 정치적 편의주의는 손쉽게 되는 것은 아닐지라도 실용주의적 약전(藥典)을 즉각적으로 사용하는 평범한 사람들에 의해 일단 진압될 것이다. 정치는 가능하도록 만드는 예술이며, 살아있는 것을 살 수 있도록 해주는 것이다. 만일 여러분이 그들을 이길 수 없다면 그들과 하나가 되라. 누구나 자기의 기호대로 하면 그만이며, 업무는 업무대로 처리하라. 그리고 그렇게 하루하루를 마무리 하라.

마지막으로 조직의 역기능에 대한 일반적인 경험은 관료적 병리란 일반적인 이름으로도 충분히 증명된다(Thompson, 1961: 152; 1976: 90, 92; Crozier, 1964; Blau and Scott, 1962; 특히 Etzioni, 1964). 이러한 문제를 여기서 자세히 설명할 필요는 없으며, 단지 조직의 목적달성이 불가피하게 (a) 예견하거나 예견하지 못했던 또는 이익이 되거나 해가 될 수도 있는 과정의 부작용, (b) 똑같은 혹평을 받게 될 산출이나 결과의 부작용을 수반하게 된다는 것을 주목하는 것으로 충분하다. 목적이 있는 행동은 약과 같아서 거기에는 항시 부작용이 있고, 행동분야의 복잡성이 증대되면서 그 행동은 더 복잡해지게 된다. 그러나 집단은 합법적으로 개인의 이익을 일반적인 목적 패러다임(goal paradigm) 속에 포함시킨다(Georgiu, 1973). 목적달성에서 일반적인 효능성을 위해 처분하는 것은 불가피하게 직장에서 약간의 인간적 질의 손실을 받게 된다. 최악의 상태에서 이것은 심리적으로 파괴적인 것이 될 수 있지만 아마 이것은 긍정적으로 보면 심리적 연마제에 가깝다. 그리고 이러한 연마제로 인해 더 많은 조직들이 대단한 도덕적 원초나 목표추구적 형상(golems)에 접근하는 일을 강화해 준다.

제3절 조직의 명령

앞의 논의에서 얻은 지혜로부터 생각해 볼 때 조직의 배열에 대하여 최소한 우리가 경계와 동시에 민감성을 가져야 한다는 것을 알 수 있다. 그러나 이와 반대되는 더 강력한 증거도 있다. 조직이 어떻게 점차적으로 인간의 생활을 지배해 왔는가를 설명해 온 스카트(Scott)와 하트(Hart)는 조직의 명령이란 개념을 분석하였다(1979: 43-6). 이 분석에는 구체적으로 두 가지 명제와 세 가지 윤리적 가치가 포함되는데, 두 가지 명제는 "개인에게 유익한 것은 무엇이든지 현대적 조직에서 나올 수 있다"는 것과 "모든 행위는 그러한 조직의 건강을 증대시켜야만 한다."는 것이며, 세 가지 윤리적 규칙에는 "행정의 과업이 투입에 대한 산출의 비율로 정의되는 효율성을 극대화시켜야 한다."는 합리성의 규칙, "행정가는 조직의 명령에 본연의 충성을 다해야 하며, 자신들의 일차적 의무가 봉건적인 충절"이라는 집사의 규칙, 마지막으로 "행정가는 방편이어야만 하고, 장기적인 이상주의를 배제하고 단기적인 현실에 관심을 집중해야만 한다."는 실용주의의 규칙 등이 포함된다.

이러한 철학적 총체에 대한 응낙의 결과는 합리성·경영적 효율성·조직의 문화와 가치·집단 내 구성원의 의식에 깊이 관여하며, 실용주의적 요소의 문제들을 '공학적'이거나 기술적인 수준으로 격하시킨다. 이 책에서 사용하는 말로 한다면, 그것은 스펙트럼에서 행정적 목적을 경영적인 목적으로 일반적인 후퇴를 하는 것이다. 스카트와 하트가 주장했듯이 이러한 경향은 요즘 들어 미국의 문화에서 유행처럼 되어 있다. 그리고 그것은 천부적이고 고착된 인간의 본성·개체성·개인의 긴요성·공통성·자발성·자원성(自願

性)에 대한 신념과 같은 개인주의적 가치를 무한한 인간의 유순성·순종성·개인의 비긴요성·특유성·계획과 온정주의에 대한 신념과 같은 조직의 명령과 조직된 국가(Organizational America)란 가치로 대대적인 변화를 시킨다. 달리 말해서 새로운 봉건제도의 문화는 유물론적이고 실증주의적이며 순응주의자이고 과학적인, 단 한마디로 줄여서 관료주의적인 것이다.

조직의 명령에 관한 일반적 논제를 적극적으로 지지하는 증거는 밀그램(Stanley Milgram)이 제기하고 수행에 옮긴 좋은 실험에서 발견되었다(1963; 1965; 1974). 실험을 하는 동안, 그 실험은 사회심리학의 전문적 논리가 인간 대상에 대한 어떤 속임을 예방하기 위해 변화가 생기지 않는 기간에 수행되었기 때문에 이 실험을 반복해서 실시할 수 없다는 것이 주목된다. 요약한다면, 순수한 대상들은 다양한 권위자의 지휘로 인해 예상된 희생에 대해서는 가상적인 전기충격을 받을 필요가 있다는 것이 알려지게 되었다. 여기서 희생의 대상은 그 실험에 참여한 사람들이었다. 그리고 결론적으로 이 연구는 조직의 계서에서 권위적 인물에 복종하려는 자발성이 예상했던 것보다 훨씬 더 컸다는 것을 보여주고 있다. 달리 말해서 무관심권이나 수용권이 대체로 컸으며, 행정가들은 대단히 의미 있는 권력의 기반을 갖고 있고, 평상적인 도덕적 망설임에 대한 우선적 관심은 조직의 맥락에서 쉽사리 성취될 수 있었다. 대략 실험으로 인한 차이를 합해서 모든 대상의 2/3 정도는 자신의 동료들에 대해 정상적으로 참을 수 없는 폭력적 행동을 범했다. 이러한 결과는 두 가지 방식으로 읽혀질 수 있다. 그리고 인간의 본성에 대하여 낙관주의자들은 대상들의 1/3이 실험적인 설득을 견디어 냈기 때문에 양심이 존재한다는 증거로 그 연구결과를 지지했던 반면, 비관주의자들은 2/3가 양심을 가지지 못했다는 함축적 의미를 개탄해 마지않을 것이다. 그러나 이에 대한 진실한 해석은 아마도 이러한 대안들 중에서 어느 하나라고 하기보다는 흑백논리적 사고가 적을 뿐이다. 왜냐하면 그러한 주체들 중에서 조차도 누군가는 '계속해서' 삶에서 위험 지점을 넘어서는 희생의 대상에 충격을 주기 때문에, 거기에는 상당한 감정적 불안과 양심이나 망설임과 관련된 몇 가지 부류의 투쟁에 대한 사실 이후의 증거가 있다.

철학자들이 밀그램의 연구를 어떻게 해석하든지 간에 연구자 자신의 결론을 고려하는 것은 중요하다. 밀그램 교수는 마지막으로 자신이 **중간적 상태**(agentic state)라고 명명한 가설을 유도하였다. 이것은 심리적 태세나 조건이며, 하위자는 공식적 조직 상황에 놓여 있을 경우 재빠르게 그 속에 빠져든다. 그리고 그것은 명령에 대하여 복종과 자발성이 준비된 조건이며, 필요한 것처럼 보이는 것은 권위나 직책에 대한 장식물이나 태도가 적절하게 제시되는 것이 그 전부이다. 이러한 장식물들에는 공식적 조직에 관한 모든 외형적이거나 가시적인 기호들, 서열에 관한 상징이나 배지, 명령계서, 권력과 권위……그리고 심지어 권위적 자세를 갖게 하거나 권위적 발언을 하게 하는 단순한 능력까지도 포함된다. 인간은 쉽사리 동인적 상태에 빠져든다. 왜냐하면 종족의 역사는 시간을 갖고 있으며 집합체의 생존능력은 개인의 생존능력보다 더 큰 것으로 생각될 수 있기 때문이다. 고양이와는 달리 인간은 사회적 동물이다. 원시인류(hominid)로부터 현생인류(Homo Sapiens)에 이르기까지 인간은 문화적 수단을 통해 생존해 왔다. 그러므로 여기에는 권위에 관한 순종에 있어 생활윤리적 장점에 대한 강한 암시가 있다. 실로 우리의 전체 문화와 문명은 우리가 속한 기관의 합법성에 대한 인정에 의존한다. 초국가 조직에서 기부츠(Kibbutzim) 조직에 이르는 공식적 조직들은 우리의 현실과 관련된 구성요소들이며, 주차위반조사 여경관에서 왕에 이르기까지 공식적으로 확인된 모든 공무원들은 아첨에 대해 무조건적인 반사를 일으킨다. 이것은 권력－권위체제를 실질적으로 설계하는 것과 관련된 사람들, 즉 행정가들에게 아주 의의 있는 사실이다. 중간적 상태에 관한 실험적 증거는 이러한 설계에 있어 확실히 분명한 요인들이다. 가령 전쟁이나 위기와 같은 비상사태에서 이러한 요인은 당황하게 될 수 있으며, 신봉건주의나 조직된 국가란 조건에서 지나친 결정이었을 수도 있다. 그러면 도덕적 의의는 무엇인가?

간단히 말해서 권위를 수용하고 또 권위의 전면을 설계하는 것은 쉬운 일이며 불복종보다는 복종하는 것이 더 쉬우며, 관여를 저버리는 것도 쉽다. 그리고 피동적 묵과로부터 최소한의 저항을 자아내도록 하고, 이성과 원리에 대한 타협(가치의 퇴화에 관한 7장의 논의를 보라)을 하고 마지막으로 조직의 사행(邪行)·악의 그리고 죄악에 적극적으로 참여하는 쪽으로 단계적으로 빠져드는 것은 더 쉽다. 그러나 가장 손쉬운 것은 이렇게 불안정한 범위가 존재한다는 것을 간과해 버리는 것이다. 왜냐하면 그것을 보지 않는 것은 표준적인 자아의 방어기제이기 때문이다. 그래서 중요한 것은 행정가는 이러한 것들을 무시하지 말아야 한다는 것이다. 그리고 그러한 것들은 행정가들이 민감하게 반응하는 많은 조직의 병리들 중의 단 하나에 불과하다. 또한 이러한 병리들은 무수히 많으며, 인간의 본성 그 자체에서 유래하는 것이다. 이러한 본성들을 완전하고 적절하게 이해할 수는 없지만, 최소한 유형 Ⅲ의 수준에서 역사적 기록만으로 공격성·악의·악덕에 관한 결정적인 확증을 얻을 수 있으며 비록 여기서 우리의 관심사는 아니지만 보다 적극적인 자질도 이와 같은 선에서 용인될 수 있다. 이러한 부정적 속성들은 조직이 권력의 초점이고, 권력과 재산과 지위의 보고라는 단순한 근거로 해서 조직의 환경에서 혼합되고 확대된다. 그리고 개인이 조직의 부정적 속성에 항거하면서 그 사람은 조직의 하찮은 부분을 감소시키고 조직의 모순·불가시성·무기력 등도 감시하게 된다.

거시적이거나 조직의 수준에서 '관료적 병리'라는 유용한 용어는 표면상 호의적이고 합리적인 복잡한 조직이 실세계에서 그 나름의 목적을 성취하고 그 기능을 다하려고 시작할 때 그릇된 방향으로 진행될 수 있는 것들에 대하여 언급하기 위하여 만들어진 신조어이다(Thompson, 1961: 152). 전문적인 용어의 '관료적 병리'는 정성적 완고성·위축·비정성·조직 내외의 제국주의, 이밖에 혐오적 냄새를 풍기는 거대성과 같이 관료제에 대한 경멸적 의미를 세인의 마음에 심어 주는 등의 역기능을 확인하고 기술하려는 것이다. 디킨즈(Dickens)는 번문욕례청(繁文縟禮廳)에 대한 자신의 재미있는 기술을 통해서 영국 빅토리아시대(Victorian times)의 문제에 대하여 자신이 지각한 점을 표현하였다. 그리고 카프카(Kafka)는 훨씬 더 좋지 않은 입장을 취하였는데, 일반적으로 복잡한 조직에 대한 상극적 정취의 표현은 오웰(Orwell)이 예언한 1984년이 지나갔는데도 아직도 그대로 계속되고 있다. 참으로 조직의 명령과 관련된 예술들에 대한 합의는 그 일관성이나 부정성이란 두 측면 모두에 있어 인상적인 것이다. 확실히 거기에는 예술적 감각을 위협하고 손상시키는 경향인 몇 가지 현실이 있다. 그렇다고 이러한 현실이 유형 Ⅲ의 감정성에 기반을 둘 수 있다는 사실이라고 하더라도 이러한 논쟁에 어떤 단안을 내릴 수 있다는 시사를 주지는 못한다. 반대로 웨버식(Weberian) 고전적 관료주의의 효과성 및 효율성에 대한 유형 Ⅱ의 논쟁은 압도적인 설득을 할 수 있지만, 유형 Ⅱ의 합리성과 유형 Ⅲ의 감정 사이의 가치갈등에 처했을 경우 인간성을 대변하는 사람들과 정치적 실제를 지지하는 사람들 사이에 선이 그어진다는 것은 분명하다.

여기서 우리가 관료적 병리들이 현저하게 나타나고 있다는 것에 대하여 고찰할 필요는 없고 이러한 병리의 존재와 편재를 인정하는 것만으로도 충분하다. 그러나 그 병리들이 행정철학에 아주 중요한 것이기 때문에 아마도 우리가 이들 중의 하나를 선발해 알아볼 필요는 있다고 본다. 예를 들면 보편주의의 문제를 생각할 수 있다. 그리고 행정가들이 보편주의를 전문성으로 만들어 왔다고 말할 수 있다는 것을 상기할 필요가 있다. 조직은 계서적인 권력구조를 갖는다. 그리고 권력과 권위의 개념은 전통적으로 피라미드형이었으며, 계선(line)과 막료(staff)라는 이론적인 개념으로 대개 표현되었다. 고전적인 권력계층은 행정명령의 **계선**이며 그 계선은 조직의 정점으로부터 그 바닥에 이르기까지 적용되고, 이러한 명령계선에 따라 항상 거부권을 행사한다. 스카트와 하트의 용어로 하자면 전문적 식견을 터득하고 전문직 서열의 막료를 거친 집행부의 중요한 사람들로부터 말단 서열에 있는 별 볼일 없는 사람들에 이르기까지 적용된다(1979: 95 이후를 보라). 현재 전통적으로 최하의 말단 서열에 있는 사람들은 일반적이고 분화되지 않은 기술을 지닌 사람들이다. 그러나 기술공학적 사회에는 심지어 사병(私兵)들조차도 전문화되는 경향을 띠고 있을 만큼 고전적 형태는 더 이상 적절치 못한 것으로 받아들여진다. 전문화의 양과 질 때문에 계층이 늘어나고 특히 막료나 전문직의 수준이 증가하고 있다. 이러한 계급들은 특별한 종류의 권력과 몇 가지 부류의 전문직의 특징으로 인정되는 전문적 식견이라는 권력을 가진 조직구성원이 차지하는 경향이 있다. 달리 말해서 이러한 권력은 전문직이거나 길드(guild)의 신임장에 의하여 보장된다. 이런 권력을 소지한 사람들은 종종 '세계주의적 인간'이 될 수 있으며(Gouldner, 1957: 281), 조직에 대한 이들의 봉건적 충성이 의미 있거나 별 볼일 없는 사람들 모두의 조직에 대한 국지적 결연과 대비되는 경우에 의심받게 될 것이다. 이것은 아주 일반적인 갈등의 원천이며, 여기서 조직의 과업을 수행하는 데 요구되는 전문적 식견이 막료들에게 달려 있다면 명령권과 거부권은 계선에 달려 있다고 할 수 있다. 그러므로 집행적 권위는 말단 수준 계서의 묵인에 달려 있으며, 이것은 그러한 권위들 중의 어느 것도 각본연출이나 역할연출이 아닌 다른 여러 병리를 유발할 가능성이 있다(Thompson, 1961: 58 이후와 138). 현대의 기술공학 아래서는 불가피한 일이지만 권력과 권위의 신화와 현실 사이의 차이는 아마도 조직의 명령 아래 숨겨진 결함 중에서 가장 의미 있고 불길한 것이다.

제4절 부정성(否定性)

거시적 수준에서 나타나는 관료적 병리 외에도 인간본성 때문에 개인에게 내재되어 있고 미시적 수준에서 나타나는 많은 심리적 병리가 또 있다. 여기서 후자를 일일이 다 따지기는 아주 어려운 일이다. 그러나 심리적 병리를 따지는 일은 임상적 행정철학자나 잡다한 것을 탐구하기 좋아하는 사회과학자나 정치과학자와 같은 전문가들에게 떠맡기는 것이 최선의 방책이다. 이것은 확실히 낙관적인 사람들이나 내향적인 사람들에게는 해당되지 않는데, 아마 그 이유는 오늘날 체계적으로 또는 포괄적으로 연구하지 않았기 때문일 것이다. 그렇지만 여기서 우리가 하고자 하는 일은 성질의 결점 탓으로 돌릴 수 있는 행정적 역기능에 관한 완전한 대요(大要)를 제시하는 것은 아니다. 이러한 부류의 백과사전적인 경영적 착오(제설차가 활주로에서 치우라는 지시를 받았다. 그것이 의미하는 것은 활주로를 벗어나라는 것이었다. 기사는 이 말을 활주로의 눈을 치우라는 것으로 해석하였다. 곧바로 비행기는 제설차에 세차게 충돌한다. 모든 사람이 죽는다. 이런 일이 실제 상황이 될 수 있다)에서부터 순수한 형태의 행정악의(유태인 문제에 대한 최종적인 해결책; 이런 일이 실제 상황이 될 수 있다)에 이르기까지가 다 여기에 포함될 것이다. 이와 같이 사람들은 요즘 세상에서 당연한 것으로 여겨지기에 충분하고 또 일상적인 것으로 여겨지는 행정악의 현실을 단순히 인정할 수 있다.

일반적인 예증으로 두 가지 편견의 사례에 초점을 맞추어 보기로 한다. 이러한 사례들은 기밀보장과 시간제약에 관한 행정현실에 근거를 두고 있다. 그리고 경영자들과 행정가들이 과중한 업무 부담과 벅차거나 꽉 짜여진 일간계획표와 월중계획표에 따라 움직이는 아주 바쁜 사람들이라는 생각이 널리 받아들여지고 있다(Mintzberg, 1973: 28-38). 그리고 이러한 속도와 리듬이 정말로 그리고 진실로 필요한 것인가의 문제는 이제 문제가 되지 않는다. 문제가 되는 것은 이러한 일상적 현실에 관한 효과적 결과가 피상성 · 추론성과 비밀성을 높여 주며, 적합하고 적절한 시간과 정력이 문제 · 제안 · 과제 · 인사에 받쳐지지 않는다는 것이다. 대신 여기에는 관심의 환상이 개입된다. 잘못된 정책 · 계획 · 결정 그리고 행동은 곧잘 비효율성과 비효과성이란 조직적 의미의 그릇된 결과를 초래할 뿐만 아니라 도덕적 의미에서도 그릇된 결과를 초래한다. 이는 샤르트르(Sartre)가 말한 그릇된 신조나 불신에 대한 행정적 유사물이다. 이것은 또한 일종의 마르크스주의자들이 말한 거짓된 의식으로, 이러한 의식 안에서 억압을 가하는 집행자는 자신이 문제상황의 난해성과 복잡성을 적절하게 이해할 수 있다는 착각에 빠지게 된다.[*] 피상성은 개방적으로 인정될 수 없기 때문에 이러한 피상성을 감추기 위하여 정교한 조직적 장치를 새로이 만들어 낸다. 비서관이나 보좌관들은 화면의 뒤편에서, 부관이나 조수와 같은 근위병의 경계 뒤편에서, 전면의 화려한 환경, 적합한 경로와 정당한 과정의 뒤편에서, 행정가들이 알려야 하는 모든 것을 알리도록 하고 행해야 하는 모든 것을 행하려는 고지식한 탐구자를 뒷받침하기 위해 필요한 진지한 모습을 창출해 내고 있다. 결국 그 행정가는 **지도자**, 즉 지혜로운 사람이어야 한다. 그러나 전면에 나서지 않기 위해서는 조직의 기밀보장성과 행정적 비밀주의 체제를 갖출 필요가 있다. 물론 행정은 그 나름의 불가피한 묵계적 우애감정을 갖는다. 그리고 의사소통은 표현의 자유가 허용된다는 믿음을 갖고 해야 한다. 때때로 이러한 의사소통은 외현적으로, '눈짓'으로, '두 사람만의 비밀'로 이루어지기도 하지만, 종종 복도나 전화대화 또는 모임이 시작되거나 끝날 무렵에 갖게 되는 잠깐 동안의 대화, 그리고 회의나 집회에서의 비공식적 접촉에서 우연하게 또 자연스럽게 그리고 묵시적으로 의사소통을 하기도 한다. 이리하여 동문들 사이의 동료의식이 있게 되고 모든 조직의 기능에 필수적인 호의(goodwill)와 신뢰(trust)가 형성되게 된다. 모든 이러한 의사소통에서 있게 되는 위험은 이루어지는 의사소통이 시간의 제약과 행정활동의 긴급성 때문에 피상적인 것으로 되는 경향이 있다. 그리고 피상적인 의사소통에서 있게 되는 위험은 그러한 정보가 중요하고 결정적인 가치요소로서 의사결정에 스며들어가고 또 들어갈 수 있다는 것이다. 이와 같은 방식으로 경력이 결정되고 운명이 은밀한 방식이나 우연한 방식이나 생각 없는 방식으로 결정되기도 한다. 아렌트(Hannah Arendt)는 악의 진부성에 관한 글을 썼는데, 그 국면은 설득력 있게 비공식적 교제 중의 많은 것, 특히 인성에 관한 교제에 적용되는 것이다. 이러한 비공식적 교제는 아주 일상적이고 기능적인 조직생활의 한 부분으로 당연시되고 있다. 또한 종종 이해를 도와주는 교제에 관한 일종의 강력

---

* 솔제니친(Solzhenitsyn)은 1914년 8월에 이러한 병리에 대한 명쾌하고 지속적인 예증을 하고 있다. 여기서 그는 참모들이 자신의 상급자나 완전무결한 행정에 관한 무의식적 부적절성을 드러낸다고 적고 있다.

한 남성적 성질에 관한 논란이 있는데, 이러한 교제는 완고한 세상의 실력자들과 주지주의와 문화에 대해 겸손한 태도를 갖는 의지가 강한 엘리트집단 사이에서 발생한다. 그러나 이러한 교제는 점차 행정적 무기력과 무익을 수반하는 생산력 없는 비법으로 기울고 있다. 할 수 있는 사람들은 행동으로 하고, 행동할 수 없는 사람은 생각을 하라.

집행자들이 자신의 경력에 대하여 야망을 갖는 것은 당연하다. 이것은 묵과할 수 있을 뿐만 아니라 칭찬받을 만하고, 심지어 이러한 사적인 특성이 유리하게 위장되어야 한다는 것이 일반적인 기대라 하더라도 필요하다. 권력과 승진에 대한 욕심에 대하여는 사회적으로 공인된 문구로 표현된다. 슬기 있는 야망은 사회적 기술과 V_1으로부터 V_6(제2장 제2절의 〔그림 2-2〕를 참조하라), 그리고 유형 Ⅰ로부터 유형 Ⅲ에 이르기까지의 가치를 이해하고 감지하는 능력을 필요로 한다. 또한 이러한 야망은 다소의 공격성 그 이상이 요구된다. 뿐만 아니라 이와 같은 현대적 조직의 규범은 이러한 유형 Ⅲ의 욕구를 은폐하고자 하며 공식적 논의에서는 더욱 그렇다. 그리고 이러한 규범들이 각본연출적이거나 그 외의 표현을 고무하기 때문에 냉철하고 분명하게 말해서 집행적 병폐를 낳는 심리적 증후군을 추적하는 것은 어려운 일이 아니다. 보다 철학적으로 표현한다면 성공을 정착시키는 데 있어 직접적으로 반대자들에 가해지는 공격적 에너지의 방출을 유도할 가능성을 과소평가하지 말아야 한다. 그리고 사적인 양심은 권력에 생기는 부수물이다. 또한 공격성의 행사는 골프에서 토론 시간의 마감까지 여러 가지 형태로 나타날 수 있다. 멜빌(Herman Melville)이 말한 대로 "누가 겨우 단 한 번 자신의 친구에게 저녁을 대접하였으며, 그 누가 시저(Caesar)에게 대접했던 음식을 맛보았겠는가?" 행정적 현실은 그 행동자들에게 많은 음식을 맡기며, 소화할 수 있는 음식 이외의 많은 것을 맡긴다.

물론 인간의 본성을 습관적으로 그리고 두드러지게 타락한 행정적인 생활형태에 관한 모습으로 풍자하여 묘사하는 것은 쉬운 일이다. 마키아벨리(Machiavelli)는 항시 이러한 묘사를 했었지만, 우리는 이 책의 뒤에 가서 그에게 경의를 표하게 될 것이다. 그러나 이러한 일이 쉽게 행해질 수 있는 용이성과 또 쉽게 받아들여질 수 있는 수용성으로 인해서 행정적 역할의 부정성에 관해서 최소한 철학자들에게 명령을 하는 것처럼 보이고, 또 이를 충분히 증명을 할 수 있을 것이다. 그러나 대체로 조직 및 행정전문직에 관한 정설적 문헌들은 이러한 감각을 반영하지 않는다. 예를 들어, 공공행정에 관한 고상한 현대 저작물에서 자기(self)관심은 출세 제일주의를 인정하지만 부정할 수 없는 것으로 결론을 내린다(1972: 234-5). 그러므로 우리는 먼저 간략하게 미시적 수준의 행정성격에서 조직의 악과 관련된 잠재력을 인정하고 나서 보다 더 일반적인 거시적 수준의 문제인 조직의 압박에 관하여 알아보려고 한다.

만일 조직을 압박적인 것, 또 압박을 주는 것으로만 지각한다면, 아마도 이러한 부정성의 연원은 권력과 수단이란 두 가지 문제에서 찾을 수 있을 것이다. 이들 둘 중에서 첫 번째의 권력은 집합적 조직에 관한 모든 형태에 있어 본질적인 것이며, 밀그램만이 플라톤(Plato)과 마키아벨리로부터 마르크스(Marx)와 액턴왕(Lord Acton) 등이 오랫동안 주장해 왔던 "권력은 부패할 수 있고 압박할 수 있다"는 것을 실험으로 확증했었다. 웨일은 이와 관련하여 다음과 같이 적고 있다.

강한 사람들은 요구받고 있는 것을 행하는 데 직접 흥미를 갖고 또 그렇다고 생각하게 되면 그러한 상황에 핍박자들을 배치하거나, 아니면 이들 핍박자들로 하여금 어떤 희생이나 모든 희생을 감내하도록 만들 만한 계산된 열광적 관심을 고무시키는 등의 힘으로 얻을 수 없는 것을 설득을 통해서 얻는다.……

권력을 가진 사람들은 성직자·군부의 지도자·왕 또는 자본가 중에서 그 어느 사람이든 간에 그들은 항상 신성한 권력에 근거하여 명령한다고 믿는다. 그리고 이들의 휘하에 있는 사람들은 신성적이든 세속적이든 초자연적인 것으로 생각되는 권력에 의해서 좌절을 경험한다고 느낀다. 압제적인 사회는 모두 이러한 권력에 대한 신앙으로 굳어진다. 그리고 이러한 권력에 대한 신앙은 강자로 하여금 이들이 부과할 수 있는 이상의 것을 명령할 수 있게 함으로서 모든 사회적 관계를 거짓되게 만든다(Weil, 1965: 508).

이러한 웨일이 묘사한 부정성을 인정하기 위해 "인간은 노예로 태어나며, 노예성은 인간의 타고난 조건"(510)이라는 그녀의 논쟁을 끌어들일 가능성이 있는 결론을 도출할 필요는 없다. 인문과학의 지혜 속에 사회과학이 없었다면, 노예화가 약한 사람들은 물론 강한 사람들에게까지도 확대되리라는 것은 오래 전부터 인정되어 왔던 것이다. 사람들은 권력의 남용을 탐닉하게 되며 또한 그러한 권력의 유지와 획득이란 망상에 사로잡히게 된다. 그리고 이러한 권력의 오용은 즉각적으로 압박을 주지만, 너무 자주 그리고 단순하게 사용될 수 있다. 그러나 권력은 행정의 기본이 되며, 행정의 혈액과 같은 역할을 한다. 그러므로 권위·합법성·설득·영향 그리고 진실성 등은 이와 관련하여 신중하게 짜여져야만 한다. 그리고 이러한 것들에 대한 정당화는 행정철학이 감당해야 하는 중요한 임무이며, 비록 우리가 이러한 것들을 명확하게 설명하지 못한다 할지라도 우리는 최소한 부정성이 왜 긍정성으로 보여지게 되는지 그 이유를 설명해야만 한다.

조직의 압박과 관련된 두 번째의 연원은 규범적 차원과 V_3가치영역 ([그림 2-2]를 보라)에 있다. 조직은 집합체적 목적을 추구하기 위한 수단이며, 논리적으로 행정가를 포함한 모든 조직구성원들은 조직에 대하여 수단적인 성격을 갖는다. 그리고 사람들이 수단·물체·사물로 취급되는 경우나 고전적 관료제이론이나 조직이론의 기조 하에서 그렇게 취급되어야 하는 경우, 여기에서는 논리적 혼란 이상의 것들이 야기될 수 있다. 또한 여기에는 심리학적 고통이 수반된다. 이러한 심리학적 반응에는 (1) 소외(이후를 보라), (2) 의존(Argyris, 1973), (3) 동일시(예를 들어, 나치(Nazi)의 대중집회에서 돌격대원과의 동일시 또는 일본의 일관작업 노동자들이 자기 회사의 조가(朝歌)를 어떻게 느끼겠는가? —이것은 아마 '꿀통의 효과(hive effect)'라고 부를 수 있다), (4) 둔감(즉, 전혀 반응이 없다) 등이 포함된다. 모든 이러한 반응들은 부정성으로 해석될 수 있다. 그리고 거기에는 사물의 도식과 과정에서 인간의 축소된 지위를 교양 있게 수용하는 (5) **스토아주의**(금욕주의; Stoicism)란 다섯 번째로 가능한 반응이다. 그러나 그

기반은 심리학적이라기보다는 철학적이며 적어도 위에서 기술하였던 부정성
을 인지하게 될 것이다.

그러므로 깊이 논의되었던 악에 관한 목록은 소모적이고 한정적인 것이라
기보다는 예증적이고 제안적인 것이라고 할 수 있다. 그리고 이것은 사람들
로 하여금 행정철학의 범위 안에서 이해되어야만 하는 현실을 상기하도록
의도하는 것이다. 이러한 이해는 관여에 관한 어떤 정교한 이론에 필요불가
결한 것이다. 사람들은 또한 대부분의 조직들이 역기능적이기보다는 기능적
이고 사회적 비용—이윤분석을 하게 되면 전반적으로 얻어지는 자신들의 이
익에 있어서 순수한 균형을 얻게 될 것임을 인정하지 않으면 안 된다. 또한
사람들은 전체적으로 행정가들이 부정하기보다는 더 온전하다는 것을 상당
히 자신감 없이 주장해야만 한다. 만일 그렇지 않다면 세상은 현재보다 더
나쁘게 될 것이다. 그러나 이것은 정설적 문헌에서 보이는 바와 같이 윤리적
인 문제나 가치문제에 대한 정사를 보류하거나, 평가적으로 중립적이고 철학
적으로 공허하게 하는 **백지위임**(carte blanche)을 우리에게 하지 않는다.

제5절 조직의 현실

부정성에 대하여 좀더 탐구해 보기로 한다. 부정성은 현실의 전부는 아니
더라도 최소한 그 부분은 된다. 그리고 그 부분은 우리가 독단성·불납득성
과 회의적 용기의 불이행을 추궁 받지 않도록 준수해야 하는 우리의 철학적
의무이다. **현실**(reality)이 의미하는 것은 무엇인가? 그리고 **조직**의 현실이 의
미하는 것은 무엇인가?

물론 **현실**의 본성에 관해서 묻는 것은 철학적 심연 속에 빠져드는 것이
다. 로마(Roman)의 행정가 피레이트(Pilate)가 "진리란 무엇인가?"라고

문제를 제기했던 것과 똑같은 말이다. 이상하게도 이러한 형이상학적이거나 비밀이 담겨진 물음은 아마도 가장 현저하게 실제적인 분야로 생각되는 행정이란 분야에서 가장 민감하게 제기된다. 예를 들어, 현대적 조직이론에는 그 학문분야의 존재론적 기초에 대한 오랜 동안의 중요한 논쟁이 있다. 즉, 경험과학의 권위를 주장하는 정설(正設)과 현상학의 기치 하에서 진행되는 이설(異說)이란 두 갈래의 학파가 나타나고 있다. 정설적 입장은 아마 권위 있는 학술잡지인 『계간 행정과학』(*Administrative Science Quarterly*)이 가장 잘 대표한다. 최근 25년에 걸쳐 수록된 내용을 통독해 보면 우리는 여기서 즉시 계량적 방법·경험적 연구 및 통계적 분석 등이 강조되는 것을 알아낼 수 있고 이러한 특징들이 모두 과학적 경영의 가능성에 대한 테일러(Frederick W. Taylor)의 신념(1915, 1964; Litchfield, 1956)을 반영하는 일반적 전통에 포함된다는 것을 알 수 있다. 이설적 입장은 그린필드(T. Greenfield)의 논저가 가장 잘 대표한다(1973, 1978a. 1978b, 1980; Feyerabend, 1975). 그리고 그 운치는 '사회적 창안물로서의 조직'(Organizations as Social Inventions), '이념으로서의 조직이론'(Organization Theory as Ideology), '조직이론에 대한 반성과 모순되는 현실의 진실'(Reflections on Organization Theory and the Truth of Irrconcilable Realities), '대화·기회·행동 그리고 경험으로서의 조직'(Organizations as Talk, Chance, Action, and Experience) 등의 논제로도 알 수 있다. 즉, 전자가 경험을 **행위**(behaviour)에 종속되는 것으로 보는 입장인 반면에 후자는 **경험**(experience)을 현실의 본질로 보는 입장이다. 또한 전자의 입장을 객관론자의 것으로 특징지을 수 있다면, 후자의 입장은 주관론자의 것으로 특징지을 수 있다. 그리고 전자는 과학적 성향에 흥미를 갖고 있으며 현실은 법칙에 의하여 발견될 수 있고, 인간에 의한 인간에 대한 통제가 가능한 규칙·구조·결정론·일관성 및 예언 가능성이란 특질을 나타낸다고 주장한다. 반면에 후자는 미학적 성향에 흥미를 갖고 있으며, 전술한 특질들은 단지 겉면이거나 외양일 뿐이며 그 이면에는 본질상 평가를 내릴 수 없는 진리가 있고 개개인에게 특이하고 현상학적이고 본질적이며, 가장 독특한 구성요소로서 자유의지의 가능성을 갖는 실존적 현실이 있다고 주장한다. 한때 자유의지는 낙타의 머리가 텐트 속에 들어가 있는 정도가 아무리 조금 들어가 있다 할지라도 사물체계상으로 인정을 받았다. 그런 다음에 사람들은 기껏해야 인간사에서 과학적 규제에 반대되는 것으로 도덕적인 것만을 추구할 수 있었다. 그러므로 인간에 의한 인간들에 대한 통제는 결코 충분하게 성취될 수 없었으며 궁극적인 목적은 당사자 자신에 대한 통제, 즉 자아통제로 대신하게 되었다. 그리고 행정의 목적은 지식보다는 지혜, 과학보다는 철학에 가까운 것으로 인식되었다. 또한 전자의 사고학파가 일반체제이론과 관리론을 이끌어 낸 반면, 후자는 그것이 지향하는 바가 어느 곳인지를 알지 못했다. 즉, 전자가 사이몬(Simon), 카츠(Katz)와 칸(Kahn) 그리고 다른 논리적 실증주의자들이 일반적으로 행하여 왔던 것과 같이 행정에서의 가치문제를 불필요한 것으로 여기고 또 그렇게 처리할 수 있었던 반면에, 후자는 의지·선택·도덕성의 문제를 가지고 심각하게 고민을 하였다. 물론 두 가지 입장 모두는 실천과 관련하여 의미심장한 시사점을 갖는다.

현실에 관련된 가장 간단한 진리는 그것이 복잡하다는 것이다. 두 학파는 모두 이러한 점에 대해 동의하고 있다. 즉, 현실은 복잡하기 때문에 범주의 실책이나 논리적 형태에 관한 혼란이 있을 가능성은 있다. 조직현실과 관련하여 경쟁적인 사고학파 사이에 있게 되는 갈등의 대부분은 논리적 형태의 오류로까지 거슬러 올라갈 수 있을 것이다. 이러한 오류를 피하기 위한 방법으로 저자는 다시 삼중분석을 제안하고자 한다. 현실은 세 가지 논리적으로 특이한 범주들이 삼중으로 융합된 것이다. 그리고 우리는 이들을 가치의 유형과 관련시키기 위해 이러한 범주들에 숫자를 부여하고자 한다. 이러한 도식에 있어 **현실 Ⅲ**은 과학의 경험적 영역·인과의 결정론적 세계·기하학적 도형의 세계·명백성·경험으로 만들어진 물건이며 가구들이라고 할 수 있다. 그리고 명제는 예언가능하고 검증가능하며, $I=E/R$ 또는 $e=mc^2$과 같은 법칙의 형태를 띤다. 이것은 우리 모두가 몸담고 있어야만 하는 현실이며, 일반적으로 과학이 우리에게 더 많은 것을 말해 주면 줄수록 더 좋은 것이다.

두 번째의 현실인 **현실** Ⅱ는 사회과학에 적절한 영역이 될 것이다. 여기서의 명제는 보다 덜 엄밀하고 더 개연적이다. 그래서 이러한 명제는 '목적의 구체성의 정도가 높은 조직은 그 정도가 낮은 조직보다 더 많은 정도의 효과성을 갖게 될 것이다.' '$B=f(P \cdot E)$; 행동(B)은 인성(P)과 환경(E)의 함수이다.' '만일 내가 종업원들에게 임금을 지불하지 못하게 되면, 이들은 내가 벌여 놓은 사업의 목적에 헌신하지 않게 될 것'이라는 식으로 진술될 것이다. 이러한 현실에는 자유도(degrees of freedom)가 높으며, 그 영역은 단지 부분적으로만 결정된다. 부분적으로 그것은 평가할 수 없을 만큼 미약한 것이며, 그 '언어'에 관한 명제는 가설적이라 할 수 있다. 또한 일반적으로 입증되거나 진(眞)으로 밝혀진 명제들이 더 많을수록, 사회과학은 이러한 현실에 관해 더 좋은 것들을 전달해 준다.

마지막으로 우리는 최소한 잠재적으로 자발적이고 자유로운 개인이 갖는 경험에 관한 현상학적 영역인 **현실** Ⅰ을 인정하고 이를 분석해야만 한다. Ⅱ와 Ⅲ의 공유된 현실들을 동시에 포함한 동시개입은 정신병자나 정상적인 성인, 어린이나 모든 사람들에 대해서 전혀 다른 **장면연출**(misesen-scène)을 낳게 할 것이다. 그러므로 '더 열등하고 경직된' 현실들 때문에 거북스럽게 되고 또 그러한 현실들에 의해 위증될 가능성이 있다고 할지라도, 이러한 영역에 관한 명제들은 보다 더 환기적(喚起的)이고 철학적인 것이다. 즉, 이러한 명제들은 보는 사람의 안목과 독자의 의향을 통해서만 그 기능을 발휘하며, 가치지향에 대하여 이들이 갖는 진가 및 타당성·생활경험과 수용자에 대한 현상학적 지위에 따라 달라진다. 말하자면 이러한 것들은 철학을 위한 원자료이며, 이들의 기능은 인지적일 뿐만 아니라 정의적이다. 그리고 우리는 더 많은 명제들을 필요로 하는 동시에 이러한 수준에서 명제들에 대한 더 많은 질서를 필요로 한다. 현재로서 거기에는 행정철학이 없으며, 기껏해야 승리와 권력에 대한 조잡한 철학들이 있을 뿐이다. 즉, 거기에 있는 인간주의는 불완전하고 무력할 뿐이다. 그리고 우리는 세 가지 현실들에 관한 언어게임에 대하여 명백히 할 필요가 있으며, 그렇게 하면 비트겐슈타인(Wittgenstein)이 말한 대로 우리의 지성은 언어에 의해 매혹되지 않게 될 것이다.

이러한 논리적 질서가 과정에 관한 일반적 분류학과 조화를 이루는 방식은 [그림 3-1]로 제시될 수 있다.

가치와 마찬가지로 현실은 (1) 내적·정신적, (2) 내적/외적·사회적, (3) 외적·물질적인 것을 포함하는 삼중성을 띤다. 이 모든 것들은 의식이란 기반에서 나오며 개인에 따라 가변적이며, 삼위일체 그 자체와 마찬가지로 항상 공존하며, 결국에는 말로 표현할 수 없는 것이기도 하다. 결국 케인즈(Keynes)경이 늘 말해온 것처럼, 우리는 모두가 사물(死物)이다. 그리고 단기적 현실의 한 가지 주요한 특성은 바로 유형 Ⅲ의 감정(affect)이다.

[그림 3-1] 현실의 상관성

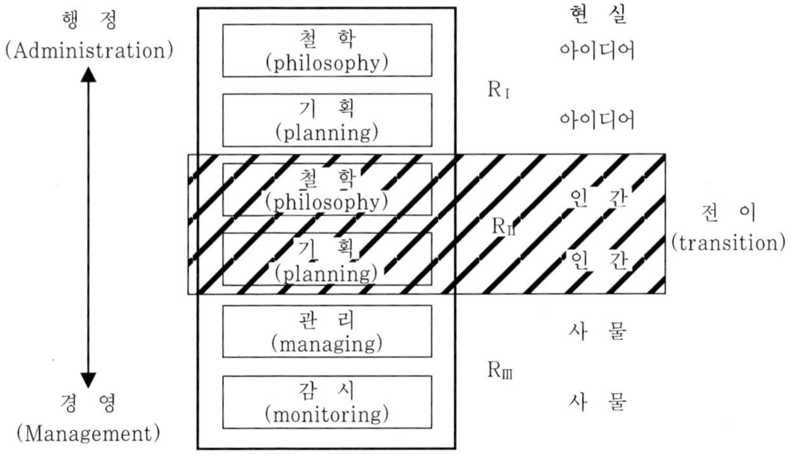

1. 소외와 아노미

사회학자인 코헨(Cohen)과 테일러(Taylor)의 『일상생활에 대한 저항이론과 실제』(The Theory and Practice of Resistance to Everyday Life, 1978)라는 제목의 주목할 만한 연구는 조직의 현실에 관한 설명을 재미있게 하고 있다. 이들은 맨 먼저 죄인들에게 강요된 제도적 생활의 현실을 수습해 나가도록 하는 가출옥(假出獄)에 대한 희망도 없는 종신형이나 장기복역을 어떻게 따르는지를 찾아내려 하였다. 즉, 이들 죄인들은 하루를 어떻게 영위해 나가는가? 그 대답은 자극적인 것이다. 연구에서 그들은 제도적 장벽 속에 있는 사람들은 그 장벽 밖에 있는 사람들과 똑같은 방식으로 대처했다는 것을 발견하였다. 심리학적으로 말하자면 그 장벽 안에서의 도피 시도는 장벽이 없는 상태에서의 도피 시도와 유사한 것이었다. 바꾸어 말하여 우리는 모두가 종신형을 살고 있는 셈이다. 그리고 장벽이 있는 상태에서의 고역과 장벽이 없는 상태에서의 고역 사이의 주요한 차이점은 저항과 도피의 패러다임이 전자에서 관찰을 도출하기 위해서는 더 많은 제재를 받으며 보다 더 집중된 상황이 있다는 것이다. 사람들은 조직의 생활과 제도적인 생활 때문에 모두 몇 가지 방식의 제한을 받고 또 압박을 받는다. 감정적 자아의 관점에서 생활경험 그 자체는 좌절감을 안겨주는 제한일 수 있지만 도피양식과 수단을 한정할 수 있다. 예를 들어, 알콜·약·성의 '고수준(高水準)'; 텔레비전·매체·대화 그리고 쑥덕공론의 진통제; 취미와 휴일·풍자와 냉소에 대한 태도 그리고 철학과 종교가 제공하는 영토로 제한되어 있다. 그러나 아무리 우리가 도피하고 저항하려고 하고 그렇게 할 때마다 우리는 항상 자기 나름의 독방을 둘러싼 벽들에 관한 현상학적 현실로 되돌아가야만 한다. 왜냐하면 삶은 개방된 감옥이기 때문이다.

개방성의 정도는 자유로운 시간과 일하는 시간에 따라 달리 보인다. 그리고 일하는 시간은 자신이 속한 조직의 권위와 특정한 봉건적 현실이 부과하는 의무이다. 이와 같이 조직의 시간이 일상적이라는 것은 두드러진 특징이다. 일상적이란 말은 코헨과 테일러가 기술한 바와 같이 '탁월한 현실'에 관한 보증서이며(1978: 19; 그리고 Berger and Luckmann, 1972: 35), 사람들은 '반복이란 몽마(夢魔)'(46)와 '일상적인 지적 경영'(25)과 관련하여 끊임없이 제기되는 문제로 '지력의 내적인 현장'(69)에 끊임없이 직면하고 있다. '탁월한 현실은 시간표·일상적인 일·의무·책임·고정시간의 세계이다. 우리는 우리가 일시적으로 확대시킨 자유영역이 단지 '놀자판', '격려를 위한 주연', '광란적 여흥', '미치광이 춤', '도피'일 뿐이라는 것을 알아야만 한다. 이러한 것들이 몇 가지 대안적 현실에 이르게 하는 이정표는 아니다. 이러한 것들이 아무리 우리를 즐겁게 해준다 하더라도 여전히 일상생활의 구획된 모습으로 남는다'(140). 이러한 내용은 현재의 사회학적 연구의 시각에서 볼 때 조직의 생활형태와 관련된 압박적인 성질을 또다시 느끼게 한다. 사람들은 조직이 개인을 위해 봉사한다고 생각하지만, 탁월한 현실은 사람들이 조직을 위해 봉사한다는 것이다. 그리고 사람들은 자신이 자기 자신의 생활계획을 설계하고 자신의 운명을 개척해 나간다고 생각하지만, 조직의 탁월한 현실이 요구하는 경우에는 언제든지 회의참석·출퇴근시간기록·서식작성·비행기탑승시간준수·선전행렬참가와 같은 눈에 띄는 제약요인들에 의해서 자신이 세운 생활계획의 설계나 운명의 개척을 무효로 해야만 한다. 이러한 현실은 또한 아이디어·인간·사물이 감정적 채색이나 미적인 분위기 그리고 중요한 시기에 이르러서 저항이나 도피시도 형태의 행동을 요구하는 유형 Ⅲ의 가치지향을 산출하기 위해 결합하는 R$_{I-Ⅲ}$([그림 3-1]을 참조)의 합성물과 같은 삼중성을 띤다. 불만족은 인간의 정상적인 조건이다. 그리고 감옥이란 조직으로부터의 도피가 **감옥으로 느껴지게 된다면**, 그것은 대개 자유영역·도피통로 또는 조직적 생활이란 구역 밖의 정체영역(正體領域)에 해당된다.

몇 가지 아주 이상하며 또 확실히 비슷하지 않은 생활영역은 버스표 수집에서 심리분석에 이르기까지, 휴일에 짐 꾸리기에서 환각체험에 이르기까지, 공굴리기 놀이에서 친교 모임의 가입에 이르기까지의 자유영역 부문에 속한다. 이러한 것들은 모두가 유사한 도피의 의미를 갖는다. 즉, 이것은 항로를 벗어나는 것이다. 또한 이러한 것들은 알려진 것과 알려지지 않은 것, 안전한 것과 위험한 것, 혁신적인 것과 인습적인 것 사이에 특별한 긴장상태를 갖게 된다. 그래서 우리가 이러한 활동 중의 어느 것을 선택하게 되는 경우, 우리는 일상생활과 관련된 몇 가지 아주 표준적인 요소들을 사게 될 것이다. 그래서 취미에 우리가 투자하는 시간과 금전은 다른 직무에서와 같이 타인들에게 보이는 것을 사게 할 것이다(Cohen and Taylor, 96).

그러나 조직의 내부에서나 직무에서는 어떠한가? 업무 자체가 도피시도일 수 있고, 조직이 동일시의 영역일 수 있는가? 그리고 자아는 탁월한 현실의 종속을 기뻐할 수 있겠는가? 그렇다. 이것은 아지리스(Argyris)가 유아적인 것으로 표현하고 있는(1973: 142) 미성숙한 특징을 가진 사람들에게 효력이 있을 뿐만 아니라, 다음에 제시하겠지만 한정된 범위 내에서 세련된 형태의 관여를 할 수 있는 '성인'의 성격을 지닌 사람들에게도 적용될 수 있을 것이다. 개인은 조직 속으로 도피할 수도 있고, 조직이 그에게 포근한 안식처와 예언가능성의 여지가 있는 피난처도 될 수 있다. 그리고 조직의 비정성(非情性)·명령과 일상적인 일은 심리적 위안과 철학적 의미를 가질 수 있다.

무엇으로부터 도피가 야기되는가? 아마도 그것은 부처님의 최고진리에 담겨있는 것과 같이 권태·지루함·욕구좌절·원치 않는 책임·죄의식·절망·근심·불안정·부적절성·무기력·비탄·무의미성·바가지 긁는 아내·못살게 구는 마님·억누르는 부모님·실망을 안겨주는 자녀들·실패·청춘의 상실·질병·재해·노화와 임종과 같은 인간의 불행과 관련된 모든 범위에서 야기될 것이다. 따라서 불만족 상태의 인간은 진통제를 찾고 조직생활의 안·밖에서 그러한 약을 발견한다. 그러나 이러한 진통제는 항상 제한을 받고 또 항상 부작용을 수반한다. 여기서 우리의 가장 관심의 대상이 되는 것은 업무에 대한 종교적 관여·임무에 대한 헌신·과업에 대한 지각없는 골몰·조직 내에서 체제와 개인에 대한 파괴행위·정치·음모·중상 그리고 이따금 일어나는 행정에로의 도피 등과 같이 조직의 내부에서 발생하는 것들이다. 할 수 있는 사람들에게는 행하고, 할 수 없거나 하려고 하지 않는 사람들에게는 행정적으로 처리하라. 왜냐하면 행정적 소외로부터의 도피로 지각될 수 있기 때문이다. 그리고 방해를 받거나 좌절되지 않을 경우, 그 조직의 이력은 권력의 가상적인 계서적 정상, 지위와 행동의 자유, 즉 탈출구에 이르게 한다.

일상생활에 대한 저항과 관련된 고전적 논지의 상당량은 '소외'(alienation)와 '아노미'(anomie)란 용어로 소개되어 왔으며, 이 개념들은 각기 마르크스(Marx)와 듀르켐(Durkheim)에 의해 처음으로 제기된 것이다 (Laslett and Runciman, 1967: 134-56). 소외라는 개념은 처음에 자본가 조직의 체제 아래서 노동자와 이들의 노동으로 인해 만들어진 생산물 사이에서의 관계상실을 말하는 것이었다. 그리고 이 의미가 확대되어 나중에는 일반적으로 인간과 다른 인간 사이에서 있게 되는 관계성상실을 뜻하는 것으로 발전되었다. 우리가 살고 있는 사회는 종종 소외된 것으로 이해되며, 관료통치·기술통치 그리고 신봉건주의 등은 비공식적 조직에 대한 공식적 조직의 우위를, **공동사회**(Gemeinschaft)에 대한 **이익사회**(Gesellschaft)의 우위를 인정한다. 그래서 이러한 지각에 반대적 입장을 취하는 사람들은 작업장에 대한 공동체의 가치를 재건하며, 인간적 의미를 수반한 조직에 재투자를 하고자 한다.

아노미란 개념은 보다 급진적으로 발전된 의미를 담고 있다. 처음에 이 개념은 '권태', '환멸', '혼란·착란·불만족', '분노' 그리고 '삶에 대한 신경질적 싫증'(Beehler and Drengson, 1978: 404)과 심지어 종국에 가서는 자살까지도 유발하는 규제의 상실을 말하는 것이었다. 또한 오늘날 이 개념은 복잡한 관료제에 의해 부과될 수 있는 규제의 **과잉**에서 발생하는 상황을 언급하기도 한다. 그리고 유인적인 유형 Ⅲ의 감정도 마찬가지일 것이다. 아노미와 소외의 개념은 모두가 행정서열까지도 전염될 수 있는 현대적 정신병이기 때문에 조직의 역할 및 조직의 생활에 관한 병리적 명칭이다. 그러나 이것들이 조직의 논리 및 성격의 범위 내에서 이러한 잠재성을 갖고 있으며, 사회심리학적 현실을 구조화시켜 사람들을 소외시키고 또 본래적인 가치와 의미를 박탈한다는 것을 우리는 반드시 기억해야만 한다. 그리고 이러한 잠재성에 대한 인정은 행정철학에 있어 필수적인 것이다.

행정가가 조직의 명령이란 범위 내에서 행동을 해야겠지만, 이러한 말이 그가 사적인 지침을 가질 수 없다는 것을 말하는 것은 아니다. 절대로 조직이 그렇게 소외된 것은 아니다. 만일 행정가 자신이 원하기만 한다면, 그는 소외와 압박을 감소시키거나 조직의 압박을 완화하거나 덜도록 하는 임무를 자신에게 부여한 행정적 명령에 동의할 수 있다. 이러한 관여는 임의적인 것으로서 치료적이라기보다는 개량적이고, 경영이론의 문제라기보다는 도덕성과 윤리학의 문제라고 할 수 있다. 또한 이것은 보다 더 복잡한 실천을 요구하고 행정의 장에서 심리학적 토대에 대한 고양된 인식과 보다 깊이 있는 민감성을 요구한다.

이러한 실천은 그 다음에 행정철학과 인간의 본성에 대한 몇 가지 종류의 신념과 가정에 의존해야만 할 것이다. 예를 들어, 인간은 본래 성적이고 폭력적이며, 탐욕적이라고 주장할 수 있다. 그러나 사회적 진화는 저마다의 결혼·복지·상업기관을 통해 원시적 본성을 드러내려고 한다. 행정가들은 자신의 기계적인 조직적이거나 규범적 관여 때문에 역할 및 기능에 있어 사회질서의 지지자들이며, 행정가들이 훈계적이고 후견인적인 책무를 갖는다는 것은 이러한 예증에서 나타난다. 그리고 이러한 전제와 묵계적 논리에서 거기에는 아노미와 소외의 수준 및 조직의 모든 심리학적 풍토에 영향을 줄 수 있는 행정유형 및 지도성 유형이 나타나게 될 것이다. 초기의 전제가 다르게 되면 조직의 생활형태도 다르게 나타날 것이다. 수천 년의 역사를 지닌 철학과 수천수만 가지의 말이 있다고 할지라도, 대안적인 입장은 X이론·Y이론·Z이론으로 현대의 행정문헌에 담겨진(McGregor, 1960: 33-57; Ouchi, 1978, 1980) 세 가지 범주를 넘지 않는다.

　X이론은 부정성을 강조한다. 즉, X이론은 인간의 본성에 대한 기본적 전제로서 작업자로서의 인간이나 조직구성원으로서의 인간은 선천적으로 일하기를 싫어한다는 입장이다. 인간은 될 수 있는 대로 일을 회피하려 하기 때문에 일을 하도록 하기 위해서는 여러 가지 방식으로 강요할 필요가 있다. 때문에 인간은 감독을 받을 필요가 있다. 더욱이 작업자나 조직구성원으로서의 인간은 책임이나 모험 감행이나 의사결정의 위험성보다는 지시나 권위의 안정성을 더 좋아한다. 즉, X이론적 인간은 아지리스(Argyris)가 말한 의미대로 의존적이고 유아적이다. 그러므로 X이론적 인간들의 생산성을 극대화시키기 위해서 사람들은 현명하게 과학적 경영기법·시간동작연구·원가계산 그리고 사회심리학과 동기이론에 관한 최근의 연구결과 등을 현명하게 적용해야 한다. 여기에는 어떤 한정된 작업을 행하는 한 가지 최선의 방식이 있어야만 하며, 경영진은 체제분석과 조작적 연구를 통해서 그 방식을 발견해야 한다. 그래서 그 작업이 기계화·프로그램화 또는 나아가서 자동화되거나 아니면 이와 같은 방식이 적절하지 않을 경우, 인간적 요소가 적용되거나 아니면 통제되어야만 한다. 그리고 X이론에서 호기심을 끄는 것은 X이론이 반드시 높은 수준의 단계나 경영진－행정진 보다는 낮은 수준의 단계나 작업자에게 적용되는 경향이 있다는 사실이다. 아마도 이것은 강압·저항·권력·감독 그리고 통제라는 주제에 그 강조점을 둔다는 점에서 당연한 귀결일 것이다. 그러므로 만일 인간의 본성에 대한 X이론의 가정이 좋은 것이라면, 엄정한 논리에서 우리가 역시 X이론적 행정가와 X이론적 경영자의 보기를 발견할 것을 기대한다는 점을 간과해서는 안 된다. 우리는 이와 같은 사람들이 실제로 존재한다는 것을 실제와 경험을 통해서 알고 있다. 그러나 이러한 측면에 대해서 맹목적이었다는 것은 정설적 문헌의 두드러진 특징이다. 과학적 관리에 있어서 이러한 가정이 널리 받아들여졌다는 것은 현실세계에 존재하는 풍부한 증거로 알 수 있으며, 맥도날도 햄버거(McDonald hamburger)의 운영은 아주 확실한 예이다. 그렇지만 인간관계론과 직무만족이론의 허식으로 수정되고 도색된 분업의 원리는 보편적

으로 적용될 수 있고 효능이 있는 것으로 여겨지는 것 같다. 또한 X이론의 방침이 본장의 현실주의자들이라는 주제와 공명한다고 말하는 것은 전혀 무리가 없는 것 같다.

Y이론의 가정은 정반대의 것으로 만족스럽기만 하다면 일은 유희가 될 수 있다는 입장이다. 즉, 사람이 일에 관여할 경우 그는 자기지시를 구사할 수 있고 또 책임감을 당연한 것으로 여긴다. 그리고 그는 조직생활에서 성취를 위한 기회를 발전할 수 있고, 감독 없이도 일을 잘해 나간다. 이러한 낙관적 가정들은 다음 장의 방침과 보다 더 일치하는 것으로 거기서 다루어지게 될 것이다.

마지막으로 X이론과 Y이론을 조정하고 결합시키려고 하는 아직은 자세히 알려지지 않았지만 앞으로 유망한 **Z이론**이 있다. 지금까지 형성된 필요한 변화를 수반한 Z이론은 5장에 적당한 인간의 본성에 관한 일련의 조작적 전제를 제공할 수 있게 된다.

철학적으로 말해서 X이론·Y이론 그리고 Z이론과 같은 고정관념의 유용성은 분석을 어떻게 단순화시키느냐에 달려 있다. 여기서 개개의 것은 진리인 복잡한 전체의 한 부분만을 설명하는 것이지만, 부분적이라고 할지라도 개개의 것은 그 나름대로 **진리**를 담고 있다. 몇 명의 사람들, 그리고 몇 명의 행정가들이 자신들의 싫증난 성취 범위가 단지 하루하루를 보내는 위치에 이르기까지 아주 절망적인 삶을 영위하고, 또 이들이 자신의 일을 지극히 싫어한다는 것도 사실이다. 나아가 조직생활의 상황이 종종 일상적인, 즉 어떤 사람들로 하여금 유아적 의존성에 이르게 하고 그 밖의 다른 사람들로 하여금 침울·권태·지루함 심지어는 정신적이고 영적인 질식과 고갈의 느낌에 이르게 하는 판에 박힌 일상적인 일로 특징 지워질 수 있다는 것도 사실이다. 이러한 부정적 현실들이 단지 분업적인 조립작업·아케이드 상점 또는 공장의 밑바닥에서만 발견되는 것은 아니다. 조직의 계서에 있어 최고서열에 있는 사람들에 있어서도 예외일 수는 없다. 집행자들 또한 권태에 대하여 우울하게 싫증을 느낄 것이다. 주요한 도전이 충족되고 문제가 해결되고 구조가 확립되고, 결정의 순서가 정해지고, 권력이 안전하게 커지게 되면, 이들은 알렉산더(Alexander)와 같이 정복할 세계가 적은 것을 괴로워할 것이다. 그리고 시간이 지나면서 신기성은 점차 사라지고 물건은 닳고 사람은 직무로 인해 점차 늙게 될 것이며, 성취라는 소금까지도 그 맛을 잃게 될 수 있다. X이론의 분석은 부정성을 확인한다. 부분적 진리인 X이론의 기저는 본성적으로 자극과 정은(靜隱), 긴장과 이완, 일과 놀이 사이의 역동적 균형을 추구하는 인간들에 대해서는 보다 더 일반적인 진리가 된다.

경험된 현실의 질과 양은 의식의 함수이다. 이것은 각 개인마다 다르다. 어떤 사람에게 X이론적인 것이 다른 사람에게는 Y이론이 되며, 다른 제3자에게는 Z이론이 될 수 있다. 또 어떤 사람에게는 지루함의 원천이 되는 똑같은 R_{II}의 현실이 다른 사람에게는 위협적인 것이 되며, 다른 제3자에게는 안정적인 것이 된다. 그래서 어떤 사람들에 있어서 일상적인 일이 안정으로 느껴지며 반복과 동일시는 심리학적 평안의 원천이 되고, 조직이 가정처럼 느껴지기도 한다. 또한 가치가 모순되고 문화적 전달기제가 단절된 다원적 사회에서는 신봉건적 조직의 유형화된 질서가 심리학적인 안정의 영역으로 넘어가는 것은 당연하다. 배(船)라는 소우주에서와 같이 여기서도 모든 사람은 각자 자신의 역할을 알고 자신의 지위를 확보하고, 자신의 성실에 대한 보답으로 경제적 양식과 사회적 정체성을 보장받는다. 중세의 봉건주의 시대에도 이것은 마찬가지였다. 즉, 모든 농노가 학대받았다고 느끼지는 않았으며, 이들 중의 많은 사람들은 자그만 특혜를 맛보았으며, 칭호와 직함을 갖고 있었다. 그래서 몇 명의 행정가들은 경영적 성향으로 불릴 수 있는 것을 드러냈고, 경영주의로 후퇴하였다. 바구니 안에서 밖으로 재료를 옮기는 데는 안전성이 있으며 확립된 절차를 관찰하고 정기적으로 정해진 회의에 참석하고, 똑같은 동작을 하며, 습관적으로 진부한 문구를 말하는 데도 안전성이 있다. 사람들은 자신이 어디에 위치해 있는지를 알고, 자신이 가치 있는 것에 대하여 생각하기를 피한다. 그리고 한 가지 입장에서 최소한 거기에 질서가 있다는 것은 충분하다. **질서는 세계를 지배한다.**

소외·아노미·안정성, 이 모두는 유형 Ⅲ의 가치지향과 관련된 감정의 문제이다. 그리고 우리가 느낀 세계는 우리가 가진 유형 Ⅲ 가치들의 함수이다. 조직의 현실은 개인적인 현상학(V_1)에 의존하는 복잡한 사회적 추정 개념이다. 그리고 이러한 가치구조를 관찰하고 발견하고 감지하고 직관하고 평가하고, 이해하려고 하는 것은 행정가의 독특하고 특별한 과업이다. 또한 이것을 행하는 것은 예술이다. 때문에 그렇게 하려는 시도가 조직풍토의 연구와 같은 제목으로 대담하게 수행되어 왔다(Halpin, 1967)고 할지라도 경험주의로 변할 수는 없다. 그리고 자연적인 기후가 있듯이 조직에도 풍토가 있다. 여기서 조직풍토는 질적인 현실이며, 이러한 것들에 대한 지식은 이 지식에 대응하는 $R_{Ⅲ}$의 현상이 비행사나 항해사에게 본질적인 것과 마찬가지로 행정가에게도 본질적인 것이다.

2. 군주의 모범

이제까지의 논의는 말하자면 수동적 목소리에 불과하다. 즉, 우리는 지금까지 조직이 우리에게 해주는 것에 대하여 이야기해 온 것이다. 그러나 거기는 반동과 행동, 상호작용이 있다. 즉, 사람들은 조직에게 어떤 일을 해주며, 조직 역시 사람들에게 어떤 일을 해준다. 인간의 본성은 공격적이며 능동적 목소리를 갖는다. 인간은 종종 조직의 도구가 되기도 하지만 조직을 자신의 도구로 만들기도 한다. 즉, 조직은 인간의 도구들이다. 그리고 국가는 군주의 도구이다. 조직환경에서 행정가가 행동하고 반응하는 방식 또한 그의 품성과 인간적 본성이란 문제에 의존한다. 인류학자인 클라크혼(Kluckho-hn)은 시대와 문화를 초월하여 인간의 본성은 근본적으로 "(1) 악하다, (2) 선하다, (3) 선과 악의 혼합이다"라는 세 가지 독특한 가치지향으로 표현된다고 하였다(1961). 여기서 마지막의 세 번째 견해는 아마도 시공적(時空

的)으로 우리에게 가장 적합한 것으로 생각되며, 또한 이 책에서 수용하고 있는 입장이다. 그렇지만 극단적이라 할지라도 다른 두 가지 입장도 조리에 맞는 것이며, 제각기 명성 있는 권위자에 의해서 설득력 있게 옹호되고 있다는 것을 주목해야 한다. 인간이 근본적으로 악하다는 생각은 X이론과 일치되며 바빌론(Babylon)에서부터 히로시마(Hiroshima), 다쵸(Dachau)에서부터 마이라이(My Lai)에 이르기까지의 역사적 기록을 통해서 보더라도 지지를 받을 수 있다. 그리고 일단 현대주의와 자유주의의 허식이 벗겨진다면, 비록 내가 오해받는다고 할지라도 기독교적 신앙의 본질적 관점이다. 인간은 죄, 즉 에덴동산의 원죄를 갖고 태어나며, 신의 중재나 은총이 없이는 구원이나 구제를 받을 수 없다. 이것은 또한 무신론자의 지지를 받는다. 프로이드(Sigmund Freud)는 원욕(id)에 의해 지배받는 무의식을 가정하고, 문명 때문에 자연적 인간성이 억압받는 것으로 보았다. 문명은 신경증과 같다. 로렌즈(Lorenz)와 쇼펜하우어(Schopenhauer)와 같은 인류학자와 철학자들도 이에 동의한다. 속담에 이르길 "매를 아끼면 자식을 버린다."고 하였다. X이론은 아주 근거가 있다.

X이론과 정반대의 이론은 인간이 근본적으로 선하다는 Y이론이다. Y이론 역시 각처에 있는 자유주의 철학자들 사이에서 지지를 받고 있는데, 지지자들 중에서 가장 두드러진 인물은 제임스(James)로부터 매슬로우(Maslow)에 이르는 현대 심리학자들이다. 인간의 충동을 논의하면서 제임스(William James)는 "모든 욕구는 충족될 권리를 갖는다. 그렇지 않을 수 있는가?"(1970: 195)라고 하였다. 루소(Rousseau)는 "인간은 자유를 갖고 태어났지만 고상한 야만인의 교리와 사회의 부패를 신봉함으로써 각처에서 속박 받고 있다"고 하였다. 로저스(Carl Rogers)와 프롬(Erich Fromm)도 자신의 저작물에서 이러한 관점을 반복해서 제시하고 있으며, 행정학 분야의 문헌에 등장하는 대표자는 허즈버그(Herzberg)·매슬로우 그리고 맥그리거(McGregor) 등이 해당된다. 이와 같이 Y이론 역시 아주 근거가 있는 것이라고 하겠다.

대부분의 독자들은 간단한 자기성찰을 통해서 충분히 자기 자신의 본성에 담겨진 X이론과 Y이론적 요소가 있음을 인정할 수 있다. 그래서 사람들은 "이러한 인정을 통해서 우리는 어디에 이르게 되는가?"라고 질문을 제기할 수 있다. 이에 대한 응답은 "몇 가지 아주 암울한 구석에 이르게 할 수 있으며, 사람들이 X이론의 대상을 추구하려 한다면 그것은 행정적 관점에서 **성공의 비결**(arthasastra)이라는 교리와 **군주의 모범**(Fürstenspiegel)에 관한 문헌 쪽으로 이끌려질 것"이다. 전자가 '성공'의 지침서나 교리를 의미하는 산스크리트어(Sanskrit)인 반면에 후자는 문자 그대로 '군주의 모범'(a mirror for princes)으로 번역되는 독일어이다. 다같이 이들은 노련한 사람이 권력을 획득·강화·극대화시킴으로서 과학 내지는 원형과학(原型科學), 달리 말해서 지도자의 편람으로 여겨질 수 있다. 전통은 아주 오래되고 시간의 혼미 속으로 빠져든 것이다. 그리고 이것은 공적인 것은 아니다. 적절한 이유가 된다. 이러한 지식이 상식이라면 이것은 하지 않아도 된다. 무식한 사람들은 자신들의 환상을 보존하도록 허락되어야 한다. 진실로 이러한 환상을 유지하는 것은 일차적으로 모든 군주와 행정가의 책임이다.

성공의 비결과 **군주의 모범**의 핵심은 도덕성이 상대적인 것이고 조작될 수 있다는 명확한 개념에 바탕을 두고 있다. 절대적인 도덕성은 없으며, 칸트철학적(Kantian) 명령도 없다. 그리고 이들 두 가지 개념은 동질적 오류를 범하지 않으며, 전체는 그 부분의 합보다 더 크다는 것을 인정한다. 이러한 의미에서 이들 개념은 비록 윤리학적으로 논쟁의 여지가 있다고 할지라도 논리적으로는 맞는 것같이 보인다. 특히 **성공의 비결**은 가장 사악한 것이다(Zimmer, 1956: 35-8). 이러한 '성공의 기술공학적 방법'이 최고의 수준으로 기능을 발휘하기 위해서는 엄격한 규약과 **타인**에 대한 도덕성의 발휘가 요구된다. 주창자 자신은 부도덕적이거나 반도덕적이다. 그의 목적은 정치적 성공이며 기만·배반·거짓·폭력·범죄·무한한 표리부동과 같은 모든 수단들은 다 단순한 효율성과 효과성이란 실증주의자적 기준에 의하여 정당화된다. 물론 그의 전면은 이들 중에서 그 어느 것도 드러내지 않을 것이다. 표면적으로 그는 신뢰받는 지도자, 즉 도덕적 고결성과 신뢰받는 강직성의 동량으로 자신의 휘하에 있는 사람들의 대부(代父)의 미소 띤 이미지와 표면에 나서지 않는 이미지를 계발할 것이다. 또한 이러한 지혜를 통달한 사람들은 그러한 지혜가 그들 자신의 반도덕적 실천을 조장하기 때문에 현실적 의미에서 공적이거나 조직의 도덕성을 지원하는 경향이 있다. 극단적으로 성공을 추구하는 사람은 단독적인 비도덕자, 즉 맹인들의 왕국에 사는 한 명의 애꾸눈 인간으로 여겨질 것이다. 제물이 싱싱하다는 것은 사냥꾼과 식객에게 제일 좋은 것과 마찬가지로, 공적인 도덕성과 조직의 규범에 의해 제공되는 사회적 조건화와 프로그램은 이것이 사람들로 하여금 예언가능하게 하고 조작가능하게 한다는 점에서 아주 바람직한 것이다. 그러므로 엄정한 행정가는 유형 Ⅱ의 규약을 강화하고 심지어 최고 수준으로 유형 Ⅰ의 정감을 선언하고 신봉하게 될 것이다. 그리고 도덕적 이미지(image)와 도덕적 신뢰성은 행정가들과 관련된 일차적 관심사인데, 이는 바로 권력의 배분과 행사는 신뢰에 바탕을 두어야 하기 때문이다.

이 분야에서 마키아벨리(Nicolo Machiavelli)는 서구의 위대한 권위자였으며 이에 관한 예술의 고전적 주창자였다. 그래서 그의 사상은 아직까지도 행정 실천에 강력하게 작용하고 있다. 또한 그의 유명한 『군주론』(*The Prince*)은 지금까지도 여전히 조직의 생활 및 정치적 생활과 관련된 현실에 상당히 적용되고 있다. 또한 몰리에르(Moliére)의 성격과 같이 노련한 실천가-학도들이 계속해서 자신들이 진부한 주장을 해 왔다는 것을 발견하고 나서 놀라는 것처럼, 그리고 자신들이 마침내 허약한 경영과학의 상태에서 의미라는 오아시스를 만난 것처럼, **군주의 모범**과 마키아벨리(Machiavelli) 사상에 접했을 이들이 확고하게 생명력을 찾고 이를 수용했다는 사실 때문에 행정학 선생이었던 저자는 항상 어느 정도의 경이감을 갖게 되었다. 권력에 관한 고대의 금언(金言)은 현재도 많은 효력을 갖고 있다. 그리고 그 금언들은 전통적인 조직이론이나 가치중립적 조직이론과 대조를 이루어 현대의 청중들에게도 공명을 불러일으키고 있다.

군주의 모범에서 깨닫게 되는 성공의 원리들은 시대적으로 고대의 것이며 또 보편적인 것들이다. 프랑스어에 **관리권**(droit de gérance)이란 표현이 있다. 종국의 행정가는 항상 자신의 의지를 강화하는 권력을 가져야만 한다. 그리고 모든 사회과학의 연구결과를 잘 이해하는 현대의 관료들은 논쟁점이나 결정의 필요가 있을 때 모든 파벌과 모든 계층의 사람들에게서 투입을 끌어내고 간청하겠지만, 마지막에 이르러서는 자기 나름의 의지와 복합적 동기에 따라 행동할 것이다.

독일어에는 실제 행해지는 정치학을 의미하는 **실천정치학**(Realpolitik)이란 말이 있다. 배반·증뢰·기만 등을 저지른 적대적 인물을 제거하고, 감언·아첨·조작 등에 의한 자금·승진·부수입의 획득, 권력의 논리에 대한 사람들의 영특한 이해 때문에 성탄일에 하노이에다 폭탄을 투하하는 등의 일들이 실제로 일어난다. 그리고 이러한 일들을 무시하게 되는 것은 순진하고 정치적으로 순결한 것이며, 행정적으로는 어리석은 것이다.

3. 실제 이유와 실천윤리

권력에 대한 사람의 태도는 중요하다. 그리고 자신의 권력에 대한 평가의 가치패러다임에서 당사자의 평가를 물어보면 자아의 정직을 검사하는 계기가 될 것이다. 예를 들어, 사람들이 권력·권위·영향력을 획득하기 위해 합리적으로 관여하겠는가? 아니면 합리적인 관여 이상으로 관여하겠는가? 권력은 행정적 출세에서 이해관계나 위험성이 높을 수 있거나 근무 기간이 불안정하기 때문에 중요하며, 주어진 상황에서 권력의 현실은 각 개인의 행위자에게 유형 I에서 III까지의 가치복합에 영향을 준다. 그리고 어떤 특정한 조직의 맥락은 주어진 시간에 해당하는 행위자를 위한 조직현실의 배경인 **실제 이유**(Realgrund)를 나타내는 반면에, 항상 유동적인 **실제 이유**는 어떤 특정한 행위활동(administrative act) 때문에 현상학적으로 불변하게 된다. 또한 이것은 분위기와 기풍 그리고 앞서의 〔그림 2-3〕에서 제시되었던 V_3에서 V_5까지의 가치차원을 나타낸다. 마찬가지로 P3M3의 과정은 이러한 **실제 이유**의 범위 내에서나 그와 반대방향으로 끊임없이 순환한다.

실제 이유가 묵시적으로 존재하고, 대부분의 경우 분석해 보지도 않고 종종 의식하지도 못하지만, **실천윤리**(Realethik)를 구성하는 가치조건화와 가치명령을 암시한다. 그리고 여기서 **실천윤리**는 교과서의 윤리학이나 인간이 갖는 가치행렬의 윤리학이 아니라 현실이 주어질 경우 인간이 행하고 또 행하여야만 하는 윤리학, 즉 묵시적으로 알고 이해한 윤리학을 말한다. 빅토리아제국시대에 인도의 실제 이유는 '연대의 명예'란 실천윤리를 낳았다. 그리고 1944년의 실제 이유는 아우슈비츠(Auschwitz)와 드레스덴(Dresden) 강제수용소, 그리고 맨해튼 프로젝트를 동시에 제재하는 실천윤리를 낳게 했다. 이 실천윤리는 사실이 있은 후에야 일상적으로 합리적인 정사(精査)를 하게 된다. 더욱이 기성행정가나 아직 태어나지 않은 장래의 모든 행정가는 마키아벨리에서 최소한 침묵의 도움을 빌게 된다는 점을 생각하면 항상 역윤리적 요소를 포함하게 된다. 그리고 **군주의 모범**은 실천윤리를 드러내려고 한다. 그렇지만 그렇게 하기는 어렵고 위험하기까지 하다. 드러난 비밀은 무너진 비밀이다. 조직의 구성요소들과 마찬가지로 조직은 외양과 이미지와 체면을 유지해야만 한다. 그러므로 가면은 항상 벗겨질 수 있다. 그리고 허상을 구하는 것은 허약하다. 예를 들어, 가장 공명정대한 공화국을 대표한다고 주장하는 전체주의제도는 이러한 노출을 허락할 수 없다. 왜냐하면 이러한 노출은 국가의 기초에 대한 지적인 위협 요인이 되기 때문이다. 그리고 여전히 실제 이유는 거기에도 있으며, 실천윤리는 실제 이유와 함께 작용한다.

앞서 논의했던 현실의 체제(the system of reality)와 함께, 문화와 하위문화, 조직과 개인의 윤리와 같은 여러 가지 윤리학의 체제가 융합되어 공존한다. 그리고 이들은 모두 함께 움직이고 행동하고 반응을 하며, 상호작용을 한다. 또한 이러한 체제들 중에서도 행동 상태(agentic state)의 윤리인 실천윤리는 진술하기도 어렵고 때로는 말로 진술할 수도 없다.

'현실론'이란 장을 통해서 우리는 동기유발이란 주제는 집행행동의 활동분야, 즉 조직의 환경에 따라야 한다고 하였다. 이러한 분야는 사실의 영역에서 상당히 복합적이며, 가치의 영역에서는 무한하게 복합적이다. 우리는 이러한 복합성 중의 몇 가지를 유형 Ⅲ 가치의 관점에서 고려해 왔는데, 그 이유는 유형 Ⅲ의 가치, 즉 감정적 가치들이 심리학적 관리의 일상 구성요소이며 질적인 현실에 관한 주요한 특징이기 때문이다. 그리고 이러한 가치들은 가치논리에서 최소한의 공통분모이다. 모든 가치는 동등하거나 정반대적인 가치저하를 암시한다. 저자는 적극적인 것보다는 오히려 부정적인 것을 강조하여 왔다. 왜냐하면 좋은 것과 관련을 갖는 적극적 감정은 어떤 의미에서 스스로를 돌보도록 방치되기 때문이다. 저자는 또한 부정적 감정에 대해서는 선택적인 입장이었다. 그래서 가령 조직의 맥락에서 지식을 적절하게 연구하지 못하고, 권태와 정신적 피로의 문제를 통해서 평가해야만 하는 질투의 문제에 대해서는 아무것도 말하지 못했으며, 서열과 임기보장의 불안정성과 역기능적 부정성에 관해서도 아무것도 말하지 못했다. 조직생활의 현실을 특징짓는 유형 Ⅲ 가치의 복합체는 너무나 많아서 이 책이나 일반 철학적 탐구나 진술을 하려는 범위에서는 다루기 힘들다. 그러나 가치가 있으면, 그 가치는 실존한다. 모든 조직, 모든 비공식적 조직 그리고 모든 하부 조직들은 그 나름대로의 유형 Ⅲ의 분위기를 확립한다. 본장의 요지와 분위기가 많은 사람들에게 순수한 의미에서 긍정적이라는 점을 부정하지는 않는다. 행정하는 사람들이나 행정의 영향을 받는 사람들은 모두가 조직생활에서 감정적 만족을 얻게 되며, 정서적으로 만족감을 주게 될 수 있다. 더욱더 많이 그리고 조직사회나 봉건제도의 이러한 방식이 점차 우리의 생활양식을 결정한다고 느끼는 것도 나쁘지는 않다.

그러나 유형무형의 이유로 조직 속에서 신중해야 하여, 3장에서 제시한 병리·부정성 그리고 현실들을 인식해야 한다는 암시를 준다. 이에 관한 미시적(micro-) 또는 거시적(macro-) 목록표를 만들어 보면 가치가 있을 것이며, 어떤 방향 제시가 될 것이다. 조직명령은 강화되는 것처럼 보이며, 이러한 현상은 우리가 살고 있는 현재의 세계문화에서 불가피하게 일어난다.

그러므로 사적인 것, 개인적인 것, 독특한 것 그리고 자유로운 것을 옹호하는 사람들에게는 책임이 강화된다. 이러한 옹호자들 중에서 어떤 사람들은 자신을 방어하지 못하는 행정가가 될지도 모른다. 우리가 만든 조직이 우리를 포함하고 있는 동시에 우리를 위협하고 있다. 그리고 이 조직들은 자아를 훼손하고 있다.

신조: 자아에 대한 욕구좌절 그리고 집합적이고 계서적 통치 아래서의 자아 훈련은 조직생활의 필수 부분이다. 이는 자아의 품위를 높여 주기도 한다. 즉, 정신적 성장의 수단이 될 수 있다.

제4장
이 념 론

제1절 가치의 변용

인간의 몰인간성 중의 대부분은 유형 Ⅰ 가치들로 인해서 야기되었으며, 또 지금도 야기되고 있고 앞으로도 계속 야기될 것이다. 사람들은 유형 Ⅰ의 가치가 종교적 이념과 세속적 이념의 기초요소라고 말한다. 이러한 가치들은 사람의 의지에 따라 변용되고 이성을 초월하는 감정과 **신념**(belief)의 질에 따른 감정에 터하여 기꺼이 살신성인하는 가치들이다. 바람직한 것(the desirable)과 바람직하지 않은 것(the undesirable)에 따른 특별한 위치배열이 어떻게 사람들의 마음속에서 자리 잡고 그들의 정신 속에 스며들기 시작하는가? 저자의 능력으로는 아직 이에 대해 어떤 대답을 하거나 설명할 수는 없으나, 그 내적인 기능에는 아주 상당히 신비로운 점이 있다. 그러나 여기에는 관찰의 표면적 수준에 따라 식별 가능한 양태가 있을 것이며, 앞으로 이러한 역동성에 관한 가설정립이 가능하리라 본다.

　지각력과 생명력이 있는 모든 피조물들은 유형 Ⅲ의 감정을 드러내고 그러한 감정을 경험하게 될 것이다. 이러한 감정의 질은 앞의 장에서 제시된 바와 같이 조직생활 속에 배어든다. 이것은 인간적 본성은 물론 부분적으로는 동물적 본성이며, 독자들은 감정적으로 인간을 동물의 왕국에 있는 나머지 다른 동물과 동일시하는 것으로 2장에 제시된 논리실증주의자들의 주장을 상기하게 될 것이다. 그래서 가치를 이해하는 것은 정서와 감정을 이해하는 것이 될 것이다. 과학은 이러한 것을 선뜻 용인할 수 있는 어떤 것에 아직 접근하지 않고 있다. 그러나 인간에 있어 거기에는 인간을 다른 동물과 구별해주는 독특한 어떤 측면이 있는 것처럼 보인다. 이러한 특수성은 인간의 인지적 능력과 언어를 추리하고 사용하는 능력뿐만 아니라 자유의지·선택·관여를 위한 자신의 능력과 관련된 그 어떤 능력이다. 그것은 사람들로 하여금 때때로 일종의 가치에 대한 평가변화 및 가치변용을 할 수 있게 해준다. 또한 여기에 근거해서 아주 드물게 일어나는 특정 가치들과 이들 가치들의 가치군집에의 참여는 자아구조의 중심적인 가치특색과 가치행동자의 통합적인 인성으로 활성화될 것이다. 철학적 용어를 빌어 말한다면, 인간의 중심적인 생활의 의미인 그의 **세계관**(Weltanschauung)은 몇 가지 부류의 유형 Ⅰ의 가치들과 깊이 관련된다.

　예를 들어, 대부분의 사람들은 자신의 고향·출생지 그리고 **조국**(patria)에 대하여 몇 가지 자연적인 감정을 갖는다. 그리고 이러한 유형 Ⅲ이나 유형 ⅡB의 가치들에 대한 일상적인 명시는 세계 각처에서의 민족적·인종적·애국적 자긍심의 과시로 발견된다. 그렇지만 때때로 역사나 사회문화적 프로그램에 의해 이러한 유형 Ⅲ의 감정은 마음이 이들 가치들에 대하여 활기를 띠고 극성을 갖게 되며 구조적으로 재정리될 정도의 강도 있는 지점에 이르게 된다. 그 예로서 우리는 애국자, 즉 자신의 삶을 조국, '아일랜드'(Ireland), 테노 반자이(Tenno Banzai) 또는 유인자극이 되는 모든 것들을 위해 희생시키는 광신적 애국자를 볼 수 있다. 어의적으로 여기서 '애국자'와 '광신적 애국자'란 용어는 각기 유형 Ⅰ의 관여란 단일현상에 대한 완곡한 어법의 변형체이며 경멸적 의미를 포함한 변형체이다.

순교자들과 마찬가지로 성인들은 종교의 권위로 인하여 만들어진다. 마찬가지로 어떤 사람들은 자신의 삶을 예술·과학·문학이란 싸움터(분야)에서 펼친다. 그리고 여기서 고려되고 있는 것은 거대한 일을 초래할 수 있는 일상적인 헌신과 관여가 아니라 비범하고 선험적인 것이다. 이것은 아직 알려지지 않은 심리적 기제에 의한 것처럼 유형 I의 가치가 즉각적으로 관여를 받게 되거나, 그렇지 않으면 감정의 강화에 관한 몇 가지 과정에 의한 것처럼 비판적 다수를 수반하게 된다. 또한 거기에는 생활형태의 강력한 결정인자가 되는 가치를 에워싸고 있는 심리학적 연금과 불개변성이 있다. 그렇다고 이러한 논지가 유형 I의 관여들이 퇴보하거나 소멸될 수 없지만 모종의 그러한 전화(轉化)에 상당히 방해되는 것이라고 주장하고자 하는 것은 아니다. 그래서 유형 I의 가치들은 정서적이지만 의지에 관여하며, 그래서 변용되고 변화된 평가를 받는다. 더욱이 유형 I의 가치들은 초합리적이기 때문에 반드시 합리적 능력에 관여하는 것은 아니다. 〔그림 4-1〕은 유형 Ⅲ과 유형 I 가치들을 구별할 수 있게 하는 몇 가지 부류의 요인과 특성들이다. 그리고 어떤 가치이든 그것은 어떤 수준으로 나타낼 수 있기 때문에 이러한 구별을 할 수 있는 것은 중요한 행정기술이다.

인간이 유형 I의 가치를 갖지 않고 산다는 것은 원리상으로나 이론상으로는 가능할 것이다. 만일 논리실증주의자들이 옳다면, 이것은 사실이다. 반대로 우리가 엄밀한 실증주의에 대한 신념이나 이념을 유보하고 바로 앞에서 제시한 유형에 대한 논리적 구별이나 존재론적 구별을 받아들이려고 한다면, 우리는 달리 천명(闡明)할 수 없는 많은 부류의 행위를 설명하기 위한 수단을 가지게 될 것이며, 또한 이념의 분석을 위한 개념적 도구를 가지게 될 것이다.

[그림 4-1] 감정적 가치와 능동적 가치를 구별해주는 요인들

유형 Ⅲ 요인	대응적인 유형 Ⅰ의 질
차합리성(sub or infrarationality)	초합리성(trans or suprarationality)
선호(preference)	직관(intuition)
충동(impulse)	선택(choice)
일시성(transience)	영구성(permanence)
간결성(intermittence)	지속성(persistence)
사실적(naturalistic)	선험적(transcendent)
강제적 습관(compulsion habit)	자유(freedom)
포기(abandon)	관여(commitment)
감정적 프로그램과 타율(affective programming & heteronomy)	양심과 자율(conscience & autonomy)
본능(instinct)	신념과 신조(belief & faith)
약하거나 정상적인 동기유발 (weak or normal motivation)	초월적 또는 과도 동기유발 (super or hypermotivation)

　이념들은 세상의 인간을 위한 의미를 구조화하는 사고와 신념에 관한 유사 철학적 체제이다. 그리고 이들의 기원과 원인이 유형 Ⅰ의 가치들에 있지만, 일단 현존하는 이념들이 모든 그들의 지지자들에게서 유형 Ⅰ의 고수를 반드시 유도해내는 것은 아니며 그러한 관여가 없이도 어딘가에서 한 이념은 약화되고 소멸된다. '이념'(ideology)이란 용어는 어떤 해당 문화를 구성하게 되는 모든 종교적·정치적 철학들을 포함한다. 가령 반유태주의(anti-Semitism)는 제삼제국(the Third Reich)의 이념적 구성요소이었으며 낭만주의는 나치(Nazi)뿐만 아니라 나폴레옹(Napoleonic)의 이념이었다. 또한 합리주의는 현대조직의 이념 중에서 통합적인 특징이 있다. 우리가 풍부한 이념적 스펙트럼 전체에 대하여 다 고찰할 수도 없고 또 고찰할 필요도 없지만, 대신에 우리는 행정적 생활형태와 특히 관련 있는 것처럼 보이는 그러한 이념적 특징에 관심을 집중할 수는 있다.

제2절 합리주의

　과학은 우리 시대의 종교처럼 정설이 되었다. 20세기말 선진국과 경제문화로 대표되는 우리 시대의 문화는 이성이란 가치의 영향을 깊이 받아왔다. 원인과 결과라는 의미에서 논리적·경험적·수학적·기술적·천명적, 즉 한 마디로 말해서 우리의 과학문화는 바람직하다. 물론 과학은 지각 가능한 세계를 다루기 때문에 이러한 추론은 물질적인 것에 치우친다.* 그리고 이러한 편향이 이념적 부분에 적용될 경우, 그것은 '~주의'라는 접미사를 붙여 역사에 대한 과학적 취급을 의미하는 변증법적 유물주의에서와 같이 유물주의가 된다. 이 모든 것들에 있어 그 근원과 주제적 가치는 과학과 기술공학에 관련된 기관에서 가장 인상적인 형태로 나타나는 합리성이다. 논리적 인지과정인 추리를 함축하고 있는 합리성이란 용어는 한편으로는 '합당성'(reason ableness)과 다른 한편으로는 '합리**주의**'(rational*ism*)로 구별되고 있다. 전자의 합당성은 논리의 이상이 불가피하게 모자라는 현실세계에서 만족감을 주고 실용성 있는 실행(making-do)을 암시하는 반면, 후자의 합리주의는 이성과 과다에 대한 가치영역, 즉 합리적 정직에 대한 과잉강조를 암시하는 것이다. 합리주의의 선구자들은 유럽인들이었으며, 그 연원은 문예부흥(the Renaissance)과 계몽운동(the Enlightenment)이란 고전적 유풍으로부터 지난 200여 년에 걸쳐 일어난 산업과 기술공학적 혁명으로까지 거슬러 갈 수 있다. 합리성에 관한 근원적 가치는 의심할 것도 없이 **진리**라는 기본적인 철학적 개념에 깊이 뿌리를 두고 있으며, 이

---

　* 물론 사람들은 요즘의 과학이 물질(matter)의 영역에서 아주 미묘하게 흘러 온 것을 인정하지만, 쇠약해진(attenuated) 물리학의 개척자들이 궁극적인 '하드웨어'(hardware)에 있어 약간의 토대가 되었다는 사실은 통상적으로 추정되고 있다. 어쨌든 물리적 현실에 대한 보다 신비적인 해석이 아직까지도 어떤 상응된 공공적 이념에 제공되었다고 여겨지지는 않는다.7)

와 관련된 것이다. 만일 진리가 이성과 조화하는 것으로 여겨진다면, 합리성이란 가치는 아마도 초가치적 수준까지 이르고 강화될 것이다. 만일 시간의 흐름에서 그 가치의 집행이 현대의 기술공학·관료제 그리고 대규모의 복합조직의 경우에서와 같이 물질문화적 변형이란 결과를 낳게 된다면, 그 가치를 강화하고 거기에 수반되는 이념의 고수를 조장하는 경향이 있는 문화에는 정력적 관성이 형성될 것이다.

1. 합리주의와 행정

목적과 수단이 일종의 인과적 논리로 연결된다는 점에서 그리고 효과성과 효율성이 항시 목표추구적 조직의 초가치이기 때문에 합리주의 정신이 항상 행정과 협동적 노력에 깊이 스며들었다는 것은 당연하다. 이러한 관계성은 시간의 경과에 따라 강화되고 있다. 우리는 이러한 전환의 시기를 테일러 (Frederick W. Taylor)의 연구와 저작이 등장한 금세기 초기라고 생각할 수 있다. 그는 '과학적 관리의 대부'로서의 전통적인 지위를 확보하였으며(1915, 1964), 마땅히 그러한 지위를 받을 만하다. 정말로 작업수행에는 한 가지 최선의 방식이 있을 것이라는 테일러의 본질적인 논리는 아직까지도 반박을 받지 않고 있다. 만일 과업을 세분화할 수 있고, 또 목적항목을 정의할 수만 있다면, 거기에는 틀림없이 수단과 목적에 대한 인과적 연계를 세분화하는 한 가지 최선의 방식이 있을 것이다. 그러므로 문제의 요소화·과업분석·조작연구 그리고 시간동작연구 등에 의한 적합하고 **합리적인 탐구**를 하게 되면, 궁극적인 어떤 일련의 문제에 대한 해결방안을 찾아낼 수 있을 것이다. 요약하면, 일과 그에 대한 관리는 과학적일 수 있다. 아마 **최선**(best)이란 단어에 집착해서 이에 대해 싫증을 갖게 되는 철학자들만이 이것을 못마땅하게 여길 것이나, 개념적 혼란으로 효과성과 효율성이란 초가치를 지각없이 받아들이고 자신의 목적을 주어진 것으로 취급하는 행정가를 단념시키거나 그의 기치를 꺾을 필요는 없다.

이러한 원리와 합리적인 탐구의 정신은 20세기 초에 기술공학의 발전으로 강화되었으며, 곧이어 패이욜(Fayol)과 웨버(Weber)에 의해 발전된 관료제이론과 결합하면서 지적인 비판적 대중에 접근하였다. 조립적 분업, 1차 세계대전 시의 대량적인 군병참 그리고 그 이후의 급증하는 공공부문에서의 서비스 등의 출현으로, 현실 Ⅲ의 조건들은 합리주의자들의 이념을 대량으로 수용하도록 되었으며, 그 다음에 행동주의와 논리실증주의에 대한 양 대전 사이의 현실 Ⅰ의 운동으로 강화되었다. 대규모의 복잡한 현대조직들은 **선험적으로** 합리적이다. 그리고 그것들은 한층 유력한 이유로 합리주의적이다.

행동에는 상쇄적 반동이 따르는데, 과학적 경영에 대한 테일러의 신뢰는 현재 **인간자원론**으로 통하는 인간관계론운동의 형태로 그 나름의 반이념(counter-ideology)을 발생시켰으며, 이러한 운동은 그 학문적 지지를 호손공장연구(the Hawthorne studies)로 알려진 유명한 일련의 실험에서 이끌어내었다(Roethlisberger and Dickson, 1939; Mayo, 1933, 1947, 1949). 이러한 반동이 과학적 관리의 발전을 감소시켰지만 결코 초기의 이념적 신뢰를 저하시키지는 않았다. 그리고 초기의 이러한 신뢰는 금세기 중반의 철학과 심리학을 특징 지워 주는 실증주의와 행동주의에서 새로운 동맹체로 발견된다. 또다시 2차 세계대전은 행정과 경영에 관한 인상적인 문제들을 제기하였으며, 전후에 일반체제이론의 발달을 촉진시켰다(von Bertalanffy, 1968; Beer, 1959; Buckley, 1968; Laszlo, 1972). 후자의 일반체제론운동이 주는 영향은 그 나름대로의 이념의 순위를 정당화하기에 충분한 것이었다. 목표관리(MBO)·사업계획평가검토기법(PERT)·기획예산제도(PPBS)와 같은 파생물과 변형체들은 현재 경영과 행정에 관한 학교교육과정의 표준적인 특징이 되고 있다. 이들 모두는 사실의 영역뿐만 아니라 가치의 영역까지 다루기 때문에 자연주의적 오류나 군국주의적 오류를 끊임없이 범하게 된다. 또한 컴퓨터 기술이 이러한 발달을 촉진시켜왔다. 미국의 국방장관인 맥나마라(Robert MacNamara)는 결론이 나려면 아직도 요원한 행정철학의 분야에서 그가 논쟁을 촉발시켰던 이러한 이념의 기법과 정신을 베트남(the Viet Nam)전쟁의 수행에 도입하였다(Gabriel and Savage, 1978). 그리고 교육행정에 있어 과도합리화(hyperrationalization)란 용어는 이러한 유형의 이념적 설득에 대한 과도한 요구의 역기능적인 질과 결과를 기술하기 위해 만들어졌다(Wise, 1977: 43-57).

그 핵심에 있어 일반체제이론은 복잡한 인간사에 대한 이해와 처리에 단순히 논리적 엄밀성을 소개하려는 일상적인 노력이다. 신처럼 단순하면 신처럼 방어할 수 있다. 신은 수학자일 뿐만 아니라 체제이론가이다. 그리고 우리의 P3M3 모델(제2장 제3절 참조)은 단지 여러 수준의 체계적 복합체에다 합리적 질서를 첨가해 주는 시도일 뿐이다. 그렇지만 이것은 일반적으로 합리주의자들의 행정에서 아주 빈번히 간과되어 온 동질적 오류와 군국적 오류를 회피하려 든다. 더욱이 현대적 행정사고에 대한 논리실증주의의 영향은 강력하고 충만 되어 있는 것으로 인정되고 있다(Culbertson, 1981: 25-43). 논리실증주의는 본질적으로 합리적이기 때문에, 현대적 행정이 합리적인 과학적 이념에 속박되어 있을 것이라는 추론은 그 자체가 이성적이지 못하다. 만일 이것이 분명치 못한 것이라면, 합리성 또한 초가치이기 때문이다. 행정가가 의식적인 반성이나 비판적인 관심이 없이 합리적 논의에 반대하여 시간이 많이 걸리는 논쟁을 하려 들지 않는 것은 말할 나위가 없다. 대부분의 조직 의사결정과 정책분석이 합리적 논지의 언어게임 범위 내에서 보통 비용-이윤 계산을 통하여 수행되기 때문에, 이념적 인상이 압도하게 된다. 종종 이러한 문제를 지각하는 데는 높은 수준의 철학적 기술을 요구하게 될 것이며,* 논지 그 자체에 감추어진 약점이나 오류들은 거의 드러나지 않을 것이

---

* '……철학을 배우지 않은 사람이 어려운 문제들이 잔디밭에 숨겨진 모든 지점을 간과하지만, 배운 사람은 잠시 멈추고 그가 그것을 아직 보지 못하였음에도 불구하고 가까이에 어려움이 있다는 것을 지각해 낸다. ……열심히 한다고 해도 내 눈앞에 옳은 것이 있다는 것을 어떻게 내가 발견해서 알아보겠는가!' (나의 눈앞에 들어오는 것이 나에게는 얼마나 어렵게 보여지는가!)(Wittgenstein, 1980: 29, 39).

다. 이러한 오류들(제2장 제5절 참고)은 합리적·유사합리적·위합리적(僞合理的) 행정실천에 아주 깊이 묻혀 있어 주목을 받지 못하고 사건들의 흐름과 함께 지나가게 된다.

2. 관료제

관료제는 세인의 마음속에 유형 Ⅲ의 감정을 경멸하는 의미로부터 웨버(Max Weber)의 세련된 저작물에 포함된 유형 Ⅰ의 원리에 포함된 의미에 이르기까지 복잡한 의미를 모두 담고 있으면서도 동시에 일상적인 용어이다. 일반적으로 관료제는 행정사에 합리성을 적용한다는 의미이다. 테일러가 공장의 상황에 관심이 있었듯이, 웨버는 사무실의 복잡성에 관심을 두었다. 웨버의 학문적 지위는 기념비적인 것이었으며 그의 영향은 대단하였다. 아마도 그는 현대의 문턱에서 계시(啓示)의 기수로 인정받고 있는 네 명의 학자들 속에 포함되어야 할 것이며, 이들 네 명은 모두가 독일어를 상용하는 사람으로 여기에는 (1) 물리학의 아인슈타인(Einstein), (2) 심리학의 프로이드(Freud), (3) 정치학의 마르크스(Marx) 그리고 (4) 행정학의 웨버(Weber)가 포함될 것이다. 관료제에 관한 그의 이상형(ideal-type)이론은 국가조직(the Organizational State)의 성장을 예견했으며, 경제의 공사부문 그리고 선진국과 후진국의 행정가들은 모두 웨버가 공식화한 개념을 신봉하고 있다. 또한 사회과학문헌의 모든 장르(genre)는 웨버이론의 순수성을 **현실**과 실천의 불완전성에 조화시키려 하고 있다(Merton, 1952; Blau, 1955; Crozier, 1964; Downs, 1967; Thompson, J. D., 1967; Thompson, Victor A., 1961).

이론·실제 그리고 실천 사이에 불일치가 있다고 할지라도, 거기에는 표면적으로 드러나는 것 이전에 명백한 사실이 있다. 관료제는 기능을 발휘한다. 그리고 관료제는 개인주의자들, 반동주의자들과 기업가들이 무어라 하더라도 실용주의적 기준에 맞는다. 우리 주변에는 관청·병원·학교체제·경찰국·군대·연구소·우체국·출판사, 심지어 농장이나 상가 등과 같은 대규모로 기능하는 관료기관들이 있다. 그리고 나사(NASA)·케이지비(KGB)·국제연합기구(UNO)·아이더블유에이(IWA)·비비씨(BBC) 등의 모든 조직들도 일상적으로 관료제적 속성을 갖고 있다. 만일 우리의 경이감이 친밀성에 의해 마비되지 않았다면, 우리는 아주 기적적으로 기능하는 협동적 노력에 대한 놀라움을 아주 두려워해야 할 것이다. 비행기는 날고, 기차는 달리며, 식사가 제공되고, 벨이 울리며, 학생들은 읽고 쓰는 것을 배우며, 압착기는 작동하고, 범인은 벌을 받으며, 심장수술은 집도되고, 무용수는 춤을 추며, 멀리 있는 혹성의 사진이 찍히고, 사체는 안장되며, 새로운 원형질은 체제 속으로 흘러 들어간다. 이 모든 것이 얼마나 경이로운가! 얼마나 **생명력을 갖고 지속되는가**.

> 우리가 노련한 행정가라고 할지라도 잠시 생각을 멈추고 세상의 모든 것들이 어떻게 잘 돌아가는지에 대하여 신기롭게 생각해보는 것도 좋을 것이다…… 자신도 모르게…… 심지어 그것은 잘 돌아간다! 거기에는 질서가 있다!

많은 사람들, 특히 웨버에게 있어서 모든 이러한 네겐트로피(부적 엔트로피, negentropy)의 기저를 이루는 원리는 복잡성이 있고, 합리성 중의 하나로 보였다. 웨버가 사용한 용어에 있어 합목적성(Zweckrationalität)과 합가치성(Wertrationalität)은 각각 목적의 논리와 가치의 논리를 말한다. 확실히 합리적 관료제와 비합리적 관료병리의 어두운 측면은 우리의 기풍과 **시대정신**(Zeitgeist)과 **당대정신**의 표적이다. 이것은 다음에 인용하는 마르크스(Marx)의 말에서 드러난 이념적 공명을 받는다.

> 관료제의 정신은 예수회정신이며 신학정신이다. 관료들은 예수회의 국가이며 신학자의 국가이다. 관료제는 사제공화국이다(1927: 456).

웨버는 관료제를 다소 덜 발전된 형태의 세습조직·전통적 조직·신권적 조직과 비교하였다. 가장 쉽게 그리고 가장 일반적으로 비관료적 생활형태와 관료적인 생활형태를 구별해 낼 수 있는 것은 관료제에는 없지만 덜 발전된 조직에는 공동체의 질이 있기 때문이다. 고전적 봉건주의는 바로 이러한 질을 가지고 있다고 생각된다. 그리고 이러한 생각은 일상생활에서의 소우주적 봉건주의를 경험해본 사람들에게는 잘 알려진 사실이다. 이것은 보다 합리적인 대안과 반대되는 군대의 연대체제(聯隊體制)의 허풍적 특성으로 나타난다. 공동체가 존재하는 곳에서는 몇 가지 부류의 구속력이 있는 감정적 유대가 소속감·자아의 보증감 그리고 자아의 참여의식을 일으키는 방식으로 계서적 관계의 망을 확대시켜 나간다. 사회학에서는 이러한 정교성을 진지하게 도출하여 이익사회(Gesellschaft)와 공동사회(Gemeinschaft) 사이에 있는 차이점으로 구별시켜 놓았다(Tönnies, 1955). 여기서 전자가 단순한 공식적 회사나 단체를 말하는 반면, 후자는 규범적 냉혹성을 넘어 공동체의 인간적 온정, 사회적 유대 그리고 독일 사람들이 **감성**(Gemütlichkeit)이라고 부르는 범위까지를 포함한다.

가치유동에 지속적으로 대처해야 하는 철학자-행정가는 **공동사회**-**이익사회**의 이분법을 자신의 실천과 일치시키도록 해야만 한다. 이것은 그 자신이 어떤 관점을 가져야만 한다는 것을 의미한다. 왜냐하면 이러한 극단적 분류는 다른 윤리들과 다른 유형 Ⅰ의 가치들, 사실상의 다른 이념들을 암시하기 때문이다. **이익사회**는 합리주의·관료제·기술공학·체제이론·X이론과 맥을 같이하며 또 과업과 조직국가에 대한 인간의 종속과 일치하지만 **공동사회**의 징후는 정반대이다. 전자가 원대한 비전을 수반하는 계획에 관한 것이라면, 후자는 점진주의로 그럭저럭 꾸려나가는 방식이다. 또한 전자가 우리 각자가 가지고 있는 아마추어 정신에 호소하는 반면, 후자는 전문가정신에 호소한다.

3. 전문주의

신봉건주의와 국가조직이 아주 발전하였기 때문에 전문**주의**(professiona-
lism)는 그 나름의 이념으로 다루어질 수 있다. 전문주의는 합리주의의 모
행열표와 아주 밀접하게 관련되어 있고, 또 이로부터 발전하여 이제는 이러
한 일반적 제목으로 다루어질 수 있다. 확실히 그 영향은 아주 보편적이어서
현대조직의 맥락에 관한 특징으로는 거의 관찰할 수 없고 지나치게 된다. 전
문주의는 작업유형에 따라 응용되는 합리주의의 표현이다. 이 주제는 아주 의
의가 있으므로 우리는 나중에 다시—이에 대하여 논의해야 할 것이다. 또 이
것은 그 나름의 문헌을 만들어 냈으며, 학자들은 그 용어의 의미에 관한 논쟁
을 해 왔다. 그리고 우리가 목적하는 바에 있어, 어떤 다른 제목의 연구에 반
대되는 전문직의 기준에는 최소한 다음과 같은 기준이 포함되어야 할 것이다.

(1) 난해한 지식의 현실. 모든 사람에게 직접적으로 유용하거나 선뜻 적
　　용할 수 없는 숙련.
(2) 전문직의 지위에 대한 가입과 탈퇴에 대한 조합(guild) 자체의 명령
　　권. 가입과 탈퇴에 대한 권한.
(3) 윤리적 관여의 자임. 추정적인 윤리적 관심.
(4) 제도나 조직 내에서의 의미 있는 정도의 자율성. 국가와 같은 초조직
　　이나, 최소한 전문직이 그 안에서 실천하게 되는 조직이나 환경과 독
　　립된 조직에 의한 어느 정도의 제재.
(5) 복종형태의 사회적 구조 내에서의 어떤 지위를 나타내는 어떤 형태와
　　지위에 합당한 위엄.

행정의 전문직 위치를 늦출 필요는 없다. 분명히 행정은 이러한 기준에 비
추어 볼 때 전문직이 못된다. 그러나 이러한 기준은 웨버의 이상형에 해당된
다. 이상형에 관심을 갖게 될 경우, 직업생활의 다양한 형태 내에서 전문직

적 지위를 지향하려는 열망의 일반적 경향성을 알아낼 수는 있다. 그래서 "전문주의가 어떻게 실천되고 있는가?"라는 질문이 던져질 수 있으며, **신임장**의 정도에 따라 이에 대한 대답은 한이 없다. 전문주의의 표시는 그 소지자에게 전문적 권리와 특권의 자격을 주는 신용장과 보다 더 바람직한 신용장제를 확립하는 것이다. 이것은 신봉건주의의 특성이며 특허장의 체제, 중세시대의 증서나 직함과 유사한 것이다. 신용장은 몇 가지 기술공학이나 예술의 분야에서 지망자의 지위나 실행자의 면허를 확립해 주기 위해 국가의 권능을 통해 발행되는 학위·면허·특허·자격에 관한 공식문서이다. 운전면허증과 졸업증서로부터 박사학위증에 이르기까지, 이러한 것들은 관료제적 합리주의의 특징이 된다. 이러한 증명들은 무엇을 하는데 있어 누구를 신뢰해야 하는지를 알려준다. 그리고 관료봉건적 환경에서 신용장이 없는 사람은 버림받고 위험스러우며, 직장을 찾지 못하는 위험에 처하게 될 것이다.

또한 인플레이션으로 인해 평가절하된 통화와 마찬가지로, 우리가 신용장에도 인플레이션과 평가절하현상을 발견할 수 있는데, 이것도 우리가 살고 있는 시대를 나타내 주는 표적이 된다. 역설적으로 학사학위는 그것이 도구적 신용장이나 신용장 간의 관계에 있어서 필수조건으로 간주될 경우에 그 가치가 증대된다고 할지라도 최종적인 신용장으로서의 시장가치는 거의 없다. 점점 더 많은 이전의 직업영역들이 전문적 지위를 열망하는 양육·보험·부동산 매매를 포함한 모든 사람들에게 개방되어 있다. 그리고 논문이란 장애는 거기서 생겨나는 부수입을 얻기 위해 넘어서야만 한다. 쇼우(Shaw)의 의견대로 전문직들은 모든 문외한에 대한 음모라 할 수 있다.

이 모든 면에 있어서 행정은 이례적이고 특이한 점이 있다. 그리고 행정은 여전히 야망 있는 사람들(the ambitious)이 특허에 의한 통제 없이 성공할 수 있는 흔하지 않은 분야 중의 하나이다. 그러나 이러한 주장 그 자체는 이제 전에 그것이 신용장의 영향이 점증하고 있는 행정적 기업의 모든 하위범주에서 불가피하게 있었던 만큼 진실이 되지는 못한다. 그래서 경영학석사(MBA)나 행정학석사(MPA) 학위, 법학이나 기업훈련, 경제학의 배경 등은 전문적 통제체제의 부분으로 확립되었다. 단 정치적 수준에서 순수한 아마추어가 조직의 권력에 접근하는 것은 아직도 상당히 가능하다. 그러나 교육위원회·병원이사회·의전장관 등의 수준에서 자기 자신을 전문직으로 여기는 신용장을 지닌 요원들의 편제를 겉치레로 통제하는 조직에서 그는 스스로가 완충적 역할을 잘 수행하는 것을 알게 될 것이다.

제3절 국가주권주의

논리적 단계는 명확하다. 과학적이고 기술공학적인 발전은 전문화를 암시한다. 그리고 증가된 자연에 대한 통제력은 시공에 있어 대규모의 사업들(projects)을 가능하게 하였다. 또한 점증하는 인구는 조직과 분절의 복잡성이란 결과를 낳는다. 그리고 관료제와 전문주의, 규범적 합리주의와 일반체제이론, **이익사회**와 조직사회가 나타났다. 이러한 역사적 논리는 또한 중심적인 특징으로 국가의 발전을 포함한다. 비록 정치적 제국주의와 이들의 변용체인 이념적 또는 경제적 제국주의 형태의 물결에 의해 가려졌다 할지라도, 국가는 개개의 인간을 엄격한 **국민성**이란 용어로 정의한다는 점에서 현대적 생활형태의 핵심적 사실로 남아 있다. 초국가적 조직들과 유엔(UN)·이이씨(EEC)·나토(NATO)·경제협력개발기구(OECD)·석유수출국기구(OPEC) 그리고 국제적인 집단과 기업연합 등과 같은 결합체들의 발전과 증가에도 불구하고, 국가는 여전히 개인과 집단의 삶에 있어서 가장 강력한 영향을 주는 권력이다. 동시에 기본적인 신용장을 제공해준다. 대부분의 사람들에 있어서 정체성에 대한 이러한 초기의 결정은 그들 삶의 모든 측면에서 지속적으로 영향을 준다. 즉, 소수의 사람들에 있어 이민과 정치적 격변으로 이름표는 변할지 모르지만, 모든 사람들에 있어 초조직인 국가와의 관계에 포함되는 몇 가지 부류의 가치주의와 한정적인 문화적 프로그램이 있다. 그리고 이러한 국가는 그 영토 내의 주권이며, 권력·권위·재산 그리고 법이 나오는 궁극적인 원천이다. 그 주권은 선악보다 상위의 것이며, 그 이익의 추구는 국제법에 구현된 바와 같이 최소한의 도덕적 제약에 의해서만 제한을 받는다. 또한 국가는 그 나름의 영역 내에서 모든 기관, 즉 모든 조직을 합법화하거나 불법화한다. 재정·복지 그리고 공공행정적 체제를 통해서 국가는 모든 사회적 생활에 영향을 미치고, 사적인 생활에 직접적으로 참견하며, 그 권력은 절대적이다. 예를 들어, 군대는 시민의 생활을 제한할 권리를 부여받았다. 결국 생활 그 자체는 사적인 것이 아니며, 재산 그것도 사적인 것이 아니다. 국가는 그 나름대로 고귀한 영역의 권한도 갖는다. 태어나서 죽을 때까지 국가는 우리와 많은 생활을 함께 하는데, 역설적으로 말해서 우리는 우리 자신들과의 친밀한 관계를 인식하지도, 이에 민감하게 대하지도 않는 것 같다. 분석해 보면 우리가 가장 친숙한 속성으로 여기는 우리의 마음까지도 국가에 의해 형성된 산물이다. 그리고 장기적인 감시와 문서들은 간과되기 쉽고 모습이 드러나지 않는 국가주권주의의 이념에 관한 규범들이다.

반관료적 정치가들의 설득에도 불구하고, 이러한 것들은 모두가 공공행정과 국가관료제에 있어서 필연적으로 팽창하지 않으면 안 된다. 이에 대한 경험적 증거는 논의의 여지가 없을 만큼 명백하다. 국가의 형태가 공산주의·사회주의·국수주의·자본주의 중에서 어디에 해당하든지 간에, 행정의 본질적 논리는 똑같으며, 우리는 그것을 국가주권주의라는 검증되지 않는 이념적 틀로 형성하게 된다.

예를 들어서 단순히 **경제적인 수준의 분석에서** 세계질서에 있어 통일체의 차원을 지각하는 것은 가능하다. 사실상 사람들은 자본주의에 대한 규제의 정도에 있어서도 변화를 발견한다. 가령 생산의 요인들은 어디에서나 같지만, 토지·노동·자본을 포함한 고전적 요인들 이외에도 기업가정신이나 행정과 같은 의미의 자원도 포함된다. 국가는 행정가들이 운영하는 초조직이다. 무의식적·추상적 개념인 국가 그 자체가 가치나 이념 중에서 그 어느 하나를

택하기는 사실 불가능하다. 이념은 행정가라는 사람들의 손에 달려 있다. 그리고 그 이념이 국가의 초가치에 의하여 부여된 이익 정도에 따라, 거기에는 공언되지 않은 국가주의적 이념이 발생하게 된다.

또 어떤 한 **조직 수준의 분석에서**, 거기에는 관료적 체제 전체에 나타나는 뚜렷한 통일성이 있다. 그리고 경제적 상호의존성과 관료적 행정에 기초한 세계의 질서는 전혀 터무니없는 것이 아니며, 불시에 생겨날 수도 있다. 그러나 이의 선행적 국면은 오히려 국가나 국가집단에 근거하여 구조화된 신봉건주의로 보일 수 있다. 만일 새로운 질서, 즉 세계적 관료제가 전개될 수 있다면, 그것은 웨버의 예측과 잘 맞아 떨어지며 합리적 이념 위에 뿌리를 잘 내릴 것이다. 이러한 지적인 기원과 기초는 마르크스 · 레닌(Lenin)과 테일러의 저작에 그 기초를 두고 있다. 그러나 관료제적 합리주의에 대한 분석, 즉 국가행정의 구조와 기능에 관한 연구에는 정치철학과 나아가 행정철학의 복잡하고 영원히 풀기 어려운 문제들이 있다.

총괄적으로 말해서 국가의 창조자이며 동시에 어떤 의미에서는 그 국가의 하급자인 국민의 전체는 부분의 합보다 더 큰 존재인가? 아니면 역으로 국가에 거의 전적으로 의존한다고 할지라도 인간은 그 자신을 위해 존재하며 또한 국가가 인간을 위해서 존재하는가? 또 개인이 그 자신이 한 구성 부분이 되는 전체보다 다소나마 더 위대한 어떤 존재인가? 행정용어로 말해서 조직이 그들 구성원들에 도움이 되는 것인가? 아니면 그 반대인가? 그리고 만일 조직이 그 목적에 도움이 되는 것이라면, 국가의 **목적**은 무엇인가?

이러한 문제에 대한 그 대답은 이념적 성격을 띤다. 우리 시대의 불문률적 이념인 국가주권주의는 조직의 패권을 말하는 것처럼 보인다. 그러나 이것은 너무나 단순화시켜 보는 것이며, 아마도 오류를 범하고 있는지도 모른다. 초조직 · 조직 그리고 개인 사이의 관계와 관련된 문제는 영속적이고 보편적인 것이다. 그러나 옛날에도 그런 논리적 혼동은 있었다. 그리고 이러한 진술문은 동질적 오류를 제기한다. 문제와 관련된 각각의 부분은 다른 수준의 진리를 나타낸다. 저마다의 권리와 의무에 관한 토론이 가열되면서 발생하는 수준의 변화를 우리가 어떻게 조화시켜야 하는가? 우리는 이러한 문제에 대하여 다시 논의하게 될 것이다. 현재 주목되어야 하는 요점은 국가주권주의에 관한 초기 이념이 역사적으로 어떻게 성장해 왔느냐에 관한 것이며, 거기서 행정은 가장 많고 보다 복잡한 전체 국민에 대한 봉사를 위하여 관여하게 되었다. 복지경제학은 이러한 이념적 발전에 관한 명확한 예증을 제공해주고 있다. 요즘 세상에 모든 어린이들이 국가가 제공하는 교육을 받을 권리를 가졌으며, 모든 환자들이 국가가 제공하는 어느 정도의 의료혜택을 받을 **권리**를 가졌고, 모든 빈곤한 사람들이 국가가 제공하는 지원을 받을 **권리**를 가졌다는 것을 묵계적으로 **믿지** 않는 행정가를 발견하기는 어렵다. **신념**(믿음)과 **권리**는 둘 다 **이념**의 요소들이다.

국가주권주의는 그것이 이념적 개입을 할 수 있기 때문일 뿐만 아니라 일반적으로 생활형태에 영향을 주기 때문에 행정철학에 있어 중요하다. 바로 앞에서 예를 들었듯이 우리가 보건·교육·국방·정의 등과 같이 국가에 의해 어떤 권리를 보장받고 있다는 것을 빌미로 우리는 법률준수·봉사·충성·복지 등과 같이 국가에 대한 어떤 의무를 부여받고 있다. 권리와 의무 사이의 이 같은 등식은 거의 평형상태로 있을 수 없다. 즉, 이것은 V_5의 기풍에 따라 어느 한쪽을 더 강조하는 쪽으로 기울어지게 된다. 단언하기 어렵지만 분명히 어떤 방식으로 이 관계는 개인에게 영향을 미치고, 이 영향으로 인하여 정부에 대해 보다 더 유순하고 보다 더 순종하게 된다. 그래서 사람들은 보다 더 신봉건적 의존성을 예언할 수 있게 되고, 권력이 국가구성요소 사이에서뿐만 아니라 초국가적이고 국제적인 조직과 관련된 기관들 사이에서 확산되어 조직되는 세계국가의 출현까지도 예언할 수 있게 된다. 도래할 이러한 세계의 실현에 있어 마르크스는 보다 더 예언적인 사상가인 웨버에게 양보해야만 했을 것이다. 거기에서는 국가의 몰락이 없다. 오히려 국가주권주의의 주요한 방편인 관료제는 보다 효과적이고 효율적이며 보편적인 것으로 된다. 확고하게 부여된 관심이 있는 곳에서는 어디서나 공공봉사에 관한 유사－전문직이 있으며, 이러한 행정체제에 대한 초보적인 정치적 산술과 기하는 국가주권주의에 관한 형용하기 어려운 이념의 파급을 보장한다. 이러한 이념은 합리주의에 관한 본원적 이념과 대변하는 것이며, 또 이에 포함된다. 이것은 과학적·기술공학적 기원과 조화하며, 인간들이 행동하는 기풍을 결정하고 조직을 구조화하며, 직업생활의 질을 결정하게 한다. 어떤 사람들에게는 소외와 아노미에 대한 유형 Ⅲ의 반응을 초래하는 가치환경을 창조하게 될 것이며, 다른 어떤 사람들에게는 관여, 때로는 유형 Ⅰ 수준의 합리성이란 가치개입과 조화를 이루게 될 것이다. 개인이 어떻게 반응하든 간에 국가에 대한 문화적 외피는 조직환경에 중요한 요인으로 무시될 수 없으며, 쉽사리 간과될 수도 없다.

제4절 인간주의

대변증법적 논리가 조직 맥락의 이념적 측면에 팽배되어 있다. 한편으로 과학적 관리로부터 관료제와 체제이론으로의 역사적 성장이 있었으며, 다른 한편으로는 매슬로우(Maslow)·맥그리거(McGregor)·허즈버그(Herzberg)와 아지리스(Argyris)의 저작에 나타난 사상의 흐름이 있다. 하나는 본질적으로 합리적이고, 다른 하나는 본질적으로 감정적인 이들 두 가지 흐름은 모두 서로 뚜렷한 대조를 이루는 철학적 인간모델을 뒷받침하는 것이다. 이들 두 가지는 모두 인간의 조건과 관련된 명백한 진리를 묘사한다. 한 가지는 직업윤리와 임무와 극기에서 가능한 윤리를 암시하고, 반면 다른 한 가지는 쾌락과 만족의 윤리와 자아충족과 자아초월에서 가능한 윤리를 암시한다. 변증법적 논리의 이러한 두 가지 흐름은 우리 시대의 탈기독교적 이념에 비추어 재평가되어야만 하는데, 그러한 이념은 라쉬(Lasch)가 쓴 『자기도취의 문화』(*Culture of Narcissism*)와 스카트(Scott)와 하트(Hart)가 연구한 「조직 미국」(Organizational America)에 표현되어 있다.

그렇지만 변증법적 논리의 기본유형은 합리주의와 인간주의 사이의 논쟁이다. 전통적인 인간주의는 인간의 자선적 본성에 대한 외현적 신조로 특징지어지는데, 매슬로우는 이러한 이념을 가장 선명하게 주창하였다. 자신이 쓴 행정학 교재인 『심리적 경영』(*Eupsychian Management*)에서, 그는 조직의 근본적인 **존재이유**가 소속된 구성원들로 하여금 자아실현, 즉 그들 개인의 내적인 잠재력을 극대화하도록 하는 기회를 제공해 주는 것이라는 생각을 제안하였다. 그러한 심리학적 잠재력이 선한 것임은 물론 악한 것일 수도 있다는 것은 매슬로우적(Maslowian) 논쟁에서 무시되거나 아니면 인간행위에 관한 어떤 나쁜 현시들이 '욕구결손'으로 천명된다는 근거에서 도외시될 수 있다. 생각건대 히틀러(Hitler)는 만일 그가 다른 방법으로 양육되었거나 어떤 중요한 심리적 손실을 겪지 않았더라면, 그가 했던 것과는 다른 방식으로 행동하였을 것이다. 이것은 사회적 조건화의 힘과 형법에서 줄어든 도덕적 책임감에 대한 논쟁을 강조하는 현대의 이념과 같은 종류이다. 폭력주의자들도 그들의 사회정치적 환경과 역사와 관련시켜 용서받고, 최소한 해석할 수 있다. 그래서 이러한 환경과 역사만을 변화시킨다면 모든 것이 잘 될 것이다. 자유의지에 대한 역설적 양면가치가 이러한 이념을 대표하는 것과 마찬가지로 이것은 동질적 오류에 빠지는 것이며, 사회의 구성원들(조직)이 도덕적으로 책임이 없다면 그 설계자들(지배자·행정가·지도자)에게 다소의 책임이 있다는 신념으로 설명된다.

그럼에도 불구하고 인간주의는 냉소주의자들, 융통성 없는 실재주의자를 그리고 완고하게 X이론을 신봉하는 사람들에 반대되는 강력한 상쇄적 힘을 형성한다. 이념은 정감보다 더 위대하며 세상을 변화시킨다. 그리고 인간주의적 이념은 조직발전(OD)·인사관리 그리고 산업심리 등과 같은 행정연구의 분야에서 학문적인 하위분과로 성장하게 만들었다. 더욱이 호손공장연구가 있었던 이후 사회과학에서 인간의 동기유발과 일의 성취문제에 관련된 폭넓은 연구가 수행되었다. 그리고 인간관계운동은 일반적으로 허즈버그

(Herzberg)와 기타 다른 사람들이 작업생활의 질(QWL)에 상당히 영향을 주었다. 정말로 조직이론의 언어에서 이러한 첫 글자로 만든 QWL과 같은 낱말이 존재한다는 것은 그 나름대로의 특징이라 할 수 있다. 현재 인간관계론은 초기의 운동이 담고 있었던 좋지 않은 불리한 의미의 함축을 피하기 위한 의미론적 노력으로 때때로 인간자원론이라 불려지고 있다(Miles, 1975: 41). 이러한 것들은 집단역학의 기법이나 집단감수성훈련·대처기법 등을 통해서 개인의 통합성을 위하여 집단적 공격을 가하는 기법에 의하여 개인들을 움직이려는 것을 말한다. 또한 행정분야에서 대단한 인기가 있을 경우에 대응문화 기간과 최소한 미국의 경우 집행자들로 하여금 종종 의무적으로 몇 가지 형태의 '감수성훈련'을 하도록 하는 국면이 있다. 그러한 인기는 사라졌고 모르긴 해도 이에 대한 반동이 시작되었다고 볼 수 있지만, 인간주의 심리학과 관련된 상당히 급진적인 차원들에 접했던 많은 중심인물들은 아직도 살아 있다. 그리고 인간관계운동의 기업가적 측면은 아주 잘 확립되어 있으며, 대부분의 집행자들은 자신들의 사무실 업무 외에도 아주 빈번하게 강의실·세미나·워크숍 그리고 협의토론회 등에 참가하고 있다.

 인간주의의 철학적 연원은 아주 옛적까지 거슬러 올라갈 수 있다. 그리고 근대에 있어 루소(Rousseau)·마르크스(Marx)·밀(Mill) 등은 정치적 진영의 대표적 인물들이며, 행정분야에서는 폴렛(Mary Parker Follett)·라이커트(Likert) 그리고 맥그리거(McGregor) 등이 가장 이상적으로 신뢰받는 인물에 해당된다. Y이론은 행정이론으로 옹호 받고 있으며, 동등하게 옹호 받는 X이론의 본래적인 비관론에 반대된다. 그럼에도 불구하고 X이론과 Y이론 사이의 이러한 변증법적 논리는 그 자체가 합리주의란 이념에 포함될 수 있다. 왜냐하면 조직에서의 인간주의는 비합리적이거나 반합리적인 것을 의미하지 않기 때문이다. 반대로 이것은 동기유발 이론과 경험적 연구를 통해서 합리성에 대한 그 나름의 주장을 확립하려 한다. 그러나 합리성과 논리란 두 개의 선이 도달하고자 하는 종착점은 서로 다르다. 즉, 한쪽 극단은 인간에 대한 테일러(Taylor)식의 관점을 갖는 것이고 거기서는 임무에 대한 칸트

(Kant)식의 강조, 전체의 더 많은 이익에 대한 부분이익의 희생, 쾌락적 만족에 대한 역사·국가·조직 그리고 작업의 중요성을 종국적으로 인정하는 작업윤리를 허용하게 될 것이다. 반면에 다른 한쪽 극단은 인간에 대한 매슬로우(Maslow)식의 관점으로 거기서는 개인의 통합성에 대한 칸트식의 강조, 전체에 대한 부분과, 국가에 대한 개인의 중요성 주장 그리고 자아와 쾌락에 대한 찬미 등을 인정하는 자아실현 및 성취의 윤리를 엄정하게 강조한다.

　정치심리학의 용어로 표현한다면, 변증법적 논리는 보수성과 급진성, 자유파와 중도파, 자유의 방종과 복고적인 기율, 완고성과 유순성(Eysenck, 1958) 그리고 타협과 원리 사이의 연속적인 대립적 상호작용으로 나타난다. 역사적으로나 문화적으로 사람들은 이러한 반복적인 이념적 발레운동을 관찰할 수 있다. 특정한 기간에 있어서의 V_5기풍(제2장 제2절 참조)은 항상 어느 한 방향이나 다른 방향으로 기울어지는 경향이 있다. 가령 1960년대에 확립된 제도와 권위의 유형에 대항하는 반권위주의와 산발적인 폭력과 관련된 격동이 있었다. 그리고 시간이 지나면서 이러한 것들은 다양한 형태의 보수적 반응을 낳았다. 물론 역사는 단순히 그 자체를 반복하지 않으며, 정(thesis)—반(antithesis)—합(synthesis)의 국면을 거치면서 변증법적으로 움직인다. 예를 들어, '난봉꾼'철학과 현대쾌락주의의 발전에 대한 실증주의적 철학과 행동주의적 철학의 영향을 추적하는 것은 관념의 역사가들이 흥미를 갖는 과업이 될 것이다. 그리고 이러한 연구는 산업심리학과 행정사고와 관련된 저작들을 결코 무시할 수는 없을 것이다. 라쉬(Lasch, 1979)와 다른 사회해설가들(Wolfe, 1980; Naipaul, 1981)은 자기방종·자기이익 그리고 자기만족과 같이 심층에 자리 잡고 있지만 묵계적 이념을 내포하는 '자기도취의 문화'의 출현을 우리 시대의 특징이라 시사한 바가 있다. 그러나 이의 진행방향은 명확하지 않다. 그리고 이러한 종류의 사회적 분석단위는 대규모적이고 모호하다. 즉, 그것은 현실적인 행정적 실천에는 시사를 주지만 아직 혼란스럽고 불분명하다. 예를 들어, 일 중독증이나 작업행동에 대한 지나친 투입은 성취의 윤리나 성공에 관한 단순한 실용론에서와 같이 자기도취적 인간주의에서도 이념적 지지를 발견할 수 있다. 그럼에도 불구하고 행정철학자는 통찰의 임무를 갖는다. 그리고 자기 나름대로 조직의 현실에 관한 실제이유의 이념적 토대를 인식하는 것은 바람직하다. 항상 어느 한 가지의 인간주의는 있는데 현시대의 이러한 인간주의를 얻는 것에 관한 중핵적 가치는 이러한 현실을 결정한다.

역으로 합리주의가 인간주의보다 우세하게 될 경우, 거기에는 반동이 있게 될 것이다. 그리고 그 우세가 보다 더 엄할수록 그 반동은 보다 더 과도하게 될 것이다. 그래서 탈선된 자기도취주의·쾌락주의 그리고 '난봉꾼'철학으로 불려 온 것은 합리주의 문화의 조직화에 대항하는 반동으로 분석될 수 있었던 유사이념현상이다. 그러나 이러한 것들은 인간주의의 관점에서 볼 때 효과적으로 **이익사회**를 **공동사회**로 대치할 수 없다는 점에서 불완전하다. 대신에 이러한 것들이 갖는 장기적 효과는 소외와 아노미 상태를 악화시키는 것처럼 보인다. 그런데도 불구하고 인간주의는 광대한 기치 아래 진행되고 있으며, 이들의 방식에 따라 변증법적 평형에 기여하고 있다. 그렇지만 대중적 감각이 인간주의적 방향에서 과도한 강조를 하게 되면, 거기서는 오히려 인간주의를 약화시키는 운동이 발생될 수도 있을 것이다.

그렇지만 인간적 성취는 원칙적으로 상당히 논쟁의 여지가 있는 이념적 추세들 중의 어느 한 가지 안에서 달성될 수 있다는 것은 주목할 만한 가치가 있다. 그리고 어떠한 측면도 인간가치를 독점할 수 없다. 규범적 조직은 그 구성원들에게 공공기업의 따스한 온정은 물론 만족과 생활의 의미를 제공해 줄 수 있고, 행정가들에게는 개인적 성취 및 목적의식을 제공해 줄 수 있다. 그러나 이들의 지지자들을 제외하고 그 이념들은 객관적이고 절대적인 의미에 있어 진리도 아니고 옳은 것도 아니다. 이들은 단지 존재하는 것이며, 가치영역 안에서 사실로만, 즉 가치—사실로 존재하면서 조직생활에 영향을 준다. 그리고 인간주의와 합리주의, 표현과 기율 사이의 변증법적 논리에서 사람들이 볼 수 있는 것은 개별적인 것과 규범적인 것, 즉 개인적인 것과 집단적인 것 사이에 존재하는 긴장상태를 반영한다. 이렇게 끝없이 계속되는 변증법적 긴장상태가 어떻게 해결될 수 있겠는가? 그리고 이것을 실천에서 어떻게 대처할 수 있겠는가?

> **신조**: (명제 N=1) 없어서는 안 될 사람은 없다. 그러나 아무도 그 반대일 수도 없다.

이러한 두 가지 진리는 조직생활의 역설적인 측면을 드러낸다. 각각의 것들이 다른 논리적 입장을 갖고 있으며, 이러한 수준에 대한 혼란은 동질적 오류를 생기게 한다. 어느 한 수준에서 생존하는 사회와 조직들을 위해서 이들이 교체할 수 있는 부분들을 가져야만 한다는 것은 진실이며, 또한 또 다른 더 높은 수준에서 이러한 생존능력의 대가가 그 질에서 끊임없이 유동적이라는 것도 진실이다. 왜냐하면 후자의 경우 개인은 총체에 대한 인간의 화학적 성질에서 몇 가지 변화 없이 현존하는 질서로부터 제거될 수 없기 때문이다. 이러한 명제에 대한 반(antithesis, N=∞)은 '모든 사람은 없어서는 안 될 사람이다. 그러나 아무도 그 반대일 수도 없다'와 같은 것이다. 그러나 이것은 소인(小人)들의 세계에 관한 몽마적 환영·북새통 심리·합리적이지도 아니하고 인간적이지도 못한 행정철학 그리고 흉칙한 실증주의 냄새를 풍긴다.

위대한 명제들 중의 그 어느 것도 명제 N=1과의 불일치를 필요로 하지 않는다. 그리고 이것은 조직이론에 대한 현상학적 관점과 객관주의적 관점과 모두 일치한다. 반면에 이것은 그 나름대로의 전문적 의무가 된다. 인간주의자가 되기를 주장하고 단순한 몽상가가 되기를 원하지 않는 행정가는 인간의 본성을 다루는 불규칙하게 뻗은 지식체(知識體)에 관한 어느 정도의 진지한 연구를 하도록 요구받게 될 것이다. 그리고 이는 수량 분석과 체제이론에 대한 보다 더 끊임없는 연구는 물론 성격이론, 집단심리학과 동기유발과 관련된 여러 가지 행정적 지식과 친숙해지고 이에 관하여 알아야 하며 나아가 이에 관한 학교에서의 교육을 받아야 할 것이다. 또한 이성적 인간이나 정치적 인간으로서는 합리적 이념이 제공할 수 있는 합법적 특징 중의 상당량을 획득할 수도 있을 것이며, 지혜로운 인간으로서 그는 어느 한 수준의 명제나 다른 수준의 명제에 의해서 직관력을 가질 수도 있을 것이다.

제5절 초월주의

신사인 당신은 이성을 우수한 것으로 보며, 이 점에 대하여는 논쟁의 대상으로 삼지 않을 것이다. 그러나 이성은 단지 이성일 뿐이며 인간본성의 합리적 측면만을 만족시킨다. 반면에 의지는 전반적인 생활, 즉 이성과 모든 충동을 포함한 전반적인 인간적 생활을 명시해 준다(Fyodor Dostoevsky).

인간은 합리성이란 양식만으로는 살 수 없으며, 정서적 만족감에만 사로잡혀 지내는 것도 충분치 못하다. **제3의 것**이 요구된다. 이것은 때때로 아주 우세하고 끈질겨서 사람들이 전혀 무시 못하는 요구를 만든다. 나는 여기서 의지와 그 부수물들, 즉 신조·신념·확신 그리고 관여와 관련된 신비, 다시 말해 초월적인 것, 비합리적인 것, 초합리적인 것에 관해 말하고자 한다. 종교는 유형 Ⅰ의 관여를 일깨우는 힘을 갖는다. 그리고 진실로 종교적인 것은 조직의 유형 Ⅱ의 가치들과 그들 나름의 유형 Ⅲ의 가치들을 반대하는 데에 전혀 어려움을 갖지 않는다. 이승과 저승 사이에 있는 투쟁의 전장에서 이들은 유형 Ⅰ의 이념에 관련된 색채를 따른다. 뿐만 아니라 이들이 그곳에 초대받았을 경우 그들은 그러한 색채가 깔린 곳에 떨어질 것이고 그곳에서 죽게 될 것이다. 이것은 마치 열광적인 신자가 세상이 제공하는 것보다 더 많은 것을 요청하는 것과 같다.

물론 종교의 대상은 신성한 하느님(God)일 수도 있고 세속적인 부의 신이 될 수도 있다. 사람들은 권력과 명성 그리고 출세·영광·명예·성적인 만족감・부・노벨상・무공훈장을 단 기사 등과 같은 것들을 갈구한다. 개인의 의식 속에만 존재할 수 있는 유형 I의 가치가 존재하는 곳에서, 이러한 가치들은 의식이 그 가치들에게 신권적 질을 주도록 하기 위해 다른 자아와 상호작용하는 조직환경을 채색하는 경향이 있다. 초월적이고 종교적인 가치들이 효과를 나타내기 위해 조직구성원과 공유할 필요는 없지만, 완전히 공유될 경우에는 조직의 성취에 있어 활성화되고 상승된 효과와 함께 행정가의 권력을 증가시키는 **단체정신**이 나온다. 이 가치들을 공유하지 않았을 때라도 나는 유형 I의 관여를 지닌 단일한 행동자에게 존재한다는 유형 I 가치의 우월성과 사회화학의 신비와 같이 조직의 성격에 근본적인 영향을 주기에 충분하다고 주장한다. 또한 초월주의의 현상이 조직생활의 질에 어떻게 영향을 주는지에 대하여 아직 이해하기 힘들지만 이러한 현상의 질에 영향을 줄 것이다.

서구 문명의 기독교적 측면에 있어 교회는 다양한 방식으로 조직환경을 결정하도록 한 이념의 일반적 원천이었다. 그래서 의심의 여지없이 작업조건의 개선에 도움이 되었으며, 사람들은 이것이 계서적 **신분에 따른 도의상의 의무** 고취에 도움이 되었다고 생각한다. 그렇지만 아마도 행정이론가들의 관심을 끄는 역사적 측면은 종교개혁으로 야기된 것이다. 이에 따른 청교도적 작업윤리는 웨버(Max Weber)의 『청교도 윤리와 자본주의정신』(*The Protestant Ethic and the Spirit of Capitalism*)에 잘 기록되어 있다. 그 이후 캘빈교도・퀘이커교도・메노교도・몰몬교도 등과 같은 종파들은 절약・근면・정직・신뢰・임무와 책임감에 대한 헌신과 같은 이러한 질들의 나열을 중시하게 되었다. 이러한 가치들은 조직생활 및 행정에 직접적인 관련을 갖는다. 그러나 나는 비록 내가 그 증거를 말할 수 없다고 할지라도, 나는 탈기독교 시대인 오늘날까지도 정통파 기독교의 분파들이 성공적인 집행자들의 서열 속에 어울리지 않게 나타나는 지에 대하여 강한 의심을 갖는다. 물론 이것은 단순히 행정의 성공에 도움이 되는 일련의 성격연구적 성질들이 몇 가지 부류의 기독교적 이념에 의해 인정된 질들에 상당히 부합한다는 것을 의미한다. 그러나 성공의 비결 또한 성공에 보다 직접적으로 도달하게 하며, 모든 이념들은 몇 가지 방식으로 영향력을 갖는다. 집합적 기업에 대한 기독교의 영향은 저주받을 수도 있고(Nietzsche), 칭송받을 수도 있다(Rowntree). 이러한 판단은 요점을 빗나간 것이며, 요점은 바로 기독교적이든 비기독교적이든 간에 조직환경에 대한 어떤 종교의 이념적 효과는 본질적으로 유형 I의 관여에 의존할 것이라는 점이다. 이러한 관여는 세 가지 방식, 즉 행정가라는 사람에 의해 가장 강력하게, 다른 조직구성원들과 같은 사람들에 의해 강력하게 그리고 일반적인 사회문화적 환경(V_5, V_4)에 의해 희미하게 조직에 전달될 수 있다. 종교적이든 세속적이든 간에 종교는 행정적 선택에 어떤 제약을 주고 있다. 심지어 결정적인 경우에는 종교가 이러한 철학의 본질적 구조와 기능을 형성하기도 한다.

이러한 이념적 형편은 적절하게 도식화되지 못해왔다. 기독교정신은 단지 초월주의의 한 가지 양식을 나타내는 것이다. 그러나 비록 내가 행동과 특별한 관계가 있을 것으로 생각하는 몇 가지 잡다한 '주의($\sim ism$)'에 대하여 간단히 비평만 하려 해도 다른 이념들이 너무나 많아서 여기서 다 고찰할 수는 없다.

1. 군국주의

유형 I의 수준에 동의할 경우 가치배열은 우리가 군국주의라고 부를 수 있는 이념적 세계관에 귀착될 수 있다. 이러한 가치들 속에는 명령·명예·기율·계서·임무·권력·충성·표상 등이 포함된다. 국가주권주의와의 연관성은 국가주의나 애국주의와 관련된 유형 I·II·III의 가치를 통해서 쉽게 파악되며, 또 이를 통해서 그 스스로를 강화시킨다. 요즘 들어 그 이념이 때때로 국수주의라고 비난을 받고 있지만, 사실 그 이념의 가치는 국가에 관한 어떤 특정한 이론을 초월하는 것이다. 실제로 인간의 피부색이나 혈통·신조에 차이가 없이 인간의 제도들은 궁극적으로 힘이나 폭력에 의존하게 된다. 더구나 군국주의적 이념은 국가를 필요로 하지도 않고 국가를 움직이는데 필요한 군사력을 필요로 하지도 않는다. 예수회는 이러한 점에서 하나의 사무적 예시이며 말할 필요도 없이 사기업이나 상업조직은 전적으로 군국주의적 정신의 산물이다.

조직의 수준에서 이러한 이념은 체제이론이나 목표관리(MBO)와 같은 행정적 신조에 강하게 공명한다. 앞(제2장 제5절)에서 살펴본 바와 같이 이러한 이념은 어떤 특정한 목적이 행정문제에 대한 분석적 요소화로 달성될 수 있다는 생각에서 그 나름의 가치오류를 낳는다. 군국주의는 동일한 형태의 나열이나 퍼레이드를 필요로 하지 않으며, 그 영향은 조직행동, 특히 대규모의 관료제 안에서 아주 명백하다. 그리고 이것은 합리주의의 하부형태로 간주될 수 있다. 현대적 분위기에서 보면, 표면적 명시는 대개 인간주의적 영향이 많이 강조되고 있으며 이는 군대조직에서도 마찬가지다.

2. 금욕주의

이런 형태의 가치기술을 부수적인 세계관과 함께 동양식(Orientalism)으로 말하는 것이 보다 더 적절하다. 왜냐하면 이에 대한 가장 명쾌한 표현은 서양에서보다 동양의 철학에서 더 많이 발견되기 때문이다.[*] 선(禪)과 엄격한 불교의 교리 그리고 힌두교의 바가바드 기타(Bhagavad Gita)에 설명된 카르마 요가(Karma yoga)의 교리는 행정분파들이 상당히 의의 있게 될 경우 유형 Ⅰ 수준에 포함되는 근본적인 가치와 원리들을 전달한다. 이 이념의 가장 기본적인 성분들은 처음 보기에 서로 모순되어 보이는 분리와 집중의 두 가지 태도이다. 여기서 첫 번째의 것은 이기주의적 자기이익이 집단적 책임감에 스며드는 것을 의미하며, 두 번째의 것은 곁에 있는 과업에 마음을 집중하여 몰두함으로써 이기주의를 초월한다는 의미이다. 여기에 심리학과 철학

---

[*] 로마의 황제였던 아우렐리우스(Marcus Aurelius)가 쓴 『명상록』(Mediations)은 가장 주목해 볼 만한 서양의 예외적 대상에 해당된다.

양쪽 모두와 관련된 역설이 있다는 것이 일단 숨겨져 있지만, 작업과 임무에 관한 중요한 요소들은 심오한 도덕적·미학적인 시사점들을 갖는다. 이러한 이념(금욕주의)에 대하여는 이 책의 뒷부분에서 또 다시 고찰해 봐야 할 흥미 있는 요소들이다. 이것은 처음에는 분명했었지만 아마 최근에 이르러서 보다 더 널리 퍼져 나가고 있다. 금욕주의는 서양에서 빅토리아 왕조(the Victorian)의 **시대정신**(Zeitgeist)과 함께 퇴조해 왔지만 동양에서는 오늘의 일본이 유일한 중요한 예증이 되고 있으며, 일반적으로 금욕주의에 대하여 우리가 아는 한 적어도 공산주의 사회에는 따라야 하는 **실제이유**(Realgrund) 가 있다.

3. 이상주의

이념으로서의 이상주의는 철학으로서의 이상주의와는 구별되어야 한다. 철학적 이상주의에 대한 학술적 세목으로의 분류 또는 감각을 안 할 필요는 없다. 반면에 이념적 이상주의는 가치를 다루는 방식이다. 바람직한 것(the desirable)의 개념이 완성되는 최종 상태로는 별로 간주되지 않고 또 반드시 성취될 수는 없지만 행동의 기준·지침·지표로서 그 기능을 발휘하는 궁극적이고 절대적인 것으로 더 간주되는 경우가 있는 데 이때 반드시 미래를 지칭하지는 않더라도 나중에 받게 될 어떤 대가를 생각해서 이상주의적 자세를 취한다. 정의·진리·미와 같은 보편적 가치들은 하위의 가치판단을 형성하는 기준으로 받아들여질 것이다. 이상주의적 정신은 성취되기 어려운 것으로부터 성장하지만, 행동의 지침으로 삼고자 한다. 그리고 이념적 의미의 이상주의는 어떤 다른 이념을 알려주고 강화해 주는 보편적 자세이다. 또한 이 이념적 이상주의가 이상주의적 **철학**에 결합될 경우에만 틀림없이 자율적인 것으로 고려될 것이다.

4. 자유주의

자유주의 이념적 위치는 독특하다. 우리는 자유주의 철학에 기반을 둔 잘 다듬어진 정치이론들과 자유주의적 가치와 관련된 태도나 신념과 함께 배열하지 않도록 구별해야 한다. 우리가 이념·철학·자유주의의 가치를 이해하였을 경우, 자유주의의 가치가 철저한 이념적 위치를 차지하는 데 필요한 철저한 유형 I의 관여의 도움을 얻을 수 있을 지에 대해서는 미심쩍다. 우리가 다음 장에서 알아보게 되겠지만, 몇 가지 형태의 유형 II의 관여가 그 유형에 보다 근접할 것 같다. 반면에 자유주의의 가치가 서양에서 장기간에 걸쳐 문화적으로 우세했고, 세계대전의 종결 이후에 정치적 정설이 되다시피 하였다는 점은 부정할 수 없다. 그러므로 자유주의는 사회와 그 사회를 구성하는 조직들의 **실제이유**에 분명히 영향을 준다. 그럼에도 불구하고 타협·인류평등주의·공리주의와 같이 자유주의가 뒷받침해주는 가치들은 합리주의와 인간주의의 이념적 승리를 포함한다. 더욱이 이 일반적인 유형 II의 지향은 유형 I의 초월주의에 방해물이 된다.

자유주의적 관점은 Y이론과 일치하며, 이러한 매개물을 통해서 행정에 영향을 준다. 그리고 문화적 정설에 폭넓은 기초를 둔 이러한 관점은 V_5의 기풍을 통해서 조직환경에 영향을 준다. 반면에 이의 초월주의적 효과는 상당히 줄어들고, 보수주의와 급진주의와 같은 정치적인 변증법적 논리의 반대자들을 지지하지 못하는 주장이 된다(Eysenck, 1960: 265).

제6절 유혹과 모험

······항해사가 항해하고 있는 세계를 실제로 창조하는 사람은 바로 **지도를 제**

작하는 사람이다. 그리고 이러한 세계는 실제의 세계와 정확하게 일치할 수도 있고 그렇지 않을 수도 있다(de Bono, 1979: 56).

저자가 4장에서 시도했던 것은 지도의 개괄적 윤곽을 묘사하려는 것이었다. 합리주의나 인간주의와 같이 대륙적인 것, 초월주의와 같은 높은 수준의 기반과 군국주의와 이상주의의 변화하는 한계 등과 같은 대략적인 지세(地勢)를 구별할 수는 있다. 그러나 인간의 동기유발, 관여와 가치의 지도에 있어서는 많은 것들이 불분명하고 도식화하기 어려우며, 위험스럽게도 별로 알려지지 않았다. 정신은 관찰가능한 표면적인 것과 함께 헤아릴 수 없는 심층적인 측면이 있다. 행정가는 이들 두 측면에 대한 지식을 추구한다. 또한 지식은 권력이고 권력은 타락할 수 있기 때문에 이것도 위험스러운 것이다.

가령 유형 I의 가치와 같이 특정한 가치는 특정한 사람들에게 그들의 생활형태를 변용하고, 그들에게 의미를 부여하며 또한 그들로 하여금 개인적인 한계의 상호의존을 능가하게 하여 절대성을 부여하는 마술적 특징을 갖는다. 그리고 실제적인 자기본위 및 상식에 관한 일상적인 자아는 다소 초월하게 되며, '신권성'(神權性)과 '광신성'(狂信性)이란 용어는 이러한 논지에 속한다. 행동자가 이러한 유형 I의 방식에 관여하게 되는 경우 그것은 그 자신의 행동분야에 영향을 주며, 행정가가 유형 I의 수준에 속박되게 되는 경우 자신이 속한 조직의 질을 결정한다. 직접적이든 아니면 여러 단계를 거쳐서든 간에 이러한 영향은 강력하고 불가항력적인 것일 수 있다. 그래서 히틀러(Hitler) · 처칠(Churchill) · 드골(de Gaulle) · 루스(Henry Luce) · 슬로안(Alfred Sloan)의 주변 사람들은 이러한 현실을 경험했을 것이다.

모든 것에는 유혹과 모험이 있다. 유혹은 유형 I의 가치들, 즉 이들의 초합리성과 생활의 복잡성에 권위 · 의미 · 단순한 반응을 제공하는 이념적 능력을 초월한다. 모든 사람들은 성인과 초인, 순교자와 군의 통솔자에 대해 매력을 느끼고 이들을 찬양한다. 이는 인간이 빵만으로는 살 수 없고, 종교를 필요로 하기 때문이다. 또한 인간은 해답 없는 문제에 대해 만족하지 않으며, 그 문제에 대한 답을 필요로 한다.

모험은 유형 I의 관여에 대한 현실 세계의 효과에 달려 있다. 가치는 행동으로 옮겨지며, 행동은 인간과 사물의 세계에서 물질적 결과로 나타난다. 그리고 역사적 기록은 거칠다. 유형 I의 가치들이 국가주의의 열정·애국심·종교에서 증명될 경우에는 무질서·인간의 고통·전쟁·종교재판·박해 등이 뒤따르게 될 것이다. 자신의 동료들에 대한 인간의 잔인성은 이념의 바탕 위에서 성장한다. 그리고 우리는 유형 III의 차합리성과 유형 II의 합리성에서가 아니라 유형 I의 초합리성 때문에 이해관계를 따지지 않는다.

행정에서 이념논쟁이 붙을 때 사람들은 협동이란 원인 때문에 자신의 능력을 능가하는 힘을 발휘한다. 그리고 어떤 사람들은 사정없이 짓밟히고 조직의 불가항력에 억눌리게 된다. 강력한 관여는 좋은 의미로도 해석될 수 있고 나쁜 의미로도 해석될 수 있다. 세련된 행정가는 신중하게 흥분을 가라앉히고 유형 I의 가치에 접근한다. 이것은 4장의 실제적 취지이며, 그러한 이념은 개인 행동자나 조직심리학을 통해 현실 속으로 들어간다. 그리고 실천에 관심이 있는 행정가는 이를 인식할 뿐만 아니라 안으로는 조직 및 여기에 속한 사람들의 세계, 밖으로는 세계와 미묘하게 변화하는 기풍에 이르기까지의 모든 가치−관찰의 예술을 배우게 된다. 행정가는 역사적 또는 사적인 전망에서 자신의 판단력을 키우며, 유형 I의 가치를 인식해야 할 뿐만 아니라 또 이를 경계해야만 한다는 것도 안다. 또한 그는 이념들(R_I)이 전에 전혀 존재하지 않았던 지옥(R_{II}, $_{III}$)을 창조하게 하고, 동시에 사람들로 하여금 이러한 지옥에서 견디어 낼 수 있는 용기를 제공하고 심지어 그들에게 성취와 의미까지도 부여해주는 힘을 가지고 있다는 것을 안다. 그러므로 행정가는 끊임없이 자신의 가치환경을 조정하고, 자신의 가치 및 생활형태를 의식해야만 한다. 그리고 그의 실천은 다음과 같은 신념을 반영한다.

> **신조**: 지혜는 세계를 내다보고, 또 사람들이 세계를 바라보는 것을 다시 바라볼 수 있는 특별한 능력이다(de Bono, 1979: 67).

제5장
실 용 론

'그대에게 가장 가까이 놓여 있는 임무를 수행하라,' 그리고 그 임무에
대하여 가장 잘 알도록 하라. 그렇게 되면 그 다음의 임무는 명확해지게 될
것이다(Sartor Resartus).

제1절 중간영역

이념의 개입과 감정의 혼란 사이에 존재하는 중간기반이 있다. 이 중간 기반은 인간의 신경이나 근육조직을 위해서는 다행스러운 것이다. 기껏해야 이념의 요구는 추상작용에 뿌리를 박고 있으며, 사람들은 지적인 추상작용을 하며 살지 않는다. 그렇지만 이에 대한 요구들의 대부분은 이러한 작용에 동의하며, 또 이러한 작용에 의해 다스려진다. 감정문제의 경우 사람들은 자아와 관련된 살인적 교전에 계속 머물러 있을 수는 없다. 유형 III의 현실과 유

형 I의 청사진 사이에는 넓은 정상적인 영역, 즉 매일매일의 평범한 조직생활의 세계가 놓여 있다. 평범한 세계, 즉 사람이 비교적 마음 편하게 사는 세계는 습관화되고 조건화되고 프로그램화되고 온당하고, 만족스런 것이다.

여기서 우리가 관심을 갖는 것은 조직환경에 대한 평가적 특성 및 그 '색채'이다. 이러한 채색은 어떤 주어진 일련의 조직적인 사실들과 공존한다. 한쪽 극단에서 보면 이것은 우리에게 현실론을 제공해 주고 다른 한쪽의 극단에서 보면 이념론을 제공해 주며, 그 중간에는 실용론과 상식의 영역이 있게 된다. 유형 II의 중간적 기반은 감수성보다는 감각능력에 의해서 그리고 이성·온당성 그리고 조직의 초가치로 특징져진다. 여기서의 감정적 색조는 중립적이고 이념적인 관심이 결여된 것일 수 있으며 심지어 지겹고 진부하며, 기운을 빼는 것일 수도 있다. 그렇지만 이것은 상당히 좋고, 마음 편하게 하는 것일 수도 있으며, 이러한 맥락에서 자아는 지나친 권태나 비애가 없이도 지닐 수 있다. 종국적인 수준 I의 가치에 근접한 수준 III의 가치 대신에 수준의 대략적인 가치가 있다. 이들 가치들은 합의와 결과라는 기준과 철학적 지향에 있어 본질적으로 실용주의와 공리주의적 기준을 필요로 한다. 수준 II는 중용의 영역으로 이러한 영역에서 조직은 목적에 접근하고, 조직구성원들은 직무에 만족하게 되며 행정가들은 자신들의 이상에 접근한다.

달리 설명하자면, 감각(sense, III)과 존재(being, I)의 영역 사이에는 광범위한 사고(thought, II)의 부문이 있다. 행동은 항상 이들 세 영역의 혼합물이지만, 분석 상 선택하고 생각해낸 과정의 범위이다. 이러한 범위와 연관성이 있는 유형 II의 가치들은 한편 인지적 타산의 오류에 빠지기 쉽고 다른 한편으로는 정확한 몇 가지 요소들로 특징져진다. 합리성은 아주 근본적인 인간의 속성이고 조직은 인간적 관심사에 도움이 되는 것이기 때문에, 조직환경에 실용적인 이러한 맥락은 아주 일상적이고 전형적이며, 행정적 행동자가 연출해야만 하는 조직생활에서 기대되는 형태이다. 단지 이런 이유로 이들 가치는 행정철학에서 중요하다.

인간은 합리적·사회적 동물이다. 이러한 속성들은 가치합의가 논리적 계열이라는 수단을 통해 접근하고 획득할 수 있는 목적에 이르게 하기 때문에 협동적 행동을 결정한다. 사회-합리적 본능은 경험의 세계를 낳게 하는데, 이 세계는 처음에는 철학적이지 않지만, 최소한 단기적인 의미에서 행동은 반성에 의해서 그리고 행함(doing)은 존재함(being)에 의해서 상당히 철학적인 성격을 갖는다. 문제발견·문제창조 그리고 문제해결은 한마디로 실용주의적인 이러한 활동을 특징짓는다. 정서는 합리적인 조작이나 통제에 종속될 수 있다고 실용주의 정신은 가정하며, 이념적인 것을 공개적으로 배척하며 지적인 것을 의심의 대상영역으로 다룬다. 또한 위대한 신의 상식을 숭배하며 중용의 아리스토텔레스를 좋아한다.

제2절 합의조직

개인 경험의 가장 기본적인 요소는 감정과 감각이다. 사람들은 먼저 느끼고 나중에 생각한다. 현상학은 감정으로 채색되는데 이는 현상학이 유형 Ⅲ의 가치들에 의해 특징져진다는 의미이다. 이와 같은 **개인적** 질들을 집합적이고 조직적인 표현으로 옮기는 것은 표면적으로 **합의**, 즉 작업집단이나 조직의 구성요소가 되는 개인들의 가치에 대한 평균치 산출을 통해서 가장 쉽게 이루어질 수 있다. 비록 이러한 합의가 엄격한 수학적 의미에서의 평균치 산출은 아닐지라도 이는 어느 집단에서나 가능하다. 그리고 여기서 일어나는 것은 현상학적 범위 내에서 전반적인 무관심권(zone of indifference)에 혼란을 일으키지 않으면서 양보를 받고 승리할 수 있다는 것이다. 합의는 유형 Ⅲ의 가치들로 이루어지는 곳에서 더 용이하며, 유형 Ⅰ의 가치들이 나타나는 곳에서 가장 어렵게 된다. 즉, 후자의 경우에 갈등을 일으키는 유형 Ⅰ의 관여는 융화되기 어렵기 때문에 실제적인 합의를 보기는 불가능하게 된다. 가령 북아일랜드(Ireland)에서와 이스라엘(Israeli)−팔레스타인 해방 기구(PLO)의 관계와 같이 긴장완화가 불가능한 정치적 상황을 비교해 보라. 이러한 것 때문에 실용주의자들은 원리의 문제에 집착하려 하지 않으며, 대신에 정치적으로 가능한 것을 추구하려 한다. 정말로 합의를 발견·지각·해석·조작·사용하는 것에 관련된 정치예술은 행정과정에 있어 가장 핵심이 된다. 합의는 각 집단들이 다른 권력을 소유하고 다양한 목적을 추구할 때마다 일어나는 타협·협동·흥정·협상·조정·교섭과 계약의 과정을 상기하게 한다. 이러한 목적들이 조직목적의 시나리오와 목적행렬표의 범위 안에 포함될 수 있는 한에 있어서, 실용주의적 행정가는 전술적 조정의 여지를 갖게 된다. 결과적으로 생겨나게 되는 가치는 종국적인 것도 아니며, 근접한 것도 못되며, 대략적인 것도 아니다. 이것은 유형 Ⅱ의 행정이 목적의 명료성을 결여하고, 어떤 의미론적 혼미가 같고, 이념적인 관여가 존재하지 않는 경우에 가장 잘 운영된다는 이유 때문에 그렇다. 실용주의적인 조직의 맥락에서 사람들은 결코 전적으로 만족하지도 않지만, 그 누구도 파괴행위나 분열 그리고 이탈을 도모할 만큼 불만족에 빠지지도 않는다. 그러므로 수용권(zone of acceptance)과 무관심권을 유지하고 확대시키는 것은 행정가의 지속적인 목적이 된다. 합의는 행정과정에 관한 가장 낮은 수준의 공통분모이며, 이보다 덜한 어떤 것은 단지 강제적인 것에 불과하다. 또한 이러한 맥락(ⅡB)은 행정과 경영의 일상적 세계에 있어 규범이며 기본이다. 유형 Ⅰ과 Ⅲ의 맥락에 비해서 이것은 긴장과 제약을 극소화한다. 군인은 앞에 있는 많은 사람들을 지켜보면서 행진을 하고, 관료들은 미결서류를 결재하며, 비서들은 전화벨이 울리는 속에서 타이프를 치며, 기계들은 조립되고, 고객들은 봉사를 받는다. 이 모든 것들은 가치들에 관해서 묵계적으로 이루어지는 일치의 증거이다. 그러나 역할 담당자들 사이에서 이러한 일치는 정상적인 작업유형의 수준까지도 정사하지 않고 고양되지 않는다. 이러한 일치가 반드시 필요한 것은 아니다. 그렇지 않다 하더라도 일은 수행되며 사람들도 하던 일을 계속한다. 그리고 그것만으로 충분하다.

합의에 있어서의 변화는 똑같은 잠재적 방식으로 발생한다. 인간의 화학적 성분에 대한 등식은 개인들이 조직의 역할 속으로 들어가거나 나오면서 미묘하고 급진적으로 변경될 수 있다. 그리고 노련한 행정가는 합의에서 변화가 발생되는 경우 이러한 움직임과 경향을 조정한다. 사회학 또는 거시적 수준에서 노련한 정치가도 이와 같은 조정을 할 것이며, 집합적 노력을 조작하는 멋있는 미사여구를 나타내는 올바른 언어게임을 발견하게 될 것이다. 히틀러(Adolf Hitler)·링컨(Abraham Lincoln)·처칠(Winston Churchill) 등은 이 점에서 아주 우수했었다.

가장 큰 수준에서 가치의 양극성은 왼쪽이든 오른쪽이든 간에 양극단 사이에서 주기적으로 또 역사적으로 동요가 일어나게 되지만, 이러한 움직임은 다른 수준의 의식과 표현으로 일어난다. 그러므로 주어진 시간에 가령 자유주의와 같은 외현적 정설은 정치적으로 기민한 사람들이 이득을 얻을 수 있게 하는 운동인 부활하는 보수주의에 의해 결정된다. 이러한 거시적 수준(V_5)의 변화는 V_3수준에서 조직 속에 침투하게 될 것이며 또한 행정적으로 기민한 사람들은 뒤떨어진 곳에서 기회를 발견할 수 있고, 견해를 만족시키는 것보다 항시 합의에 보다 더 가깝게 되는 지점인 가치의 양극성을 안내할 수 있을 것이다. **진실한** 합의를 확인하는 것은 **최소한으로** 행정적 천재의 표지이며, **최대한으로** 위대한 실용주의적 지도성의 표지가 된다. 이것은 결코 단순한 과업이 아니다. 즉, 변덕스러운 집단행동과 반란이 관찰을 어렵게 하고 기본적인 단일성과 도덕적 정직성을 왜곡할 수 있는 반면 표면적인 조화는 정치적 정책의 부패를 위장할 수 있다. 이러한 측면과 관련하여 슈페르(Speer)가 히틀러의 말을 듣고 처음으로 평가한 것은 아주 흥미롭다.

마침내 히틀러는 더 이상 납득시키려는 것처럼 들리지 않았다. 오히려 그는 단일집단으로 바뀌어버린 청중들이 그에게 기대하고 있는 것을 표현하고 있었다는 것을 느끼는 것처럼 보였다. 전에 속박에 의해 독일에서 가장 거대한 두 가지 학술집단인 학생과 교수들을 복종하게 만들었던 것은 세상에서 가장 자연스러운 일로 여겨졌다. 그러나 그날 저녁 그는 이미 절대지배자가 아니었으며 비난을 면제받게 되었지만, 여전히 그는 여러 방면으로부터 공격을 받고 있었다(Speer, 1970: 19).

그럼에도 불구하고 한 측면에 대한 지각의 미묘성 때문에 조직이 생존하기 위해서는 최소한의 가치합의를 필요로 한다는 것이 주장될 것이다. 즉, 거기에는 일의 방식 및 일을 수행하는 방식에 대한 수준 II의 일반적인 일치가 어느 정도 있어야만 한다. 조직이 존재하고 그 안에 역할들이 있는 것은 **현상**과 일의 **처리방식**을 얻기 위한 것이다. 그러나 가장 공통적인 조직의 맥락에서 실용주의는 번창하고, 모든 것들은 대개 충분히 잘된다.

1. 실용주의환경

의식적으로나 무의식적으로 실용주의적 태도는 유형 I과 유형 III의 가치평가의 양극단에 속하거나 아니면 이를 배제한다. 조직의 환경에서 나타나거나 반영되게 되는 이러한 태도는 실용성·가능성·작업능력을 뒷받침 해준다. 진리와 가치에 대한 시험은 가능하며, 실제로 적용할 수 있는 것인가? 여기서는 단기적인 것, 하루의 일을 마무리 하는 것, 심지어 순간적인 것에 대하여 강조한다. 그리고 가치의 방향은 실증적 의미에서 주어진 것이든 아니면 실제적 합의에 대한 준거로든 간에 그것이 항시 유용하기 때문에, 가치의 문제들은 봉쇄되거나 생략된다. 스카트(Scott)와 하트(Hart)는 이와 관련하여 다음과 같이 적고 있다.

> 경영의 조직세계는 단기적 존속에 관련된 복합적인 문제들이 조직의 명령에 관한 선험적 명제들을 향상시키기 위한 방편으로 다루어지는 곳이다. 실용주의는 경영자가 자신들의 에너지와 재능을 직접적인 시간의 틀 안에서 실제적이고 현존하는 문제들의 해결방안을 발견하는 데 사용할 것을 요구한다. 경영관련

언어·보상체제·활동 등은 현존하는 것들에 관한 이러한 관심을 증명해준다. 소방, 경쟁에의 참여, 공중으로부터의 투입에 대한 적응, 부서의 평탄한 일상적 운영의 보장, 단기적 범위의 계획선에 대한 경영적 관심은 해결해야 하는 흥미롭고 한정된 수수께끼를 구성하는 질서 있고 의미 있는 세계를 확보하려는 경영적 노력이다. 이러한 실용주의적 수수께끼의 세계는 경영자들로 하여금 장기적 범위의 효과나 욕구에 대한 대규모적이고 덜 직접적인 논쟁거리를 반영하지 못하도록 고무한다(Scott and Hart, 1979: 45-6).

실용주의에 대한 이러한 압력, 즉 실용주의에 대한 인상은 어느 정도 복잡한 대부분의 행정환경 안에서 보급된다. 다음에 인용된 교육행정분야에서 따온 예증을 생각해 보라.

……행정가는 갈등을 일으키는 기대들과 세력들의 교차로에 서 있는 자신을 발견하게 된다. 이러한 갈등을 다루기 위해서는 상당한 시간과 노력을 받쳐야 한다. 갈등을 해소하려는 시도에는 조정, 타협의 시도, 갈등이 사라지도록 무시하거나 사라지기를 바라고 그래서 갈등의 강화나 확대를 어렵게 하는 방식 그리고 권력을 사용하여 해결하는 등 여러 가지 방식이 있다. 어떠한 방식을 택하든 갈등을 통제하는 요소는 정치적인 것이다. '옳은 것'을 행하는 것은 '가능한 것'이지만 '편리한 것'을 행하는 것보다는 덜 중요하다. 행정가는 기회가 또 다른 적기에 다시 오기를 희망하면서 그가 하고 싶었던 것을 포기한다. 그는 원리들과 가치들은 단지 부분적으로만 실현되고 단기적으로는 거의 전혀 실현되지 않는다고 결론지으며, 또한 행정가는 규칙이 지켜지는 지를 지켜보는 심판자나 중재자로 행동하는 것을 제외하고는 투기장에서 사적으로 관여하지 않으면서 타인들의 요구에 둘러싸여 중재하는 이상의 것을 하지 못할 것이라는 결론을 내린다(Enns, 1981: 5).

유형과 환경은 유사하다. 그리고 압력은 가차 없다. 조직은 이익을 다투는 광장이며 가치의 시장터이다. 이러한 환경 속에서 행동에 대한 실용주의적 압력은 유형 I 의 이념 쪽으로 기울어지는 경향이며, 유형 III의 환경을 특징 짓는 자기도취적·쾌락적 동기유발을 무기력하게 만든다. 잠깐 중단하고 반

성하는 것도 허락되지 않으며, 자극은 중재할 수 없는 반응을 낳는다. 원리
들과 이상들은 마지못해 다루어지는 경향이 있다. 그리고 철학적 관여가 본
질적인 것으로 여겨지는 분야에서조차도, 실용주의적 인상을 갖게 되면 경영
은 행정보다 우위에 있게 된다.

> 마르퀴스(Marquis)와 골드해머(Goldhammer)의 관찰(1961)에 의하면
> 교육전문직의 윤리에서도 이러한 면모가 있는 것같이 보인다. 이들은 북미사회
> 에서의 행동은 일반적으로 정관(靜觀)보다 더 가치가 있으며, 행함(doing)은
> 존재(being)보다, 성취는 반성적 생각보다 더 가치 있는 것으로 여겨진다는
> 데 주목하였다. 남성과 여성의 행동은 기업·전문직 심지어 예술의 분야에서조
> 차도 찬미를 받는다. 교육분야에서 행정가들은 학자나 철학자들보다 더 중요하
> 게 여겨졌으며, 학자나 철학자들 사이에서조차도 실용주의나 행동주의와 같이
> 행동을 강조하는 체제는 다른 것들보다 중요시되었다. 나는 이러한 경향성이
> 주류를 이루었기 때문에 교육자들이나 정책형성가들이 '무엇이 윤리적인가?'보
> 다는 '무엇이 일을 잘 완성하게 하는가?'에 보다 더 관심을 가지는 경향이 있
> 었다고 생각한다(Enns, 1981: 5).

무대와 배우, 환경과 경험은 상호작용한다. 행정행위가 이루어지는 대로 작
업생활의 질도 진행된다. 대부분의 유력하고 전형적이며 일상적인 조직에서
제1의 특징은 '바쁘다'는 점이다. 이것은 전형적인 현대적 연구를 한 『경영적
작업의 성격』(*The Nature of Managerial Work*, Mintzberg, 1973)에
잘 나타나 있으며, 그 후에 반복된 연구들도 초기의 논제를 지지하고 이를 강
화하는 방향으로 흘러왔다. 바쁘다는 증후군에는 대면이나 전화에 의한 구두
접촉의 선호, 위기분석과 집중과 철학적 반성의 의미로 이해되는 중단과, 과
업에 관한 단편적 일정표 등이 포함된다. 이 증후군은 자기정당화적이고 죄의
식을 완화시켜 준다. 즉 행정가, 보다 정확하게 말해서 경영자는 자신의 활동
과 바쁨이 실용주의적 맥락에서 나오는 역할기대를 충족시켜주기 때문에 소
금의 가치를 갖는다고 생각한다. 경영주의로 후퇴하는 병리가 그렇게 굳게 지

켜지고, 우리가 그렇게 정의하면서 행정은 쇠약해진다. 대신에 긴장과 피상성이 증대되면서 지적·철학적·인간적인 활동들은 줄어들게 된다. 이러한 맥락에서 행정이론으로 여겨지고, 사이몬(Simon, 1965: 20-44)이 경멸하였던 격언과 모순성을 지닌 금언은 행정철학에서 선호되었다. 반면에 현실성과 상식성은 합리성이 좋아하는 양식이 되었으며, 정책형성의 영역에서의 혼합적이고 부분적인 점진주의(Lindblom, 1959: 155, 1979)는 합리적 종합계획을 누른다. 그리고 합의조직의 불가피한 경향성이 없다면 이것은 모두 당연하다.

제3절 결과조직

실용주의라는 동전은 양면성을 갖는다. 그중의 하나인 합의조직은 타협이나 **생활양식**을 운용하는 표지가 되는 유형 ⅡB의 가치에 관한 분위기를 확립한다. 그리고 다른 하나인 결과조직은 유형 ⅡA의 가치와 조직목적의 성취에 관심이 있다. 즉, 결과조직은 **일의 처리방식**을 설정하고 성취와 성장을 통한 조직의 유지를 정당화시키려 한다. 이러한 분위기를 형성하는 가치들은 합리성과 행동결과에 대한 분석으로 특징져진다. 동전의 두 측면 중 어느 하나에 대한 시험은 실용주의적이다. 이것이 실제로 적용되겠는가? 동의를 얻은 가치나 가치관여가 조직의 유지와 성장이란 결과를 낳겠는가? 즉, 기본적인 초가치가 충족되겠는가? 바나드(Barnard)의 용어대로 거기에 적절한 효율성과 효과성이 있겠는가? 또한 결과조직은 양식적이고 일상적이며, 평범한 형태의 조직생활이라는 것이 주목될 수 있고 강조되어야만 한다. 유형 Ⅰ과 유형 Ⅱ 조직 사이의 가장 단순한 차이점은 유형 Ⅰ에서 추구되는 결과들이 이념이나 신념에 관한 원리나 가치들에 대한 유형 Ⅰ의 관여 때문에 구별된다. 반면에 유형 Ⅱ의 조직은 덜 종교적이며, 심지어 비종교적이기까지 하다. 그리고 그 조직의 **존재이유**는 아주 단순하게 복리, 그중에서도 조직을 구성하는 사람들에 대한 경제적 복리 때문이다.

실용주의적인 유형 ⅡA의 맥락에서 행동과 우선권의 설정, 즉 정책에 있어서의 기본적인 기준은 제안되었거나 현존하는 행동에 관한 결과나 결실이다. '**누가 이익을 보는가?**'에 대한 건전한 감지는 이러한 분석에 시사점을 준다. 누가 누구에게서 무엇을 얻게 될 것인가? 그 이득을 어떻게 분배할 것인가? 자유주의자의 자아추구에 대한 이러한 정신 때문에 그리고 실용론이 비물질적이고 주관적인 것과 반대되는 물질적인 것과 객관적인 것에 자연적으로 기울어지는 경향성이 있기 때문에, 유형 ⅡA의 맥락 이면에 있는 철학적 하부구조는 전형적으로 공리주의의 구조가 된다. 즉, '최대다수의 최대행복'은 아주 딱 맞는 격언이다. 때때로 이것은 정말로 초가치적이며, 조직은 자기타당화를 시키는 도덕적 대리기관이 된다. 그래서 제너럴 모터스회사(General Motors)에게 이익이 되는 것은 그 나라를 위해서도 좋은 것으로 생각된다.

결과조직에서 유지·성장·효율성 그리고 효과성이란 초가치는 절대명령적인 것이다. 이러한 초가치들은 또한 가치문제의 해결을 위한 대안(protocol)이 된다. 즉, 그것은 첫째로 어떤 위협에 대해서 대규모적인 조직의 외피나 그 막(膜) 안에서의 몇 가지 하부단위에 의해 한정되는 조직에서 자신이 투자한 이익을 방어해 주며, 둘째로 기회가 허용할 때마다 이러한 이익을 발전시키고 확대하도록 해주며, 합리적 효율성의 원리에 근거하여 결과를 극대화하면서 비용을 최소화하도록 해준다.

가치판단·선택 그리고 행동에 지속적으로 응용될 경우에 이러한 규범들은 사람들이 천사도 아니고 악마도 아닌 실제적인 맥락을 확립해 나갈 것이다. 여기에서 초가치는 끊임없이 부족하겠지만, 일상적인 문제해결에 관한 실제적이고 추정적인 과정과 조직을 손상되지 않게 그럭저럭 이끌어나가는 것은 조직이 생존·유지 그리고 가능한 곳에서 성장할 수 있게 하는 관여에 관한 복합체를 산출하게 한다.

결과조직은 '사생활'과 분리될 수 있는 일의 세계를 의미한다. 다시 말해서 이익을 구별해 낼 수 있다. 어떤 이론가들은 이것이 최종적인 조직성취나 조직행동의 더 큰 결과에 대한 개인의 관계를 모호하게 할 수 있다는 것을 관찰하였다. '단편성'이란 용어를 사용하여, 실버(Silver)와 겔러(Geller)는 이러한 것이 조직의 더 큰 목적을 의식하지 못하고, 또 조직의 결과를 위한 어떤 사적인 책임감을 수용하지 않고, 개인으로 하여금 한정된 맥락에서 효과적이고 행복하게 그 기능을 하도록 허용한다고 하였다(1978: 125). 이것은 진실이다. 그러나 유형 Ⅰ의 조직과 유형 Ⅱ의 조직은 서로 구별되어야 한다. 2차 세계대전에서 나치친위대(SS)의 운영과 베트남(Viet Nam)에서 미 공군의 운영은 이러한 차이점을 설명해준다. 승진과 연금 받을 권리에 관심이 있어 성층권을 넘나들었던 제트기의 폭격수는 **과격청년돌격대**(Sturmbannführer)란 죽음의 군대와는 상당히 다르다. 전자의 냉난방 시설이 갖추어진 시설 속의 안락과 후자에 있어서의 인간적 참경(慘境)과 고통과 비열한 꾸밈 사이의 심리적 거리감 때문이 아니라, 나치 친위대가 이념을 제공받고 있는 반면에 미국 공군이 본질적으로 유형 Ⅱ에 관련하고 있다는 점에서 실용주의적이고 계량적인 모델은 자유주의의 평범한 온당성의 분위기를 만들어 준다.

ⅡA의 환경에서 언어게임은 상당히 중요한 것으로 생각될 수 있다. 조직행동의 결과들이 환경적 기풍(V_5)과 갈등을 일으키고 베트남의 경우에서와 같이 잠재적인 공적 또는 정치적 감각을 손상시킨다면, 거기서는 몇 가지 형태의 신어(new speak)에 대한 의지가 있게 될 것이다. '사망자 수', '종료', '특별치료', '예방파업' 그리고 기타의 다른 완곡한 어구들이 자유롭게 만들어지고 있다. 그러나 어떤 합의권에 위협이 없고, 조직의 목적과 이러한 목적에 대한 추구가 결점이 없는 곳에서 조차도 여전히 언어를 조절하는 경향성이 나타나게 된다. 그래서 여기에는 기업조직에서 비용-효과적 합리성을 위한 요구를 수용하는 일반적 조절이 있게 된다. 그리고 기업과 같은 모델이 일반적인 규범을 전제한 이윤을 추구하지 않는 조직 전반에 확대된다. '최저

선', '선투자', '투자', '상장', '실적' 등과 같이 회계학이나 체제이론에서 사용되는 전문용어는 행정용어나 사고과정에서도 취급된다(Cutt, 1980). 그리고 '들은 대로 처신한다.', '시세와 어울린다.', '있는 곳에서 취한다.' 등과 같은 언어 또한 실용주의적 정신을 나타낸다. 언어게임들은 지속적으로 변화하지만 이러한 게임과의 친밀성은 선수들 상호간의 적법성과 진실성을 확립하도록 돕는다. 그리고 이것들은 마치 이해라는 우애적 감정인 것처럼 표어적 기능을 갖고 게시를 제공하며, 거기서 합리적이고 윤리적인 모순들은 실용주의적 상식에 의해 조절된다. 이따금 행정을 전복시키는 묵시적인 경영의 음모, 높은 관여와 낮은 관여의 양극단 사이에 있는 중도를 유린하는 신중하게 말하지 않은 동의와 만족스러운 결과들에 대한 분별력 있는 동의 등과 같은 것들 또한 유형의 분위기와 관련된 특징들이다.

신조: 급료지불은 어떤 조직에 대한 최종적인 검사이다. 그리고 이것은 신념 이상의 것이며 동의어반복이다.

제4절 Z이론과 목적패러다임

X이론과 Y이론은 고정관념과 양극성을 포함하는 데 만일 여기에 진실성이 있다면, 그 특성으로 보아 Z이론은 수준 Ⅱ의 가치들과 이에 상응하는 조직의 맥락으로 표현되는 중간적 기반과 중용의 위치에 있을 것이라는 시사를 해준다. 이러한 맥락에서 합의적인 가치들(ⅡB)은 결과적인 가치들(ⅡA)이나 행함의 기제와 조화를 이루고 제휴하게 될 것이며, 이것은 목적을 위한 시나리오가 될 것이다(제2장 제2절 참조). 다시 말해 조직의 목적과 조직이 성취하길 기대 받고 있는 결과들은 비록 회계학과 계량학의 양적인 지

수들이 무시될 수 없다 할지라도 어떤 단순화되고 양적인 의미에서가 아니라, 행정은 과업이 자기이익과 조직이익 사이에서 요구되는 동일시를 성취하는 정교하고 질적인 의미의 합의를 위하여 구성원들로부터 필요로 하는 참여를 이끌어낼 것이다. 그러한 Z이론의 존재와 경험적 성공에 관한 가장 명확한 증거는 현대의 일본에서 찾을 수 있으며(Ouchi, 1980; Drucker, 1981), 그 조직의 환경은 외현상으로는 봉건적이고[*] 명시적으로는 가부장적이다. 그리고 여기서의 행정행동은 합의·관여·조정을 확립하기 위하여 청소원으로부터 사장에 이르기까지 모든 서열에 있는 조직구성원들과 집중적이고도 광범위한 의사소통을 요구하는 일종의 **신분에 따른 도의상의 의무**로 특징져진다. 가장 참여적이고 민주적인 조직에서 조차도 조화되지 않을 모험적 부분에 대한 시간소모적 노력이 서양의 관료적 틀에 던져지고 있다. 그럼에도 불구하고 이것은 높은 수준의 배당금을 지불하며, 최소한 일본의 V_5맥락에서 그렇게 지불하는 것처럼 보인다. 반면에 서구에서는 군국적 오류의 유희에 빠지고, 수단(합의)으로부터 목적(결과)을 보다 예리하게 분리시키는 경향으로 가고 있다. 여기서는 IIA의 결과와 도구성에 강조점이 주어지는 반면 일본의 행정철학에 있어서는 조직 그 자체가 수단임은 물론 목적이다. 말하자면 이것은 마음대로 처분할 수 있는 것이 아니다. 그리고 조직의 개념은 과거와 미래에 관련된 가치 있는 뼈대들을 포함하는 시간의 전체에 걸쳐 앞·뒤로 확대시킨다.

그래서 조직의 외생적 가치는 물론 내생적 가치를 갖는 것도 가능하다. 이러한 두 가지 종류의 가치와 관련된 기제는 목적과 목적패러다임이다. 조직이 목적을 추구하는 현실을 용인하는 반면, 거기에 목적이나 기능의 단순성·단일성·명료성이 있다는 것은 아주 드문 사례이다. 예를 들어, 회사가 이익을 내기 위해서 존재하고 군대가 평화를 지키기 위해서 있다고 말하는

---

[*] 일본의 주요 회사들이 보다 유동적이고 가변적인 서양의 방식과는 반대되는 종신고용과 경력의 유형을 보장하고 있음을 주목하라. 또한 일본의 역사적인 봉건주의는 최근까지도 일본문화의 주요한 특징을 이루고 있다.

것은 믿을 수 없는 것이다. 이러한 목적이 존재하지만 이것은 복잡한 목적유형이며, 필요한 것이긴 하지만 행정적 이해를 제공하기에는 충분한 것이 못 된다. 이러한 목적과 함께 거기에는 공존하고 상호작용하는 사적인 비망록과 조직이란 시장터에서 일상적으로 거래되는 개인적인 특유한 가치들이 있다. 바나드의 말대로 모든 조직은 유인가(誘引價)와 유배가(誘排價)를 조화시키며, 목적 패러다임(Georgiu, 1973)은 정교한 수준에서 이해되어야만 한다.

이러한 정교화는 아마도 의식적으로로든 아니면 또 다른 문제이든 간에 유형 Ⅱ의 맥락에서 실제적으로 가장 분명한 것이다. 유형 Ⅲ의 맥락이 소외를 수반하는 규범적·행정적 무기에 의해 단련되어야만 하는 쾌락적 자기이익을 가정하고, 유형 Ⅰ의 맥락이 모험감행을 수반하는 조직의 목적에 대한 이념적 관여를 가정하는 반면, 유형 Ⅱ의 조직은 상호작용적 가치교환에 대한 중간적 균형을 인정한다. 즉, 이것은 조직의 외현적 목적에 대하여 단지 부분적인 관여만을 통해 근본적으로 합리적인 자기이익과 원칙을 가정한다. 그래서 어떤 효과적인 Z이론은 유형 Ⅱ 가치들의 특징에 의해서 주목받게 될 것이다. 그리고 이것이 공리주의적이고 실용주의적인 원리들과 조화하게 될 것이지만, 이념적인 열정은 결여하게 될 것이다. 동기유발적 음조는 뜨겁거나 차다고 하기보다는 따스한 것일 것이다. 또한 결과조직이 그 전형적인 생활형태를 제시하게 될 것이며, 지배적인 초가치는 효율성·효과성·유지·성장과 합리성이 될 것이다. 실로 이것은 가장 일상적인 조직의 환경과 관련된 유형이며, 대체로 이것은 대부분 우리가 습관적으로 익혀온 것이다.

제5절 도식화

지금까지 밝혀진 개념들을 〔그림 5-1〕의 도표로 정리하는 것은 가능하다. 여기서의 분류학적 방법은 〔그림 3-1〕이 벗어나는 지점에서부터 계속된다.

행정적 논리에서 경영적 논리에로의 변화는 또다시 분명해지며, 동질적 오류를 통한 논리적 혼동의 가능성 또한 명백하게 된다. 〔그림 5-1〕은 또한 3장에서부터 5장까지의 논의를 요약하고 있다. 그 분석은 가치 패러다임에 기초하고 있다. 이러한 패러다임에 대한 일반적인 응용가능성은 이를 일단 이해하기만 한다면 의사결정이나 정책결정의 가치분석적 측면에서 행정가를 도와줄 수 있다는 점에서 유용하다.

[그림 5-1] 조직의 환경

행 정	현 실	환경(맥락)	가치유형	특 성
R_1	아이디어	이 념 적	Ⅰ	원리, '종교적' 상당한 과여, 높은 동기유발
R_2	인 간	실용주의적	ⅡA ⅡB	결과조직(A), 합의조직(B), 공리주의적, 이성적, 실제적, 정치적, 중간적 관여와 동기유발
R_3	사 물	행동주의적	Ⅲ	쾌락적, 이기주의적, 자기도취적—소외된 것으로 느껴지는 제약요인들, 낮거나 그릇된 동기유발

↑ 경영(관리)

물론 이러한 종류의 가치논리는 현실이 대조적으로 종합적인 반면 분석적이다. 현실은 범주들을 혼합시킨다. 그래서 실제적 맥락들은 결코 순수하지 못하며, 항상 혼합되어 있다. 게다가 이들은 역동적이며 그 모래벌판은 변화한다. 그럼에도 불구하고 가치들 그 자체는 변화에 고도로 저항적이기 때문에 어떤 안정성이 단기나 중기에 걸쳐 지속되는 경향이 있게 될 것이다. 그리고 지각 있는 행정가—철학자는 자신이 행동하고 있는 환경의 질을 식별 가능하게 할 것이다. 반면 비행정가에 있어 이러한 질은 현상학적 현실이며,

아마도 잠재의식적인 느낌의 경험 또는 고통스럽거나 즐거운 경험일지도 모를 자신의 의식에 관한 구조의 한 부분이 될 것이다. 이러한 환경의 범위 안에서 또는 이러한 배경에서 행정은 그 본연의 일을 수행해 나간다.

제6절 이론과 실제

유형 Ⅱ 환경의 편재는 행정에 대한 경영의 우위를 의미한다. 그리고 이것은 몇 가지 흥미롭지만 성가신 문제들을 제기한다. 예를 들면, 논리적이고 심리학적 특성을 갖는 이론과 실제 사이의 구분을 생각해 보라. 유형 Ⅱ의 맥락 안에서 방법적 지식이나 행위능력과 같은 실제적 감각이나 감각력이 아주 귀중한 것인 반면 이론과 철학은 그 값어치가 줄어들게 된다. 결국 이것은 추한 경영적 세목(細目)의 경멸적이지만 일상적인 세계이다. 거기서 모든 실행의 목적은 그것들을 활동하게 하는 것이며, 경영자에 있어 그러한 문제는 단순히 할당량·목표·위원회·강조사항·최종기한·애로사항·기술적 세부사항과 인간적 상호작용에 관련된 세세한 것들에 대처해 나가는 것 중의 하나이다. 문제가 되는 것은 하루를 어떻게 마무리해 나가느냐는 것이다. 그리고 온당성·타협 그리고 작업능력은 그 문제들에 관련된 가치들이다.

철학적으로 말해서, 그 나름의 결과적인 경영적 자세를 가진 이러한 환경은 김빠진 것이며, 심지어 반지적(反知的)인 것이다. 종업원 명부를 다루어야만 하는 실제적인 실무자와 그들의 지속적인 망상이 내적·외적 위협의 변화무쌍한 함정을 통과하는 조직이란 선박의 조타와 관련이 있다는 사실은 철학적 활동으로 자리를 잘 잡지 못할 것이다. 이들은 초가치라는 각인 아래 너무나 제약받고 있다. 그런데 어디서 그리고 어떻게 철학이 이해되겠는가? 그리고 누가 행정을 경영과 대치되는 것이라고 하겠는가? 준비나 특별한 지식이란 편의가 없이 어떤 사람이 그것을 할 수 있겠는가? 이러한 마지막 문제에 대한 단순한 경험적 응답은 예스(yes)인 것처럼 보인다. 왜냐하면 이것은 세상이 돌아가는 방식이며, 단지 어떤 사람은 행정을 할 수 없으며, 어떤 사람은 행정을 하고, 종종 어떤 사람은 행정을 아주 잘하기 때문이다. 그러나 보다 정교한 응답은 행정과 경영 사이의 차이점이다. 왜냐하면 어떤 사람은 행정을 하고, 어떤 사람은 경영에 대해 무의식적 생득권을 가지고 있다는 것이 아주 불분명하기 때문이다. 만일 경영이 특정한 실제적 조직과 그 환경에 관한 그 본연의 지식만을 갖춘다면, 경영은 최소한 몇 가지 전문적 지식의 실체와 예비적 지식을 내포한다. 이것은 또한 실용주의에 대한 경영적 편향을 강화하며, 이론이나 철학에 손해를 입힌다. 실용론이 계속해서 회피하려는 문제들은 바로 "경영자가 아닌 행정가들로 하여금 경영적 업무가 아닌 행정적 업무를 보다 잘 하도록, 즉 보다 현명하고, 보다 **철학적으로** 하도록 준비시켜 주는 몇 가지 방식이 거기에 있는가?"라는 것이다. 이러한 문제는 실용주의 정신에서는 소홀히 취급되어 온 것 같다.

경영의 전문적 지위에 대한 발전된 요구와 결부된 **행정**의 **아마추어적** 지위에 관한 낙관은 이러한 맥락을 예시한다. 이것은 사물에 대한 정상적인 방식이며, 일상적이고 전형적인 태도이기도 하다. 그리고 이것이 단순히 이론과 실제에 대한 구분의 문제라면 이러한 태도는 변호 받을 수 있을 것이다. 그러나 이것은 그렇지 않다. 거기에는 훨씬 더 미묘하고 더 중요하며, 우리가 앞에서 논의한 바와 같이 철저하게 간과해 온 구분, 즉 실제와 실천 사이의 구분이 있다. 이러한 차이가 간과됐다는 것은 행정가들을 어떻게 준비교육을 시킬 것인지에 대하여 논의할 때에 지도적 위치에 있는 행정이론가들 중의 한 사람이 효과적으로 그 차이를 무시하는 경우 아주 분명해진다. 그는 행정적 과업의 본질을 구성하는 다섯 가지의 분석기술을 가정한다. 즉, '(1) 전문적 지식에 대한 분석. 지식에 대한 관리, (2) 제휴에 대한 분석. 갈등에 대한 관리, (3) 모호성에 대한 분석. 목적에 대한 경영, (4) 시간에 대한 분석. 주의에 대한 경영, (5) 정보에 대한 분석. 추론에 대한 경영'(March, 1974:

28)이 바로 그것이다. 그러나 이상의 것들 모두가 바람직한 행정적 기술임에는 분명하지만, 그것들은 윤리학·도덕성·목적·정책과 철학이란 분지(分枝)와 관련되어 있는 **가치**에 대한 분석, 즉 **의미**에 대한 경영을 전적으로 무시하고 있다.

다시 말해서, 논리적이고 비판적인 능력은 당당히 강조되지만 가치와 가치분석의 문제는 경시되고 있다. 이미 말했듯이 행정의 세계는 일차적으로 **가치**의 세계이며, 사실이나 논리와 같은 구성요소들은 부수적이고 이차적인 것이다. 마치(March)는 사이몬(Simon)이 그에 앞서 군국적 오류를 범했듯이 마찬가지의 오류에 압도당하고 있다. 올바르게 정돈된 세계에서 실천은 실제를 수반하며, 이론이 존재하는 정도에 따라서 이론은 이들 두 가지에 도움을 준다. 실제를 희생시켜 실천을 회피하기는 쉬운 일이며, 이것은 최소한의 저항을 수반한다. 그리고 실용론은 이러한 경향을 확고하게 하며 이를 지원해 준다.

실용주의적 맥락(환경)에 있어 X이론과 Y이론은 어떤 위치에 있는가? 이러한 맥락은 두 가지 양극성을 포함하고 또한 이것을 능가한다고 주장할 수 있다. 즉, 이러한 양극성은 실제에 있어서 사라지고 증발하게 된다. 그러면 추정적 과정이 작업생활의 질에 있어서의 지속적인 개선과 함께 합리성의 궁극적 승리를 보증하는 Z이론의 실제적 실현과 같은 중도가 있는가? 아니면 종국적으로 몇 가지 대립적인 협동의 정신을 통해서 단순히 초가치에 대한 최소한의 성취에 귀속되게 되는가? 좋은 논리와 건전한 감각 그리고 현실에 대한 유익한 이해와 같은 것은 빵으로만 살지 못하는 사람을 살리기에 충분할 것이다. 그러나 인간은 그것만으로는 살 수 없다. 인간의 가치복잡성(value complexity)은 이러한 단순성을 능가한다. 그리고 실용론이 사람들로 하여금 하루하루를 살아갈 수 있도록 할지는 몰라도 이것이 우리가 가고자 하는 곳으로 우리를 데려다 주지는 못한다.

신조: 상식은 올바른 행정이나 실천(praxis)을 위한 필요조건은 되지만 충분조건은 되지 못한다.

제7절 비 판

독자는 지금까지 논의된 것이 행동 그 자체라기보다는 행동의 환경(맥락), 연기자나 연극이라기보다는 무대나 무대장치라는 것을 잘 기억할 것이다. 더욱이 가치 패러다임에 근거해서 나온 삼중의 분류학은 인위적으로 구성한 것이다. 이러한 형태의 조직분위기·조직의 유형 그리고 생활형태는 결코 순수한 형태로 존재하지는 않는다. 즉, 이들은 분석의 목적을 위해서 추상화된 '이상형'(ideal type)이다. 그리고 경험세계에서 실제로 발견되고 느끼고, 경험하게 되는 것은 아마도 확실히 현저하고 독특한 것과 관련되고, 강렬하고 생생한 색채가 단지 지저분한 회색을 산출할 수 있는 것과 같이 중간 지점까지 혼합되는 '혼합형'이다. 만일 분석이 유용한 목적으로 사용된다면 이것은 결과적으로 종합 속에 종속되어야만 한다. 아니면 이것은 사건의 흐름을 다루는 데 있어 몇 가지 방식으로 효능이 있어야만 한다. 또한 분석은 이론가들에게는 법칙의 일반성을 그리고 철학자들에게는 이해를 제공해야만 한다.

여기서부터 생겨나는 보다 종합적인 비판이 있다. 아무리 분석된다고 할지라도 맥락이 그러한 맥락에 근거해서 행동하고 또한 이러한 맥락과 상호작용하는 인간행동자들과 함께 고려되지 못하게 된다면, 그 맥락은 분별 있는 의미를 가질 수 없다. 그리고 전체적 모습에 대한 종합적 이해를 목적으로 하는 것일 경우 이것은 특히 더 그렇다. 전체는 부분들의 총합보다 더 크고 많을 것이다. 조직들은 인간적 집합체로서 해석될 수 있으며, 이러한 조직의 성분들은 목적·인간 그리고 기법이다. 그리고 이러한 세 가지 구성요소들은 맥락과 의미를 창조하게 될 것이다. 조직이 세계의 변화를 잉태했을 경우, 이것은 또한 의미에 대한 조직의 총체적인 복합도 잉태한다. 조직의 맥락에 대한 경험은 현상학적인 것이다. 그리고 그 경험은 단일하고 개인적이며, 인간적인 의식 속에서 발생할 수 있으며, '의미'는 인간의 마음속에서 멈추게 될 것이다.

　지금까지 저자는 조직을 기술하고, 의미란 맥락에서 조직을 유형화하여, 즉 조직을 가치의 용어로 분석하여 조직행동의 복잡한 전체에 대한 배경을 설정해 왔다. 그리고 이것은 실제와 반대되는 실천(praxis)을 위한 아리스토텔레스의 변명에 응답하는 시도였다. 아리스토텔레스식(Aristotelian)의 권고는 대체로 자신의 논리에 귀를 기울이지 않은 반면, 다른 한편으로 성의 있게 포용되어 왔다. 정말로 수천 년에 걸쳐서 논리와 가치는 진보적으로 분리되어 왔으며, 조직이론의 논지는 과학적으로 수용가능하게 되었다. 그럼에도 불구하고 가치와 사실은 항상 뒤얽혀서 꼬여져 왔다. 그리고 조직은 항상 의미의 맥락과 행동철학에 대한 독특한 명시를 묘사해 왔다.

　행정과 경영 사이의 분석적 구분이 사람들로 하여금 궁극적으로 더 높은 이해의 수준에서 이러한 개념들을 융합시키도록 하고, 그래서 맥락에 대한 가치분석이 종국적으로 더 높은 정교한 수준에서 사실과 사례들과의 궁극적인 재결합을 허용하는 것과 마찬가지로, 분석의 최종적 기능은 의미를 고양시키는 것이며, 그것을 파괴하는 것은 아니다.

　성취와 행동을 위해서 연기자와 맥락은 이해되어야만 한다. 그리고 연기자는 무대에 올라가 있어야만 한다. 그래서 우리는 이제 다음 장에서 분석에 있어서 가장 관심의 대상이 되는 행정가·집행자 그리고 **지도자**에 관해 알아보게 된다. 똑같은 종류의 분석이 적용될 수 있다. 그리고 만일 이것이 직접적으로나 암시적으로 조직의 다른 구성원들, 구성원들과 행정가 사이의 상호관계를 직접적으로 또는 암시적으로 설명한다면, 전분야가 고찰되어 왔어야 했을 것이다. 그리고 그것이 마무리되면, 우리는 전반적인 행정적 기업을 고찰해야 될 것이며, 그 이후에는 종합적으로 몇 가지 보상적인 지혜를 추구하는 위치에 있어야만 될 것이다.

제6장
원 형 론

분류학적 방법은 과학적 방법의 출발이다. 우리는 행정이나 지도성에 관한 별도의 과학을 갖고 있지는 않지만 우리는 이에 대한 너무나 많은 정보와 자료를 갖고 있다. 우리는 어떻게 그것을 파악할 수 있는가? 가치에 대한 분석은 질서 있는 원리를 제공할 수 있는가?

유형화시키는 것은 아주 기본적인 인간의 본능이다. 그리고 이것은 의미를 끌어내기 위하여, 보다 정확하게 말해서 일차적으로 과도한 정보를 처리하고 나아가 그러한 정보의 무질서를 의미의 도식을 제공할 수 있는 가설이나 명제로 정돈하기 위하여 혼란된 무질서한 경험에 질서를 부여하고자 하는 최초의 시도이다. 또한 이러한 의미의 가치는 유형학적 도식과 실제나 실천에서 이러한 도식을 궁극적으로 사용하는 근원적인 논리에 있다. 유형화는 언어 속에도 파고든다. 이러한 언어들은 가장 강력한 힘을 가진 언어들이다. 다양한 이름과 형태, 지각표상과 개념들을 최대한 정확하게 표현하려고 하는 힘 있는 언어들이다. 그리고 이 언어들은 산스크리트어(Sanskrit)와 같은 사라진 언어와 컴퓨터 공학에 관한 기계적 언어를 모두 포함할 것이다. 그러므로 정교한 정밀성과 보편적 범위를 나타내는 생화학과 아원자(亞原子) 물리학에 관한 과학의 언어게임 때문에 우리의 문화에서 과학은 상당한 명성을 갖는다. 각 분야의 언어게임은 그 나름대로 유형화의 체계를 만들어낸다(Wittgenstein, 1974: 7). 심층심리학의 원욕(ids)과 영혼(animas), 플라톤적(the Platonic) 형태(forms)와 형이상학의 기본요소(gunas ankhya, 철학에서 물질의 원초적 질, 요소, 즉 RAJAS, SATTVA, TAMAS를 말함)는 과학적 정밀성과 엄밀성을 결여했을지라도 여전히 설득력이 있고, 효력이 있으며, 실제적 효과를 갖는다.

행정연구에서 유형화의 본능이 많이 작용하였으며, 이러한 유형화는 사소한 것에서부터 중대한 것에 이르기까지 어디서나 있었다. 몇 가지 체계는 지도성에 대한 레딘(Reddin, 1970)의 3차원적 분석과 같은 경험적 연구에 기초했는데, 이 연구는 행정가들을 타협형·개발형·선교사형·독재자형 등으로 분류하고 있다. 아마도 가장 뿌리 깊은 기초가 되고 영향력이 있는 체계는 웨버(Max Weber)가 공식화한 신권적 행정, 전통적 행정 그리고 합리적·합법적 행정의 분류이다. 그리고 이것은 철저한 역사적 연구에 의해서 지지를 받았으며, 그의 관료제에 관한 이론과 긴밀하게 통합되는 일련의 유형들이다. 유형화에 대한 웨버의 접근은 다음에 제시하는 구절로 설명할 수 있을 것이다.

> 안목과 설명을 추구하는 과정에서 웨버는 분류적 체계와 분석적 모형(model)을 아주 많이 사용하였으며, 이것은 유형의 구인(構因)들과 일반화된 균일성을 공식화하는 데 필요하다는 것을 당연한 것으로 여겼다(Weber, 1947: 109). 그는 또한 두 가지 형태의 일반화된 체계를 인정하였는데, 그중의 하나는 현상에 대한 '평균적 또는 적절한' 성격을 의미하는 것을 추구하는 유형화이며, 나머지 다른 하나는 '이론적으로 착상된 순수형을 의미하는 유형화이다(Weber, 1947: 89). 물론 여기서 말하는 순수성은 이상형이다. 이와 같이 개념적으로 구축되고 이론적으로 기초가 된 모형들이 분명하게 경험적 형태를 갖는 것은 아니지만, 돋보이는 추상작용으로 남아 있다. 그리고 웨버는

"사회학 분야에서의 이론적 분석은 그러한 순수형이란 의미에서만 가능하다"고
주장하였다(1967: 110). 그래서 그는 계속해서 통계적 연구를 통해서 산출된
유형과 같이 경험적으로 유도된 '평균적' 유형을 가지고서 보다는 한정된 사례
를 통해서 개념적 매개체를 다루고 있다(Allison, 1980: 161).

그러므로 웨버의 이상형들은 한정된 사례에 대한 수학적인 일반적 개념에
상응하는 일종의 개념적인 도구이다. 그리고 이 이상형은 탐구·연구·철학과
정책을 촉진시킨다. 웨버식의 이상형과 통계적 평균형 외에도 거기에는 또한
플라톤적 형태(the Platonic form)와 융의 원형(the Jungian arche-
type)이 있다. 플라톤적 형태는 이상형의 특별한 사례이며, 궁극적이고 절
대적인 사례로 구축될 수 있다. 이것은 경험적 현실로부터 추상화되지 않으
며, 오히려 경험적 현실이 플라톤적 형태로부터 추상화된다. 즉, 우리가 현
실로서 경험하는 것은 단지 절대적 현실이 발견되는 그러한 상층부에 어렴
풋하게 접근하는 것이다. 반면에 융의 원형은 심리학적 하층부로부터 나타난
다. 이것이 암시하는 것은 종족의 보편적인 무의식적 심성에는 전반적 문화
와 전체 역사에 존속하는 개념으로 확인 가능한 형태들과 유형들이 있으며,
이러한 형태들이 심리학적 효능을 갖는다는 것이다. 그 형태들은 그 자체를
임상가에게 드러내며, 또한 꿈·예술·종교·역사 등으로 표현한다. 플라톤
과 융의 개념들은 형이상학적 질을 공유한다. 즉, 이것은 웅대성과 심원성을
가지고 있으며, 이러한 웅대성과 심원성을 행정－경영이라는 주기와는 아주
동떨어진 곳에 두는 경향이 있다. 더욱이 인간조직에 대하여 플라톤이 고대
에 가졌던 관심과 현대의 융의 관심은 서로 조화를 이룬 것처럼 보이지 않
는다.
마지막으로 고정관념형이 있다. 이것은 부정적 의미를 함축하고 있다. 이
것은 가장 기반이 약한 유형들이며, 종종 일종의 만화와 같은 부류의 단순화
로 흐르는 경향이 있다. 그럼에도 불구하고 이것은 기본적인 종류의 분류적
행동을 의미하며, 의심의 여지도 없이 복잡성을 다루기 위한 수습장치로서

유용하다. 개념적 분야와 밀접하게 관련되는 변인들의 수가 지나치게 많고, 이것이 종종 대인관계에 나타나게 될 경우, 이러한 장치는 피할 수 없는 것이 된다. 최악의 경우 고정관념들은 사람들로 하여금 사고의 회피로 유혹하게 되지만, 최선의 경우에는 원형과학(proto-science)의 잠재력을 가진 아주 실제적이고 필요한 감정적 대처기제가 될 수 있다.

제6장의 제목으로 저자가 원형(archetype)이란 용어를 선택했지만, 저자는 이것이 앞서 기술된 모든 유형화 형태들에 대한 몇 가지의 의미를 포함시키기 위해 엄밀한 융(Jungian)의 의미가 아니라 아주 일반적인 의미로 이해해주길 바란다. 그리고 제6장의 원형론은 가치패러다임이 조직의 생활형태, 특히 집행자들이나 행정가들에게 적용하는 것으로 마감한다. 어떤 의미에서 이것은 소품문(小品文)이며, 지도자에 대한 간단한 기술이다. 원리상 이것은 통계적 조사로부터 유도될 수 있지만, 이것은 또한 웨버나 플라톤적 의미에서 분명한 분석으로 이상형을 나타나게 할 수 있는 편리한 고정관념들이다. 그것이 무의식적 수준에서 감정적·인지적·운동적 과정의 토대를 이루고, 동기유발적 힘을 갖는 정도에 따라서, 이것은 융의 의미에서 원형적인 것이다. 이의 논리적 기초는 가치의 분석이며, 그 유용성은 철학적 응용에 있고, 행정 및 조직의 연구에 대한 해석학적 관련성은 아마도 모든 진리는 "자연은 예술을 모방한다."는 금언에 포함된다.

우리는 3·4·5장에서 이미 조직의 환경(맥락)에 관련된 원형들에 대하여 고찰한 바 있다. 독단적이지만 자연스럽게 그 원형들은 행정을 하는 사람들과 행정을 받는 사람들의 두 가지 부류로 나뉜다. 아주 간단히 말해서 이것은 지도하는 사람들과 지도받는 사람들로 나뉜다. 물론 비록 두 가지 부류로 분리될 수 없다고 할지라도, 우리가 관심을 갖는 주요 초점은 이들 중에서 전자의 사람들이다. 단정적으로 말해서 행정가들은 공식적 지도자들이며, 그래서 거기에 부수되는 유형학은 권력·권위·지도성에 대한 이전의 분석을 확대한 것으로 해석될 수 있으며, 특히 고전적인 웨버적 유형학에서는 더욱더 그렇다. 형태가 본질에 관련이 있고 동전의 양면이 서로 관련이 있는 것과 같이 지도성과 추종성은 관련이 있기 때문에, 추종성이 주는 시사점에 대한 몇 가지 고려는 각각의 유형에서 필요할 것이다. 결국 그러한 유형들이 경험적 현실과 일대일의 대응을 하지 않는다는 것을 또다시 강조하도록 해 보다. 거기에는 개도 고양이도 없으며, 단지 개개의 동물들만 있다. 그리고 계급을 가진 구성원과 계급 중의 계급을 가진 계급을 혼동하는 것은 동질적 오류를 범하는 것이다.

제1절 출세제일주의자

조직의 생활형태에서 인간본성에 대한 어떤 명쾌한 분석에 있어 가장 근본적이고 기본이 되는 것은 도덕적이고 윤리적인 인정의 관점에서 가장 낮은 수준의 원형으로 발생한다. 이것은 출세제일주의자의 원형이 유형 Ⅲ의 가치들, 자아와 자기이익 그리고 기본적인 감정과 동기유발의 가치들에 의해 특징져지기 때문이다. 그리고 자기보존과 향상, 자기중심성과 자기이익 등은 두드러진 가치특성들이다. 수준 Ⅲ에서 우리는 우리의 그러한 본성을 동물의 왕국과 감각력이 있는 모든 원형질을 공유한다. 거기서의 가치계산법은 순수하며 근본적으로 단순하며, 가장 깊이 있는 수준에서 이와 관련된 격언은 "고통을 피하고, 쾌락을 추구하라"이다. 즉, 쾌락에 의해서 동기유발이 이루어지며, 프로이드적(Freudian) 용어를 빌린다면, 그것은 본질적으로 원욕(the id)의 성적인 충동이다. 그리고 이러한 기본적 본능이 충족되지 않으면 긴장·분노·격노의 감정이 생긴다. 그러나 이러한 충동에 사회적 통제가 가해지게 되면 이것은 성취·인정·성공을 위한 강력한 욕구를 생성시킬 수도 있다.

이러한 기본적 본성은 모든 사람에게 지속적으로 존재한다. 그렇지만 고등적인 사회적 동물과 같이, 사람들은 이러한 감정적 기초를 억압·승화·금지 그리고 프로이드(Freud)가 말한 자아(ego)와 이상적 자아(egoideal)와 같은 다양한 종류의 조건화로 합성시킨다. 자기보존은 최초의 자연법일 뿐만 아니라 최초의 초가치이며, 가치의 연구에 있어 최초의 전제가 된다. 자아(ego)가 먼저 나타나면서 자아(self)는 즉각적으로 그리고 저절로 우리의 모든 가치계산과 모든 질적 분석 속에 들어가게 된다.

자아(the ego)는 가치 패러다임의 최하 수준인 우리의 선호에서 나타난다. 유아나 성인, 또 성숙한 사람들에 있어 유형 Ⅲ 가치에 대한 만족을 추구하는 것은 비교적 복잡하지 않다. 또한 그것은 어떤 나약한 사고의 주형(鑄型)에 의해 병약하게 되지 않는 기계적이고 분별없는 과정으로 되는 경향이 있으며, 시간이 지나면서 그것은 점차적으로 교육과 경험에 의해 조건화된다. 즉, 세계는 성격의 분야에 참견하고, 운동과 오락의 놀이터로서의 기능보다는 훈련과 욕구좌절의 일터로서의 기능을 더하게 되었다. 성인들, 최소한 몇 명의 성인들에 있어 이러한 과정의 결말은 보다 세련된 쾌락주의가 될 수 있으며, 거기서 경기규칙·제약요인·기회 그리고 상품이 문화와 환경에 의해 지시를 받지만, 승리는 여전히 수준 Ⅲ의 만족에 의해 한정되고 조정되게 된다. 이것은 '난봉꾼' 철학에서 가장 명확하게 표현된다. 그리고 그러한 철학은 세계문제, 즉 복리·만족·여가·권력·지위·명성과 성공 등과 같은 상품을 위한 경쟁적인 투쟁의 문제가 올바른 전략과 전술의 선택을 통해서 해결될 수 있는 세련된 개인주의로 보일 수 있다. 예를 들어, 그와 같은 성공의 방법적 공학은 **성공의 비결**에 의해 제공된다. 그리고 임금지불은 가치판단의 기준, 초가치 그리고 순수하게 정치적인 관심사를 낳는 어떤 도덕적 비난이 되는 경향이 있다.

또한 이기심의 원리는 철학에서의 논리적 실증주의와 심리학에서의 결정론적 행동주의의 교리들을 통한 지적인 체통에 의해 부여될 수 있다. 행정에서의 사이몬(Herbert A. Simon)과 심리학에서의 스키너(B. F. Skinner)는 이와 관련된 각자의 견해로 설명한다. 즉, 이들에게 있어 가치의 원

지점은 기껏해야 유형 ⅡA에 있을 것이며, 어떤 본체적이거나 초월적인 윤리는 사실상 사회적으로 관찰가능한 도덕성에 관한 현상 안에서는 사라지게 될 것이다. 실로 어느 한쪽이나 다른 쪽에 대해서 실증주의는 학원의 정설이나 과학적인 기술통치적 문화에 대한 인습적 지혜나 풍습에서 굳게 지켜지고 있다. 컴퓨터학과 컴퓨터예찬론은 이러한 경향성을 강화한다. 그리고 입상작 연구인 『Gödel, Escher, Bach』는 결국에 그것이 화려하게 위장되지만 부정할 수 없는 논리적 실증주의자의 입장에 이르게 될 것이라는 점에서 이러한 경향성을 설명한다.

그래서 모든 사물들이 상대적이고 무상하며, 가치들이 종국적으로 감정적 불안으로 변화하거나 분해되고, 감각적 회로들이 끊임없이 환경에 대한 다양한 정보의 전달로부터 과중한 위협을 받고(Toffler, 1971: 350-5), 그러한 환경으로부터 오는 자아에 대한 위협이 많고 그 상품들이 극도로 한정되며, 이기성과 악의와 추잡하게 성공하는 것에 관한 증거들과 정당한 부정의(不正義)가 주변에서 지각되는 보편적 흐름의 바다에서 만일 인간이 표류하는 부수현상적 자아로 이해된다면, 몇 명의 사람들이 의식적으로, 심지어 신중하게 기회주의의 길을 걷는 것을 선택하는 것은 최소한 이해될 수 있을 것이다. 그들이 무의식적이거나 반동적으로 그렇게 할 수도 있을 것이며, 아니면 자기이익에 대한 그들의 일상적이고 자연적인 추구가 단순히 그들이 성공을 추구하는 그들 생애 중에 그들 나름의 부도덕성을 발전·발견·창안하는 물질적인 경제중심적 문화의 우발적 일정에 의해 상당히 강화될 것이다.

한 가지 통로나 다른 통로에 의해서 출세제일주의자는 만들어진다. 그리고 그의 순수한 원형적 형태에서, 그는 성공의 운명과 사적인 만족에 의해 인도된다. 그렇지만 자아만족과 강화에 대한 그의 신뢰는 자신의 성공지향을 유형 Ⅰ의 관여로 옮기지 못한다. 대신에 그는 환경에 의해서 제시되는 한계를 끊임없이 추구하고 검증하게 될 것이며, 그러한 실천을 행하는데 있어 기회주의의 예술은 어떤 절대적 도덕성에 의해 제지받지 않지만 그 나름의 발견적 목적들에 유용한 어떤 도덕성을 사용할 것이다.

기회주의자·쾌락주의자·자기도취자와 같은 생활형태에 각각 다른 표지들이 붙여져 왔다. 그러나 전반적인 공통적 요인은 비교적 순수하고, 제약요인과 경멸적인 인습이 없는 자기관심과 자기이익이다. 이것이 원칙·법 그리고 예의가 인정되지 않고 있다는 것을 뜻하지는 않는다. 그런 일은 결코 없으며, 그것들은 선명하게 지각되지만 경기규칙으로만 이해된다. 경기의 목표는 승리이며, 규칙이란 개념은 자기제약의 윤리를 시사하지 않기 때문에, 만일 최종적인 결과가 반칙을 범하지 않은 승리라면 그 규칙들은 의미가 적어지고 파기되며, 회피되게 된다. 사람들이 자기이익을 추구하는 것이 다른 사람이 추구하는 것을 방해하지 않는 한에서 자유롭게 자기이익을 추구하는 구식의 공정한 규칙은 만일 사람들이 그것 없이 살 수 있다면, 그 한계와 그 이상의 것에 대한 사람들의 이익을 끊임없이 강요하는 면허장으로 재해석된다. 이러한 해석은 출세제일주의의 잔인성의 한 측면이다. 또한 온순한 사람들과 도덕적인 제지를 받는 사람들에게는 양심의 가책이 있다. 쾌락주의·자기도취주의·기회주의와 같은 철학과 **성공의 비결**은 모두가 이러한 종류의 것이다. 플라톤(Plato)의 『공화국』(*Republic*)에서 트라시마쿠스(Thrasymachus)는 자신이 옳았다고 주장하는 출세제일주의자들을 대변해 주며, 옳지 못한 사람들이 사회적 보상을 취한다는 증거는 흔하게 발견된다. 그의 후계자인 마키아벨리(Machiavelli)도 그러한 주장을 강화한다. 권력의 가치는 숭배할 만한 것으로 여겨진다. 왜냐하면 권력은 기쁨의 가능성을 결정할 뿐만 아니라 당위적인 것과 그렇지 않은 것에 대한 정의까지도 결정하기 때문이다. 그리고 권력은 상품이 분배되는 경기를 결정한다.

그래서 출세제일주의자들은 권력에 굶주려 있으며, 그것을 증대시키려고 한다. 이것은 야망을 내포하며, 외현적으로 노출되거나 아니면 부정되는 그 야망은 사회적 맥락이나 어느 한편의 공적인 태도에 의해 획득되는 인정과 이점에 의존하게 된다. 그러나 이러한 야망은 여전히 수준 Ⅲ의 것이며, 그것은 아직 존재에 관한 중심적인 초점이나 의미가 되기 위하여 성공을 수반한 이념적 망상의 지점에까지 확대되지 못해 왔다. 출세제일주의자들은 욕구가 좌절되거나, 자신의 전략을 변화시키거나, 순조로운 여건에서 정신을 쏟는 경우 여전히 포기하거나 패배를 수용할 수 있다. 그리고 그는 아직 그 자신을 신권적 초인으로 보지 않는다. 또한 그는 역할안정·역할향상·권력·권위·존경·안락과 관직이 주는 부수입 등과 같은 자신의 사적인 초가치들에 훨씬 더 관심이 있다. 뿐만 아니라 그는 덧없는 것이지만 성취에 따르는 인정이 자신의 지위, 그의 가치에 대한 공적인 시인, 나아가서 승진과 권력의 증가, 이상적 자아만족을 거듭 보증해 주기 때문에 성취지향적이다. 자신의 **자존심**에 대한 방어는 근본적인 것이며, 필요하다면 **성공의 비결**에 관한 모든 무기들이 그의 휘하에 있는 조직의 영역을 유지하고 권력의 기초를 방어하기 위해 배치될 것이다. 현대적인 각본연출의 예술을 고려한다면, 이러한 기본적인 방어성은 순박함·진부함·저속함의 외면적 측면의 이면에 조심스럽게 숨겨질 수 있다. 그러나 자신의 자아에 대한 지각된 치욕은 기억될 것이고 악의는 길러질 것이다. 그래서 안전한 계기가 기회로 닿게 되면, 그는 복수로 인한 만족을 탐닉하게 될 것이다.

이 모든 경우에서 동일하지는 않지만 유사한 어떤 논리가 식별될 수 있으며, 그러한 논리는 정부의 첫 번째 임무가 통치라고 규정한다. 마찬가지로 지도자의 첫 번째 임무는 그 자신을 유지하는 것이며, 두 번째 임무는 그 자신을 진보시키는 것이다. 출세제일주의의 행정가는 자신이 속한 조직 내에서 접근가능한 어떤 계서적 사다리를 기어 올라가야 한다고 생각하며, 다른 조직에 측면으로 이동하는 것이 계서적 진보를 허용하게 된다면 그렇게 해야 한다고 생각한다. 그러나 이와 같이 그가 성장하는 과정에서 동료들, 상사들과 부하들과 같은 사람들은 아마 손해를 입게 될 것이다. 그래서 그들은 훨씬 더 불리한 위치에 처하게 될 것이다. 타인들에 대한 출세제일주의자들의 태도는 본질적으로 사용자의 태도이다. 이 사람은 나에게 어떤 쓸모가 있는가? 아니면 반대로 그 사람은 나의 이익에 어떤 위협을 주는가? 그는 중립적인가, 해가 되는가, 아니면 도움이 되는가? 그러므로 해가 되고 이익을 감소시키는 감정적 어려움을 회피하는 동시에 잔인성이 점차적으로 필요하게 된다. 또한 잔인성에 관한 이러한 특성적 질은 멸시되지 않는다. 베다(Veda)시대로부터 오늘날에 이르기까지, 함무라비(Hammurabi)로부터 슈페르(Speer)에 이르기까지, 행정철학자·이론가 그리고 실천가들은 그와 같은 필요성에 대해 설득력 있는 논쟁을 해 왔다. 어떤 무관심이 나쁜 동기 그리고 어떤 의지와 결정의 힘에서 나왔으며, 또다시 그것이 나쁜 동기로부터 나왔다고 할지라도, 그것은 행정과정의 효과성과 효율성에 있어 본질적인 것이다.

이러한 원형은 경쟁적인 사회나 문화에서는 부가적인 잠재력을 얻는다. 동서양의 현대적인 기술문화는 그러한 것들의 경작을 위한 기름진 토양을 제공해 준다. 게다가 문화가 물질주의·결정주의·쾌락주의의 문화일 경우, 다양한 강화는 출세제일주의자 유형의 행정을 가능케 한다. 문화에 대한 명시적이고 암시적인 보상체제는 성공을 수반한 계서의 증대 그리고 의미의 증대로 성공에 대한 동일시를 보다 확고하게 했다. 그리고 쾌락적 만족이 상향적 이동에 점점 더 많이 부가되면서, 일상적이고 비행정적 의미에서 자기방종에 최초로 부과된 감정적 충동은 지각된 보수를 수반한 작업유형으로 변형되게 된다. 그래서 고되고 장기간에 걸친 출세제일주의자들의 작업에 대한 관여는 지나치게 고전적인 작업윤리에 동의하는 것이다. 이것은 그 다음에 또 강화되는데, 이는 그것이 어떤 주저하는 도덕적인 불안을 완화시키고 심지어는 출세제일주의자들로 하여금 유사도덕적 정직과 우월이란 감각을 즐기도록 허용하기 때문에 그렇다.

그렇지만 출세제일주의자들이 갖는 특성의 본질은 일종의 야만적인 부도덕성이다. 그것은 니체철학적(Nietzschean) 의미에서 선과 악을 초월하는 것도 아니고 정신병리적인 것도 아니다. 즉, 그것은 사회의 관습을 인정하고 수용하는 것이며, 그러한 관습은 도덕적 규약으로 바뀌어 지지만, 그것이 그들의 지각된 이점에 관련될 경우 그들은 사회의 관습을 거리낌 없이 도처에다 적용시킨다. 원형의 경험적인 적용은 워터게이트(Watergate)* 사건과

---

* 워터게이트 사건의 공모자인 리디(G. Gordon Liddy)의 예외적인 사례는 흥미롭다. 거기에는 리디씨를 출세제일주의자들의 범주에서 제외시킬 만한 유형 Ⅰ의

같은 좋은 자료에서 발견될 수 있다. 여기서 사람들은 공익이 얼마나 빨리 그리고 자연스럽게 출세라는 사익으로 재해석되게 되며, 일이 실패로 끝나면 동료나 부하들이 얼마나 무정하게 버림받고 배반을 받게 되는지를 관찰할 수 있다. '출발이 잘못되면 잘못된 일이 연속된다.' 우세한 입장이 되기 전에 이와 같이 결국 좌절하게 되는 이유는 유형 I의 관여와 반대되는 유형 III의 관여에 관련되기 때문이다.

또한 원형적 행동은 아주 유명한 사례로 알려진 나치 독일의 캘리(Calley)와 아이히만(Adolf Eichmann) 중위 같은 몇 명의 악명 높은 공무원들의 사례에서 증명된다. 이들 두 사람은 거대한 조직에서 출세 가도를 달렸다. 그리고 조직의 초가치는 이들의 업무분위기와 사적인 명령을 지배하였고, 유형 I의 윤리와 유형 II의 도덕성에 의해 제약받지 않았으며, 그들의 업무성취를 결정하였다. 그래서 사건의 변화로 그들이 회계내용을 제출하도록 요청받았을 때, 이들이 도덕적 책임감을 업신여기고 비정적인 실체와 힘에 그 잘못을 뒤집어씌우려고 시도한 것은 당연하다.

이와 같이 잘 알려진 사례가 있지만 실제 생활에서 나타난 예증 이상의 것을 추출해내기는 어렵다. 왜냐하면 이것은 그들의 다양한 인성과 상호작용 및 합성에 의해 강화되는 현장의 변인들이 근본이 되는 가치원형들에 대한 안목을 희미하게 하기 때문이다. 실제적 생활에 관한 가치의 색채들은 상당히 혼합된다. 그리고 진행 중에 있는 가치복합은 분석적인 것이 아니고 종합적인 것이다. 그렇지만 그 유형은 때때로 인지할 수 있을 만큼 명료하게 나타난다. 이와 관련하여 드러커(Drucker)는 아주 지독한 사례들을 제시하였다. 1929년에 게네랄 안짜이거(General Anzeiger)는 프랑크푸르트(Frankfurt)에 있는 신문사에 근무하면서 헨쉬(Reinhold Hensch)라는 동료 저널리스트와 교제한 적이 있다. 당시 헨쉬는 사회적이고 학술적인 자격을 갖추지는 못했지만 출세를 열망하였다. 그래서 결국에 그는 공산당과 나치(Nazi)당, 두 정당

가치들이 업무수행 중에 나타나는 것처럼 보인다.11)

에 가입하였다. 그의 태도는 다음의 대화에 잘 나타나 있다.

'당신은 결코 이해하지 못했다. 나는 영리하지 못하다. 나는 그것을 안다. 나는 드러커(Drucker) 당신, 그리고 아르네(Arne)와 벡커(Becker)보다 더 오랫동안 신문사에 근무해 왔다. 그렇지만 이들 세 사람은 모두 고위 편집인이다. 그러나 나는 아직도 내가 처음에 발을 들여 놓은 시청에 출입하고 있다. 나는 내가 글을 잘 쓸 수 없음을 안다. 치과의사인 엘리제(Elise)의 아버지조차도 그의 딸이 나에게는 너무 과분하다고 생각하였다. 당신은 왜 내가 권력과 돈과 위대한 어떤 사람이 되길 원하는지를 이해하겠는가? 그것은 내가 4~5년 전에 나치주의자들이 당원을 모집하였던 초기에 나치당에 가입한 이유이다. 그리고 이제 나는 아주 작은 숫자의 번호가 부여된 당원증을 가지게 되었고, 상당한 어떤 높은 사람이 되어가고 있다! 영리하고, 좋은 가문에서 태어났고 좋은 관계를 맺고 있는 사람들은 너무나 까다롭고 융통성이 부족하며, 야비한 일을 아주 꺼려한다. 내가 명예를 얻고 나서 세상의 사람들은 그렇게 보였다. 나의 말을 주목하라, 그러면 당신은 이제 나를 알게 될 것이다(Drucker, 1978: 164-5).

그는 소문이 났다. 그리고 전쟁이 끝날 무렵 뉴욕 타임즈(New York Times)는 다음과 같은 내용을 실었다.

나치 전범이 되기를 가장 원했던 사람 중의 하나인 헨쉬는 프랑크푸르트에 있는 폭파된 집의 지하실에서 미군에 의해 체포되었을 당시에 그는 이미 자살을 했었다. 육군 중장의 계급으로 나치친위대의 부관이었던 헨쉬는 악명이 높은 파멸군대를 지휘하였으며, 유태인과 '나치의 적이 되는 사람들'에 대한 박멸운동과 독일에서 정신적으로나 육체적으로 결함이 있는 사람들을 멸종시키는 것, 그리고 점령된 국가에서의 저항운동을 진압하는 것 등을 담당하였다. 그는 너무나 잔인하고 사납고 살기가 있어, 다른 사람들에게는 물론 자기 자신의 부하들에게까지도 '괴물'로 통했었다(Drucker, 1978: 158).

물론 악과의 친밀한 관계는 이러한 원형에서 빠질 수 없는 필수품이다. 그리고 악과 원형이 둘 다 인류에게 아주 필수적인 것이기 때문에, 아주 빈번하게 도덕적 격분이 야기되고 정당한 부인의 폭풍이 방출되게 되는 것은 놀라운 것이 못된다. 이러한 것 때문에 **성공의 비결**과 관련된 출세제일주의적 학도들은 자신의 사적인 간계들을 위장하고 숨기는 것을 충분히 보장하는 도덕주의의 단면을 유지하려 한다. 헨쉬는 일시적으로 이런 점에서 부족한 점이 있었다. 모든 시대에 걸쳐 종교적 저작들은 이러한 유형에 상당한 관심을 가져왔으며, 바가바드 기타에서 전적으로 인용된 아래의 구절은 단순히 그것이 비방의 음조를 띠기 때문이 아니라 어느 정도의 명료성과 힘을 가진 원형적 차원을 서술하기에 흥미롭다.

악마의 성격을 지닌 인간들은 그들이 당연히 해야만 하는 것을 알지 못하고, 그들이 삼가해야만 하는 점도 알지 못한다. 그들에게는 진리도 순수성도, 올바른 행위도 없다. 그들은 성전(聖典)이 거짓말이며, 보편적인 것은 도덕적 법칙에 기초하지 않고 무신론적이며, 관능적 욕망으로 지각되고, 성교에 의하여 탄생한다고 주장한다. 그리고 그들은 자신들의 편협된 마음이 암흑 속에서 이것을 믿기 때문에, 이렇게 타락된 피조물들은 소름끼치는 행위를 하며 세계를 파멸시키려고 시도한다. 그래서 그들은 인류의 적들이다.

그들의 관능적 욕망은 결코 진정될 수 없다. 그들은 거만하고 어리석으며, 자만심에 도취해 있다. 그리고 그들은 악한 것을 맹목적으로 뒤쫓으며, 그들이 찬성하는 목적은 명료하지 않다. 또한 그들은 삶이 감각의 만족이란 유일한 한 가지 목적만을 갖는다고 확신한다. 그래서 그들은 수많은 근심으로 고통을 받게 되며, 죽음만이 그러한 근심으로부터 그들을 해방시켜준다. 근심은 그들을 수백 가지의 속박에 얽매이게 하며, 그들을 관능적 욕망과 분노에 빠지게 한다. 뿐만 아니라 그들은 쉴 새 없이 바쁘며, 자신들의 욕구를 만족시키기 위해 부정한 이득을 챙긴다.

"나는 이것과 내가 그것을 얻게 될 날을 원했다. 그리고 나는 그것을 미래에 얻게 될 것이다. 모든 이러한 풍요는 이제 나의 것이다. 머지않아 나는 더 많은 풍요를 얻게 될 것이다. 나는 이러한 적들을 죽였고, 앞으로도 그 나머지의 적들을 죽이게 될 것이다. 나는 통치자로서 행복하다. 나에게 대적할 만한 사람이 그 누구이겠는가? 나는 아주 부유하고 고귀한 집안에서 태어났다. 나는 그런 우상을 위해 희생을 각오하고 있으며, 자선품을 주게 될 것이다. 그리고

나는 유쾌하게 될 것이다." 이와 같은 말은 그들이 자신들의 맹목적 무지에서
자기 자신들에게 말하는 것들이다.

그들은 감각적 쾌락을 탐닉하는 사람들이며, 자신들의 많은 욕구에 의해 불안
하게 되며, 착각의 그물에 걸리게 된다. 그리고 그들은 그들 나름의 악한 마음
을 갖게 되는 추악한 지옥에 빠지게 된다. 또한 그들이 자신들의 부에 의해서
자만심을 갖게 되고 오만하게 되고 어리석게도 거만해지고 거기에 도취하게 되
면서, 그들은 외향적인 과시를 위해서 신성한 의식을 따르지 않고 단지 명목상
으로 신에게 희생을 바친다. 이와 같이 악의가 있는 피조물들은 이기주의·허영
심·분노 그리고 권력에 대한 의식으로 가득 채워지게 된다. 그들은 나를 몹시
싫어하며, 자기 자신에게나 타인에게 내가 존재한다는 것을 부정한다. 또한 그
들은 모든 인간과 나 자신에게 있어 잔인하고 비열하며, 추악한 적들이다. 나
는 그들을 타락한 부모의 자궁 속으로 계속해서 되돌아가게 해 놓고 보며,
그들이 생과 사의 수레바퀴에 종속되는 것으로 본다. 그래서 그들은 타락과
착각의 상태로 계속해서 다시 태어나게 된다. 그들은 나의 마음을 움직이지
못하며, 최저로 낮은 수준의 가능한 영혼의 상태에 빠지게 한다
(Prabhavananda and Isherwood, 1944: 114-16).

그러나 우리의 출세제일주의자들은 유황의 악취를 필요로 하지 않으며, 어
떤 신학적 험담에 대한 인식도 필요로 하지 않는다. 외견상으로 그는 아주
유쾌한 맞수 또는 그의 조직이나 그가 자신의 이익을 추구하는 데 있어서
특별히 사태가 유리하게 돌아갈 경우, 상냥하고 재빠르게 예술의 대가가 될
수 있고 실제로 그는 지금까지 그랬었다. 결국 타인에 대한 조작은 자신이
성공하는 데 있어 본질적인 것이다. 게다가 그 유형은 성취와 인정에 대한
야망과 욕구가 더 높은 수준의 원형들에 의해 제약받지 않는 정도로 우리
모두에게 존재한다. 확실히 출세제일주의자들은 총체적인 봉사를 할 수 있
다. 그리고 그가 자신의 조직과 동일시하는 정도에 따라서, 그는 조직의 총
체적인 선을 위해 상당한 정도의 사적인 희생을 바칠 수 있고, 인색하지
않게 자신의 행정적 기술이나 경영적 기술을 제공할 수 있다. 이러한 유형
은 가장 기본적이고 원시적인 것이며, 그래서 조직의 초가치에 가장 쉽게

관련을 맺는다. 즉, 조직들은 이러한 단면이 없어질 경우에도 자신들의 출세제일주의적 지도자들을 공경하게 될 수 있다. 왜냐하면, 외과수술이 육체적인 실체에 필요한 것과 마찬가지로 잔인성은 책략적인 실체에 필요하기 때문이다. 그리고 조직역사에 관한 기록은 왕자와 독재자, 압제자와 군부독재자 등이 모두 항시 자신들의 공익적 성공을 위해서 환영받고 갈채를 받아 왔다는 사실을 나타내 준다.

1. 추종성

출세제일주의자들은 쉽사리 스스로 자신이 속한 조직의 비행정적 서열을 따르게 하며, 훌륭한 지도자로 비치기 쉽다. 이와 같은 단순한 이유에서 자기 자신과 조직의 이익 사이에 제휴가 있게 될 경우, 연합적 역학은 종종 조직의 성장과 성공을 보장하게 된다. 그래서 최소한 그는 지도성을 추구하는 부분적인 자신의 이익을 위해 훌륭한 투사로 보이게 할 것이다. 또한 그의 이미지는 그의 업무습관·정력수준·관여의 제기·분주함·시야 그리고 정치적 기술 등에 의해 확인되고 강화된다. 심지어 잔인성의 질조차도 그것이 추종자들에게 결과적인 잔재주의 속임수 방식의 경제정책의 특전을 가지고 경쟁적 영역에서 조직의 이점을 얻어내는 강력한 지도자란 고정관념을 통해서 재해석될 경우 이들은 찬미 받게 될 것이다. 그리고 '살인자–본능'이 아마도 주목될 만큼 바람직한 어떤 것을 의미하는 반면 약점이나 동요는 하찮은 것에 불과할 것이다. 세상의 사람들은 승리자를 숭배한다. 권위에 의존하는 사람들, 어린애 같은 사람들, X이론의 모든 오명을 견디어내는 추종자들과 같은 사람들은 출세제일주의자들에 대한 경험적 구현을 환영하게 될 것이다.

그러므로 조직의 환경(맥락)은 출세제일주의적 지도자들에 대한 추종자의 수용에 있어 중요한 요인이다. 그리고 계선의 극대화와 막료의 극소화를 지닌 정치적·**자유방임적** 환경은 논리적으로 가장 이로울 것이다. 물론 비록 이미지 관리의 명수들이 교회나 정당, 연대나 학원 또는 보다 실용주의적인 조직의 분야에서와 같이 쉽게 위계를 실천할 수 있다 할지라도, 전문적·기술적 또는 이념적인 조직은 각기 덜 동질적인 것으로 입증되게 될 것이다. 그렇지만 대개 조직의 목적이 불분명한 것은 출세제일주의자들에게 이롭다. 왜냐하면 다양하고 복잡한 목적들은 단순하고 측정 가능한 결과들이 효과성을 직접적으로 계산해 보도록 하는 곳에서 부정되는 조직 내에서의 술책을 위한 기회를 제공한다.

그럼에도 불구하고 성공에 대한 압력은 출세제일주의자─지도자를 얽어맨다. 즉, 실패는 저주받은 것이다. 자신의 정치적 지지를 계속 유지하기 위해서 그들은 자신의 지위를 유지해야 함은 물론 이득과 보상의 제공을 약속해야만 한다. 그래서 시간은 적이다. 왜냐하면 시간이 경과하면 이와 같이 약속된 몇 가지 각서들이 그에 대한 보상으로 제시되기 때문이다. 그래서 그 각서대로 현찰이 지불되지 않는다면, 당분간 책임감의 범위에서 당분간의 지속적인 상향이동을 하는 그에게는 더 좋은 것이다. 그래서 수직적이거나 수평적인 이동성은 조직 내부에서는 물론 조직들 사이에서 본질적인 것이 된다.

이동성은 출세제일주의적 지도성에 관련된 단기적 자질을 강화한다. 그리고 이동성은 사용자의 정신능력과 지도자 자신의 목적에 대한 수단과 도구로 사람들을 이용하는 것을 암시하기 때문에, 이러한 조작을 인정하는 현상이 추종자들 사이에서 점차적으로 나타나고 이러한 인정의 가능성이 점차 증가하게 되면서 그들은 적으로 변하게 된다. 또한 이중성·술책·간계성 그리고 재빠른 처세술이 노출되는 위험 또한 점차 증가하며, 압력 또한 보류된 문제들과 지연된 결정들로 인해 만들어진다. 이 모든 이유로 시간이 흘러감에 따라 출세제일주의자들에 대해서 반대의 입장을 고수하게 되며, 단기적 관여와 연결된 이동성은 최선의 방어전략으로 입증된다. 그리고 조작되고 이용당했다는 것을 발견하게 되면 적의(敵意)는 물론 가장 넓은 의미에서 모든 사람은 조직의 목적에 대한 도구적 성격을 갖는다는 사실을 부정하지 않는다. 모든 사람은 단순히 조직의 구성원이라는 의식 때문에 이용당하는 사람이다. 그렇지만 출세제일주의자들은 무관심권을 깨뜨려 버린다. 무관심권 안에서 조직의 목적이 자아의 이익을 집합적 이익에 종속되지만, 결과적으로 이러한 종속이 부분적으로나 전반적으로 다른 사람의 자아를 자극하게 될 경우, 적의를 나타내는 지표는 높아지게 될 것이다. 이용당하는 사람들이 소란을 일으키는 반면, 이용하는 사람들은 번성하게 된다. 그리고 사기는 이용의 비율과 역으로 변화하게 된다.

이동이 가능한 출세주의자들이 자신의 행적에 남겨 놓은 사기의 문제들은 자신의 최근 동료들에게 상당한 관심거리가 되겠지만, 그 동료들은 새로운 환경과 조직 그리고 그런 부류의 부하들을 접하면서 자신에 대해서는 관심을 갖지 않는다. 그럼에도 불구하고 새로운 약탈의 장을 가까이서 대하는 측근과 출세제일주의자들과 친밀한 사람이나 그들의 부관들과 같은 측근들에게 부정적 감정이 극에 달하게 된다. 심리적 또는 사회적인 거리감으로 인하여 지도자의 이미지를 다른 수준에서 보호받게 될 수 있다. 내부의 단체는 은밀하게 권력·야망·정치에 관련된 몇 가지 또는 많은 간계에 관여하게 될 것이며, 실로 그들 자신을 확인하고 가르치며, 지원하게 할 것이다. 또한 그들은 아주 근접한 거리에서 그 구성을 관찰하거나 또는 그 뒷면을 알기 위하여 지도자의 겉면과 아주 친숙하게 된다. 만일 친밀성이 경멸을 낳는다는 것이 진실이라면, 이에 대한 설명 중의 하나는 그것이 단순히 지각력 있는 관찰을 위한 보다 많은 기회를 제공하게 된다는 것이다. 그래서 출세제일주의자들은 역설적으로 자신을 가장 편한 마음을 갖게 하는 사람들을 경계해야만 한다. 그렇기 때문에 때때로 그는 자신의 부관 및 보좌관을 혼내주고 기를 죽이고, 창피를 주어야만 한다. 그리고 출세하고자 하는 사람은 자기 주변에 있는 자기 자신과 같은 사람들을 감시해야 한다. 그래서 집행자의 수행원들은 종종 중요한 위치를 차지한 집행적 압력의 원천이 되는 사람들로 생각된다.

대범한 추종성은 이 모든 것을 무시하거나 망각한다. 조직의 초가치들을 위협하지 않는 한, 그들 자신의 안전과 복지는 유지되며, 지도자의 체면은 청렴하게 보일 것이며, 그의 이미지는 초가치에 비추어 볼 때 공정하게 보일 것이다. 또한 추종자들이 지도자를 상당히 칭송한다는 것을 지도자가 알게 될 경우, 그는 정말로 거기를 떠나길 원하지 않을 것이다. 요약하면, 효과적이고 효율적인 단기적 지도성과 조직의 이익 출현과 현실 모두를 금지하는 출세제일주의자들의 원형 내에는 아무것도 없다.

2. 실 천

이러한 원형을 비판하는 데 있어서 단순히 도덕적으로 된다거나 자기도취적 쾌락주의 또는 평범한 자아추구와 출세제일주의적 야망에 관련된 오명을 축적한다고 하는 것은 충분치 못한 것이다. 논리적 근거가 없다면, 이러한 비평은 그 자체가 단지 감정적인 질책에 불과하다. 최악의 경우 그것은 유형 III의 감정이거나 기껏해야 유형 IIB의 감정에 불과하다. 효과적인 것이 되려면 반대논쟁은 논리실증주의의 철학적 하부구조에 근거해야만 한다. 왜냐하면 결국 그러한 철학적 하부구조는 우리가 출세제일주의적 원형에 담아 온 태도·동기와 가치－행동의 복합체를 유지시킨다. 그러나 이러한 공격이 쉽사리 제기되지 않는다는 것은 이미 제시된 바가 있다(제2장 제7절을 참조). 사실 그러한 기반에 있어 실증주의자들은 논란을 하지 않는 것처럼 보일 것이다. 그렇지만 그들이 갖는 기반은 엄밀하게 말해서 합리성의 한계, 즉 편협되게 파악된 합리성과 관련이 있다. 그래서 일단 도덕적 직관이나 유형 I의 감정적 관여와 같은 초합리적 요소가 논쟁거리로 인정된다면, 실증주의와의 대화는 필요 없게 된다. 그래서 이것은 출세주의를 포기하길 원하는 행정철학자들이 자신의 경우를 궁극적으로 초합리적이고 초월적인 토대에 의존해야만 한다는 것을 의미한다. 또는 다소 덜 엄격하게 말한다면 자기이익을 초월하는 지도자들은 더 높은 수준의 원형들에 대한 자신의 실천수준을 확립해야만 한다.

물론 그는 '자업자득'이나 '누워서 침 뱉기'와 같은 전래되는 교훈을 인용하는 것으로 만족하게 될 것이다. 또는 자신의 경험이란 자원에 기초해서 그는 자기중심성이 단지 고립과 불행을 초래하며, 자기몰두는 자기소모를 초래하고, 친구들은 경쟁자나 적들보다도 더 유용하다고 주장할 것이다. 이 모든 것들은 수용된 사회적 교리의 수준과 기풍에 대한 상식에 있으며, 그것들 중의 그 어느 것도 **성공의 비결**에 관련된 명수에 영향을 줄 것 같지는 않다. **실제정치**에 관련된 빈틈없는 실천가들은 그러한 정조를 단순한 병리나 약자들의 무기력으로 여기는 경향이 있다.

실천에 관련된 요점은 단순하다. 즉, 출세제일주의를 거부하는 행정가는 상쇄적 관여를 가져야만 하고, 이러한 관여는 어떤 극히 작거나 검증되지 않는 신념에 의해서 유지되어야만 한다. 이러한 신념에는 어느 한 극단에서 칸트적 명제인 우주에서의 도덕적 질서에 대한 신념과 나머지 다른 한 극단에서 공자적 명제인 사회에서의 도덕적 질서와 규약, 규범과 법을 위한 사회—도덕적 기초에 대한 신념을 포함한다. 그 정도가 얼마이든 간에 이러한 부류의 관여에 대한 수용은 일단 억제되며, 그것은 개인의 자유를 감소시킨다. 가치지향에 있어서 이러한 제약에 대한 보상은 개인에 대한 가치구조가 다소 더 의미 있고 심오하게 되는 명제에서 발견된다고 사람들은 생각하는 것 같다.

그렇지만 도덕적 책임감에 대한 이러한 가정은 순진성을 암시한다. 즉, 더 높은 수준의 원형들의 실천은 결코 출세제일주의자를 쫓아내지 못한다. 즉, 그러한 원형은 모든 사람들의 가슴속에 있으며, 모든 행정적 심성의 구석진 곳에서 틀림없이 나타난다. 철학·법·종교·도덕성과 집단심리학의 억제가 무엇이든지 간에, 때때로 자기이익이 우세하다는 것은 사회적 지혜에 관련된 가장 단순한 진리이다. 모든 사람들은 자신의 의식수준에 있어 어느 정도 출세제일주의자들이라고 할 수 있다. 쾌락주의와 자아추구는 지나치면 결국 부패하게 된다. 그리고 심리에 있어 그것들이 맹목적인 요소일 경우 그것은 정신의 발전에 있어 장애가 된다. 쾌락을 추구하는 것은 아주 근거가 있고 자연스러운 것이다. 그러나 쾌락의 순화를 추구하는 것도 아니고 쾌락의 원리를 초월하는 것도 아닐 경우 그것은 단지 인간의 본성을 경시하는 것이다. 마찬가지로 자기 자신에 대한 야망은 아주 자연스런 것이다. 그러나 만일 그것이 자아에 고착하게 된다면 그것은 병리적인 것이 된다. 즉, 야망은 야망 그 자체를 능가해야만 하며, 억제·순화·초월 그리고 더 많은 관여를 추구해야만 한다.

성공의 비결에 관한 한, 그것은 실천에 있어서 궁극적으로 반조직적·반사회적 그리고 역기능적인 것으로 즉석에서 거절될 수 있고 또 그렇게 되어야만 한다. 아직까지도 이러한 실천의 훈계는 독단적일 뿐이다. 즉, 그것은 단기적인 이득이나 재빠른 성공을 추구하는 사람들을 전혀 단념하게 할 수 없다. 그리고 실천은 항시 가치 패러다임의 하위 수준을 항시 조절해야만 한다. 행정의 현실과 관련 있는 그 사람의 경험이 예외적이어야만 한다고 말한 아우렐리우스(Marcus Aurelius)는 그 문제를 다음과 같이 설명한다.

어떤 사람이 "나는 당신에게 완전히 솔직하기로 마음먹었다"고 말할 경우, 그것은 얼마나 공허하고 거짓되게 들리는가? 왜 인간이 그런가? 여기에 담겨진 것은 무엇을 의미하는가? 그것은 서언(序言)을 필요로 하지 않는다. 즉, 그것은 그 자체가 진실이다. 그것은 당신의 이마에 진실이 쓰여야만 하며, 당신의 목소리의 음조에서 울려 퍼져야만 한다. 그리고 그것은 당신의 눈에서 순간적으로 빛나야만 한다. 마치 사랑받고 있는 사람으로부터의 단 한 번의 눈짓이 사랑하는 사람에게 모든 것을 말해 주듯이…… 진실성과 선량함은 그 나름의 의심할 여지가 없는 향기를 지녀야만 한다. 그래서 이것을 만나는 사람은 즉시 그것을 인식하게 된다. 위장된 정직에는 감추어진 칼이 따라다닌다. 늑대의 위장된 우정은 가장 경멸할 만한 것이며, 가장 멀리해야 할 것이다. 진실로 착하고 진실하며, 좋은 사람은 자신의 얼굴 표정을 통해서 그것을 보이게 될 것이다. 그리고 모든 사람이 그것을 알게 될 것이다(Aurelius XI: 15).

이러한 고전적인 논평은 어두운 안경이 학생의 이완-수축반사가 정서적 반응에 관련된 무의식적 신호라는 지식에 의해 영향 받는 시대에 있어 충분히 현대적인 것이다. 진실로 더하거나 덜한 정도에 따라 출세제일주의자의 원형은 실제에 있어 지속적으로 존속하여 왔으며 타인에게서는 물론 그 자신에 있어서 그것을 식별해내는 것은 실천의 책임이다.

> 신조: 우주에는 도덕적 질서가 있다. 그리고 그 질서에 대한 집착은 강화되며, 대신 일탈은 약화된다.

신조가 암시하는 바대로, 실증주의와 이기주의에 반대되는 지적인 사례는 논리적이고 합리적인 논쟁에 대한 엄밀한 한정으로부터 취해진다. 그리고 그 신조의 기저가 되는 지각표상들은 비과학적인 것이며, 다음과 같은 신념으로 요약될 수 있다. 즉, 그것은 먼저 우주에는 도덕적 질서가 있다는 신념이며, 두 번째로 이것에 대한 희미한 반성이 사회와 조직에서 뚜렷한 도덕적 질서로 존재한다는 신념이며, 마지막으로 개개의 사람들은 최소한 때때로 또는 이따금 도덕성에 대한 이러한 질서와 행동 및 판단에 대한 몇 가지 다른 통로 사이에서 선택하기에 충분한 자유를 갖는다는 신념이다. 또한 그러한 신조에서 암시적인 것은 만일 그가 질서에 관한 더 큰 원리를 위증시킨다면, 즉 그가 옳게 행동하지 않는다면 개인들에게 부정적인 결과들이 있게 된다는 것이다.

첫 번째의 비과학적인 지각표상은 가치패러다임에서 이미 확립된 옳음과 그름의 범주와 선과 악의 범주를 각각 구별해 준다. 이와 같은 범주들 사이의 구별은 절대적으로 기본적인 것이다. 왜냐하면 인류(homo sapiens), 즉 지상에 있는 모든 동물들 중에서 인류만이 그것을 할 수 있는 것처럼 여겨지기 때문이다. 성경(聖經)의 신화에서 그것은 선악이란 지식의 나무에 열리는 과일이다. 그것은 경험적 입증이 안 된 것, 즉 초기에 인간의 의식에서 있었던 것만큼 지금도 상당히 철학적 논쟁거리가 되고 있다. 그렇지만 출세제일주의적 원형에 대한 관여는 그것을 부정하고 무시한다.

두 번째의 비과학적인 지각표상은 도박적 질서가 어느 정도 조직사회의 현상에서 명시된다고 주장한다. 그렇지만 지배적인 문화에 동조하는 사회적 압력들은 다양하고 일탈적인 하위문화들에 의해서 약화되는 반면 법과 준도덕성 체제가 지속적으로 보존되게 한다.

세 번째의 지각표상은 자유의지의 교리이다. 행정가는 모두가 결정된 과거와 결정되지 않은 미래가 만나는 위치에 서 있는데, 과거는 항시 잃어버린 원인이며 미래는 항시 희망으로 극복되지 않는다. 그렇지만 교리 그 자체는 어떤 엄격한 실증적 의미에서 검증될 수 없는 것이며, 도덕적 질서의 전반적인 개념과 함께 과학적 결정론자들에 의해 부정된다. 그래서 그것은 실천에 관한 전혀 다른 개념들을 이끌어 낸다. 이 책의 입장은 바로 거기에 한정된 자유의지가 있고, 어느 정도의 자유가 있으며, 인간의 도덕적 재능은 사실 그의 의지에 의존한다고 본다. 그리고 결정의 맥락에서 자유도의 수치와 선택의 범위와 관련하여, 거기에는 끊임없는 논쟁이 있을 수 있다. 나는 이것이 인간의 물질적 환경은 물론 그의 본질에 의존한다는 것을 의미하며, 오히려 그의 도덕적 발달의 함수라고 생각한다.

출세제일주의적 원형에 대한 관여는 어떤 다른 가치복합체에 대한 관여와 같이 이들 지각표상 아래서 옹호된다. 만일 출세제일주의적 관여를 억제하게 하는 것이 실천에 존재한다면, 그것은 부정적 결과의 추정에서 가장 설득력 있게 발견된다. 이러한 준가설은 경험과 실천에서 검증 가능하다. 확실히 그 검증은 과학적으로 정확하지는 않지만 행정경험에 대한 합의는 다듬어지지 않은 출세제일주의가 실천가와 조직 모두에게 역기능과 부정적 결과만을 안겨준다고 하는 것은 어느 정도 설득력 있게 주장될 수 있다. 요약한다면, 행정가들에 대한 사적인 일대기들은 출세제일주의자 개인의 생활형태에서의 도덕적 응보의 원리나 집합적인 수준에서 조직의 병리들에 관련된 부정적 결과를 지원하기 위해 도출될 수 있다. 그리고 정도에 따라 원형은 포기될 수도 있다.

유형 Ⅲ의 가치들이 패러다임에서 최하인 것과 같이 출세제일주의자는 원형들 중에서 최하의 것이다. 그러나 이것은 그 나름의 기본적인 질을 설정한다. 모든 지도성은 이러한 원형을 구체화하고 포함하며, 모든 사람들은 그들 자아의 초가치에 동의한다. 하위 수준의 자아로부터 도피할 수는 없다. 지혜로운 조언은 이것으로 인하여 당황하는 것이 아니라 그것을 수용하는 것, 즉 우리의 내부에 있는 반집합적 힘들을 완전히 이해하고, 그것들을 순화시키고 개화시키며, 원형의 원시적 에너지들을 더 높은 수준의 목적과 가치에 이용하는 것이다. 여기서 실천은 가치논리의 이와 같은 기본적인 수준에 대한 우리의 의식을 증가시키는 것을 암시한다. 현존하는 실천은 불충분한 것이다. 잔인한 사람들은 집행적 수행원에게 너무나 쉽게 접근한다. 그리고 다소 모호한 형태의 행정적 진화론 아래에서, 지혜롭지 못한 약자들은 마땅히 실패를 경험한다. 이것을 능가하기 위해서는 모든 조직수준에 있어 훨씬 더 많은 도덕적 감수성을 필요로 하며, 지도자들의 도덕적 능력과 지도성에 있어서의 도덕적 구성요소에 대한 정사(精査)를 필요로 한다. 그리고 그러한 정사를 떠맡기 위한 우리의 도구는 아마도 우리가 원하는 만큼 날카롭지 못하다.

수준 Ⅲ과 수준 Ⅰ의 감정을 정확하게 구별하는 패러다임에 있어서의 개념적인 곤란은 또한 실천에 있어서도 중요한 곤란이 된다. 그것은 원형들에 관한 우리의 토론을 일으킨다. 어떤 의미에서 그 패러다임은 윤리적인 배려에서 계서적으로 조직된 감정의 체제로 이해될 수 있으며, 계서가 상승하게 되면서 거기에 더 많은 이익이 포함되게 된다는 것은 패러다임의 초윤리이다. 이러한 의미에서 출세제일주의적 원형은 가치패러다임의 계서 전반에 걸쳐 지속된다고 말할 수 있다. 말하자면 그것은 가치에 관한 더 큰 영역들에 의해 압도되며, 그래서 더 높은 원형들이 성취되면서 그것은 점차적으로 경시되고 승화하게 된다. 이러한 의미에서 최하의 원형은 최상의 원형을 예시한다는 것이 주목될 수 있다. 즉, 더 고상하고 최대로 순화된 '이기심'에 대한 관여의 질이 결여했기 때문에 최고 수준에 이르기는 어렵다. 아마도 결점이 되는 것은 논리라기보다는 비전(vision)이고 의지라기보다는 무지에 관한 것이다.

　일반적으로 질서·사회적 조건화 그리고 분별 있는 이성의 힘들은 하위의 원형을 억제시키고, 아주 강력하게 그것을 금지시킨다. 그러나 이러한 힘들이 약하고, 조건들이 정당하고 그래서 신권적 지배에 대한 변화가 발생할 경우, 특정인에게 이익이 되는 것은 모든 사람들에게 정당한 것이 될 수 있다.

　마지막으로 다음과 같은 경고를 할 수 있을 것이다. 즉, 원형은 지각하는 것 보다는 상상하는 것이 더 쉽다. 출세제일주의자들은 그렇게 자신을 선전하길 싫어한다. 현대조직들은 그들의 약탈적 경향의 유형을 위한 적절한 방어적 공간을 제공해 준다. 또한 그러한 모든 속임수를 꿰뚫고, 이러한 인식을 지각·의식·변별·행동화하는 것은 실천에 관련된 영속적인 책임이다.

제2절 정 치 가

　정치학은 행정에 대한 또 하나의 다른 이름이다. 정치학의 가치논리는 집단의 선호에 관한 본질적인 **현실**에 놓여 있다. 정치가의 원형은 행정가와 관련되는 데 행정가의 이익은 자아의 이익을 능가하며, 행정가들이 집합체와 집단을 포용하는 지점에까지 자아의 자연적 확장을 확대하여 왔다. 그래서 이러한 집단, 즉 전형적으로 그가 책임지는 조직은 어느 정도의 가치패권을 갖고, 자기 나름의 가치구조와 행동에 영향을 주도록 허용 받고 있다. 정치가의 원형은 공동으로 타인의 가치를 설명하는 가치복합체를 말한다. 그것은 특히 전체는 부분들의 합보다 더 크다는 형태원리에 의하여 영향을 받는다. '정치가'라는 용어가 대개 대중적인 용도로 쓰여서 경멸적인 출세제일주의자란 의미를 갖지만, 여기서 그 용어는 국가조직의 의지와 복지를 추구한다는 그 나름의 원래의 의미로 사용되고 있다. 신봉건적인 조직사회에서 정치가적 원형은 아주 중요하다. 그러나 조직에 속한 행정가에 의한 심리학적 동일시의 개념은 그것이 단순히 확대된 자아로서 도덕적으로 무시될 수 있는 정도까지 공격받아서는 안 된다. 정치가는 집단의 선호를 수반한 자신의 믿을 만한 관심 때문에 독특한 유형이다. 그리고 원형은 민주주의의 원리에 그 기반을 두며, 그 원리는 옳은 행동과 옳은 질서가 개인이 아니라 집단에서 자신들의 궁극적인 합법성을 발견한다는 신념으로 표현될 수 있다.

이러한 신념은 동서진영 어디에나 있어 민주적 이념의 심장부에 있는 것이며, 대규모적인 조직수준이나 국가에 있어서 의문의 여지가 없는 이러한 이념은 아주 광범위하게 퍼져 있고 스며들어 있다. 확실히 이념적 정당화의 문구들은 국가와 단체에 따라 다르며, 실제적인 준거집단은 사회계급으로부터 권력엘리트, 그리고 국가집단에 이르기까지 다양하다. 그리고 국가의 구조가 독재정치·공산정치·사회민주정치 또는 과두정치 중에서 그 어느 것이든지 간에 근본적인 원리는 동일하다. 즉, 거기서의 초가치는 집합체의 이익이다.

국가보다 더 작은 수준에서, 행정적 이익과 민주적 초가치의 분야들은 사회의 조직적 구성요소들의 한계에 의해 규정된다. 여기서 원형은 바나드(Barnard)로부터 인간자원운동에 이르기까지 집단의 사기, 집단의 단결 그리고 참여적 민주주의를 강조해 온 현대적 조직이론에 의해 강화되어 왔다. 기업과 상업에 있어 일본의 신봉건주의는 이러한 부류의 민주적 인상에 대한 보편성을 계속 예증해 주고 있다. 서양에서도 행정가 준비 프로그램에는 변함없이 인간관계·동기유발·직무만족·홍보라는 일반적인 문구들을 포함시키고 있다. 그리고 이것은 불가피하게 이러한 원형적 인상을 더해주고 있다.

정치가는 스스로를 자신의 정력과 도덕적 힘을 집단을 위하여 받치는 집단의 대표자·조성자·지도자로 보는 경향이 있다. 그는 그가 대표하는 집단을 위한 성실성에 대하여는 확신을 갖는다. 사람들은 집단의 가치와 이익에 대한 이러한 동일시를 통해서 출세제일주의적 자기도취주의로 승화시키고 초월하였다고 말할 수 있었다. 이는 바나드가 말한 '효율성'이란 의미를 내포하는 집단의 조화와 합의의 지속적인 유지 및 추구에 대한 선입견을 갖게 한다. 정치가는 타협, 가치의 거래 및 이익의 조정으로 갈등을 완화시키고자 한다. 그러므로 집단역학과 최소한의 설득이란 비장의 장점을 갖고 있다.

그럼에도 불구하고 출세제일주의자와 정치가 사이에는 양적인 가치변화가 있었다. 정치가의 욕구와 가치지향의 성격은 그의 자기이익이 자신이 속한 준거집단에 비추어 보아 다시 정의되고 주장되어야만 한다. 그는 집단의 승인을 먹고 산다. 즉, 집단의 지원은 그의 식사이자 음료수가 된다. 그는 자신에게 지속적인 출세제일주의적 이익을 추구하고 있다는 것을 인정하며, 자기 조직의 정당화된 표어 속에 이것을 포함하고 또 승화시키고자 한다. 요는 III 에서 IIB로의 수준의 변화는 순수하고 단순한 자기이익으로부터 '불순하고' 복잡한 자기이익, 즉 애타적인 일에 근거해서 세련되고 확대된 자기이익으로의 변화이다.

집단의 합의를 확인하고 검증하고, 때때로는 이를 결정하기 위해서는 완전한 정치적 기술을 요한다. 정치가의 과업은 합의가 분명할 때 간단해지며, 합의가 불분명할 때 어렵게 되며, 잠재적이거나 신생적인 합의가 명시적인 가치지향과 모순될 때 가장 어렵게 된다. 합의를 도출하는 과정에서의 이미지는 정치가에게 있어서 가장 중요한 문제이다. 자신의 신뢰성, 궁극적으로는 자신의 권력과 합법성에 근거하여 집단에게 비친 자신의 출연 모습을 잘 관리해야 한다. 각본 연출법은 필수적이다. 역할을 연출해 내야만 한다. 즉, 경영의 연출진은 훌륭한 공연을 해야만 한다. 공식적이거나 비공식적인 모임에서, 잠재적 지침들에 대한 어떤 제안은 공명정대한 이의제기에 의해 부정되게 될 것이며, 이의제기는 정말로 신뢰성 있을 수도 있다. 아버지·아저씨·동지·투사 등에 대한 다른 이미지들은 같은 것으로 제시될 것이며, 거기서 얻는 편의는 그들의 투사작용과 관련이 있는 것처럼 보인다. 결국 정치가는 모든 곳에서, 특히 능력 있는 투표자들, 다시 말해 결정을 내리고 결과에 영향을 미치는 권력을 갖는 조직구성원들이나 참여적 민주주의란 조건

아래서 아주 많은 투표자들에게 알랑거려야만 한다. 이러한 이유로 원형은 엄격한 보수적 결정에 반대되는 유연한 자유로운 결정에 관련을 맺는 경향이 있게 된다. 즉, 손쉬운 승진, 작업과 임금요구에 대한 양보, 인플레이션 정책과 관료적 성장 등은 모두가 어느 정도는 정치가의 원형이 우세한 곳에서 나타나게 될 것이다.

정치가는 때때로 불가피하게 성공의 비결과 관련된 화해의 기법, 마키아벨리적인 아첨, 현대적인 완곡어법으로 말하자면 외교라는 것을 잘 해야만 한다. 현대적인 지도성에 관한 문헌에 나오는 심리학적 전문용어에서 그는 배려성(consideration)의 지수에서 높은 점수를 얻길 바랄 것이다(Halpin, 1967: 86, 197). 그는 행동적으로 집단구성원들을 위해서 사적인 호의를 베푼다. 즉, 그는 자신의 행동을 설명하고 집단구성원들을 지원하며, 모든 집단구성원들을 자신과 대등한 사람으로 다룬다. 다시 말해서 그는 다정하고 접근하기 쉬우며, 그의 추종자들이 할 수 있는 것 이상의 것을 요구하지 않으며, 변화를 위한 제안들을 거절하지 않는다(Katz and Kahn, 1978: 560-1; Heishman and Peters, 1962).

정치가의 이상적 유형은 도덕적이고 합리적이다. 즉, 그가 갖는 관심의 범위는 자아나 확대된 자아의 범위를 능가하기 때문에 도덕적이다. 다시 말해 집단적 관심과 자아의 관심 사이에 어떤 갈등이 있을 경우, 그는 전자가 후자를 압도하고 수정하도록 허용하기 때문에, 관심에 관한 조직적 복합체가 확대된 자아를 구성한다고 말하면 그것은 상당한 냉소를 받게 될 것이다. 그것이 집단의 상호작용에 대한 정직한 가치계산의 표현을 발견하게 되면서, 진리에 대한 관여와 함께 거기에는 자기희생과 자기훈련이 있게 된다. 이것은 진실한 도덕성이다. 실현되기만 한다면 합리성에 대한 기본적 주장은 집단적 선호는 사적인 욕구의 자유방임적 추구가 허용되는 것보다 더 많이 선호에 대한 개인적인 실현을 위한 잠재력을 촉진시키게 될 것이다. 고전적인 경제학의 논리와 반대되지만(Smith, 1776), 정치가들에게 합리적인 가치논리에 대한 주장을 설정하게 하는 논리가 주목될 수 있다. 그는 자신을 집단의 도덕적 집합체의 대표자로 보며, 그를 이끄는 것은 합의이다. 이것이 원시적 민주이론이다. 즉, 집단이 원하는 것과 원해야만 하는 것을 가장 잘 안다. 그리고 지도자의 기능은 이러한 가치들을 발견하고, 공식화해서 제시하며, 조직과 행정과정이란 장치를 통해서 현실로 번역하는 것이다.

정치가는 최선의 경우에 순수-신권적이며, 최악의 경우라도 유사-신권적이다. 그는 완전히 신권적일 수는 없다. 왜냐하면 신권적인 인간은 집단의 가치를 자신에게 부과하는 것이 아니라 자신의 가치를 집단에 부과한다. 그러나 거기에는 집단의 가치와 집합적 의지에 대한 해석이 정확한 정도에 따라서, 그리고 그의 인기가 이러한 종류의 지도성에 대한 지각에서 제약받는 정도에 따라 준신권적인 것이 있을 수 있다. 그러나 집단의 화학적 구성은 신비적이며, 대중적 지지는 악명 높으리만큼 변덕스러운 것이고, 그 징후들은 쉽사리 오독될 수 있다. 그래서 정치가는 반드시 자신의 선거구민들과의 사적인 상호작용을 위해 바쁘게 뛰어야만 한다. 그는 비공식적 조직을 무시할 수도 없고, 무관심해서도 안 된다. 또한 그는 바쁘게 연속적인 일련의 사적인 접촉을 해야 하며 시간적 여유가 적기 때문에 시간을 잘 쪼개 써야 하며, 이에 따다 조직의 문제들에 대한 연구를 할 가능성은 줄어들게 된다. 때때로 그는 물거미와 같이 표면을 대충 훑어보아야만 하지만, 동정적인 정조에 관한 각본 연출법을 충분히 경청하고 연기하는 것을 항시 익살스럽고 기분 좋게, 자발적으로 받아들여야만 한다. 합의란 제단에서 그가 숭상하는 것은 많은 사람들과 먹고 마시고, 대화를 하는 것이며, 그는 한가로움에 젖어 있을 수 없으며 깊이 있는 성찰과 같은 사치에 전혀 탐닉할 수는 없다. 그가 속한 조직의 세계는 그에게 너무나 많은 압력을 가한다. 그래서 그는 정치적 사업, 설득 그리고 지원의 유도를 얻어내는데 관심을 가져야만 한다.

이 모든 경우에, 거기에는 상대적으로 단기적인 지향이 있다. 그것은 절박하게 당면한 문제, 즉 단기적인 문제이다. 실용적으로나 다른 조건이 같을 경우에, 장기적인 문제들은 그 자체에 떠맡기는 경향이 있다. 심리학적 구획은 도움을 준다. 결국 그것은 실무적이며, 체계적이다. 배가 항해를 중단하고,

화재를 끄고, 자아에 대하여 자극을 받고, 협동적인 효율성과 안녕과 관련된 전반적인 분위기가 유지되는 한에서, 만일 군국주의적 오류와 절삭적 오류가 생긴다면 어떤 문제가 일어나겠는가? 그가 단지 이를 유지할 수 있다는 것은 정치가—행정가의 위대한 장점이다. 그리고 이것이 냉소가 없는 확실한 관여로 이루어진다는 것은 훨씬 더 위대한 원형의 장점이다.

이를 성취하기 위해서는 설득의 예술을 필요로 한다. 정치가는 조심스럽게 자신이 하는 상호작용의 지수를 주시하고, 현명하게 호의를 거래하며, 조직의 모든 정보회로를 통하여 지성을 축적한다. 그는 의사소통망의 중심에 있으며, 명령에 관한 이 입장을 가치 있게 여긴다. 그리고 그는 자유재량과 비밀을 중시하지만, 또한 분별 있는 경솔의 가치에 대하여도 안다.

과정의 분류학적 방법에서(제2장 제3절을 보라), 정치가는 중요한 정치—유통이 접하는 중심에 위치해 있다. 이러한 위치와 관련된 가치의 논리는 융통성 있는 어떤 관여를 포함하며, 이외에도 감정이입적 요구를 제기하며, '인간주의적' 또는 '외교적'이란 용어로 요약되는 특질과 가치의 속성들을 포함한다. 원형의 가장 큰 강점은 민주적 기풍과 윤리에 동조하느냐의 여부에 달려 있다. 그리고 이러한 원형의 대표자들이 어느 정도 솔직하냐에 따라 그는 집단의 강력한 단결과 높은 사기, Z이론 유형의 실천 그리고 훌륭한 작업생활의 질을 성취할 수 있다.

그렇지만 유형 ⅡB의 가치들이 있지만, 이것은 유형 Ⅲ의 감정이 한 수준 높아진 것이라는 것을 망각해서는 안 된다. 여기서 유형 Ⅲ은 부도덕적인 것이지만, 유형 ⅡB는 도덕성에 관련한 최초의 형태이다. 그러나 이러한 도덕성의 최초 형태나 최초 수준은 허약하고 불안정한 것이다. 이것은 단지 거대한 쾌락적 자기도취의 문서, 즉 대중의 음울한 충동의 몸부림에 불과하다. 그래서 콩트(Comte de Mirabeau)는 "거기에는 어리숙한 대중들이 있으며, 나는 그들의 지도자이기 때문에 그들을 따라야만 한다"고 말했다.

괴벨스(Goebbels)와 히틀러(Hitler)는 모두 자신들의 집회에서 대중의 본능을 방출시키는 방법과, 일상적으로 품위 있는 생활의 안쪽에 있는 열정을 이용하는 방법을 이해하였다. 이들은 선동정치가이었기 때문에 조립공장의 노동자들, 소시민 계급, 학생들을 원하는 대로 자신들의 견해를 주지시킬 수 있는 동질적인 우중(愚衆)으로 융합시키는 데 성공하였다……그러나 내가 오늘날 보는 바와 같이, 이러한 정치가들은 사실 우중 그 자체에 의해 결정되며, 동경과 백일몽에 의해 인도된다. 물론 괴벨스와 히틀러는 청중의 본능에 철저히 침투하는 방법을 알고 있었다. 이들은 보다 더 깊은 의미에서 자신들의 전반적인 존재를 이들 청중으로부터 유도해 낸다. 확실히 대중들은 히틀러나 괴벨스의 지휘봉에 따라 환호를 보낸다. 그러나 이들은 진실한 지휘자가 아니었으며, 곡목을 선정한 것은 우중이었다(Speer, 1970: 19-20).

정치가는 한 가지 이상의 도덕적 · 윤리적 타락에 빠지기 쉽다. 그리고 이는 미끄럼이 잘 닦여지고, 경사가 미끈미끈하기 때문이다. 합의를 추구하는 것과 이를 조작하는 것을 구분 짓는 것은 종종 어려운 일이다. 그리고 집단의 가치집합을 통하여 진리나 정의에 관한 어떤 증거나 보증은 사실의 문제에서 없듯이 가치의 문제에서도 없다. 집단들은 종종 아주 그릇되고 지나치게 압박을 가한다. 사소한 퇴보의 과정에 의해서, 이상형은 결과적으로 자신감이 있는 사람, 협잡꾼, 각본연출적 책략에 능숙한 승리 추구자 그리고 집단-사고를 위한 귀족정치적 대변인 등과 같이 친밀한 조직의 생활형태를 낳게 된다. 집단의 설득으로부터 집단의 압제에 이르는 것은 단지 한 단계이며, 각각의 단계 내에서 정치가는 출세제일주의자이다.

정치가적 원형의 더 큰 약점은 단기 지향성이다. 집단의 구성원 의식은 변하며, 집단의 가치는 단기적으로 지속되는 합의를 형성한다. 정치가는 출세제일주의적 선구자들과 같이 현금을 취급하고 외상거래를 하고, 장기적인 배려를 피하려고 한다. 왜냐하면 결국 집단과 그 지도자는 다른 상태로 다른 곳에 있게 될 것이기 때문이다. 이것은 어떤 한 시기의 한 날을 취하는 실용주의의 철학과 일치하며, 아주 먼 미래의 것을 상정한 각본들에서나 있을 듯한 가설적 상황을 시도하지 않는 어쩌면 생득적인 지혜와도 일치한다. 그래서 가치를 단기적으로 현실화하는 것은 쾌락적인 것에 불과할 수 있으며, 장기적인 이익과 반드시 일치하는 것은 아니다.

1. 추종성

정치가는 대개 추종자들에게 가장 적합한 형태의 지도성을 발휘한다. 이것은 직접적으로는 인간의 사회적 성격과 지도성 유형에 대한 일반적인 민주적 의도로부터 추출되며, 간접적으로는 개별적인 배려에 관련된 실천의 측면으로부터 추출된다. 유사한 가치논리에 근거해서, 웨버가 기술한 세습적이고 친족적인 유형의 조직이 인간의 구성된 의식에 가장 적합한 것이라고 주장할 수 있다. 추종자들은 자신들의 가치가 자신들에 의해 조직적인 것을 설명할 수 있는 것으로 지각되는 정도에 따라서 자기만족을 하게 된다. 톰슨은 이러한 문제에 대해 설득적인 주장을 하면서, 합리적·법적 관료제 형태를 개별적 차원의 요구와 조화하게 하는 장치와 시도를 기술하였다(1976). 그는 이것을 행정적 동정의 문제라 불렀다. 그리고 민원조사관으로부터 대심중 재원에 이르는 실용주의적 만병통치약과 같은 잡동사니에도 불구하고 그 문제는 대부분 아직 해결되지 않은 채로 남아 있다. 그렇지만 모든 원형들 중에서 그것은 그 용어에 대한 경멸적인 대중적 사용에도 불구하고 그 해답에 가장 근접한 것으로 보이는 정치가의 원형이다.

모든 사람들은 가족을 통해서 처음으로 조직에 대한 경험을 한다. 아버지·어머니 또는 보호자 등의 가족이란 조직의 지도자는 정치가적 원형을 자연스럽게 구체화하는 경향이 있다. 가족이 성숙하면서 더 많은 추상개념을 포함하게 되면서 공산주의와 민주주의에 상응하는 가치논리에 대하여 개인은 무의식적으로 동화한다. 그러므로 가치를 따질 때 다수가 선호하는 가치에 우선권을 두게 된다는 규범이 곤란한 때가 있다 하더라도 대개는 올바른 규율로 쉽사리 수용하게 된다. 그래서 정치가—지도자는 투표·보증 그리고

권력의 획득에 의하여 보상을 받는다. 추종자의 승인은 기풍(V_5, 〔그림 2-2〕
참조)에 의해 강화되며, 나아가 인간관계운동의 하위문화(V_4)에 의해 강화된
다. 추종자들이 타락한 형태의 이러한 원형을 통해서 조작을 한다는 사실과
그들 자신이 개인적으로 출세제일주의적 설득을 받고 있다는 사실은 이러한
지도성 생활형태에 대한 일반적인 호소를 손상시키지 못한다. 이러한 호소의
보편성은 예외 없이 그리고 그들이 소속되어 있는 국가의 정치적 형태와 상
관없이, 모든 조직은 평의회가 되었든 아니면 협의회나 최고회의간부회
(praesidium)가 되었든, 아니면 단순히 구식의 위원회를 통해서 이든 간에 그
들의 지도성을 실천하는 데서 참여적 민주주의를 채택한다는 사실로도 증명
된다.

2. 실 천

이러한 원형의 대표자는 비록 검증되지 않았다고 할지라도 몇 가지 지각
력 있는 대중의 지혜에 대한 신념을 가져야만 한다. 그렇다고 이것이 지적인
정사에 종속될 필요는 없으며, 단순히 성격의 구성요소로서 거기에 있게 될
것이다. 그는 잠재의식적으로 대규모의 인간체제들의 자기교정적 인공두뇌학
의 특정들의 존재를 믿는다. 실천의 이상은 그가 이러한 가정에 내재하는 가
치들을 검증하고, 그것들을 의식적 반성의 수준까지 끌어올리고, 그것들에 대
한 신뢰로운 관여를 하도록 재확인한다는 것일 것이다. 이러한 연습에서 얻
는 보상은 사적인 도덕적 강화와 자기 자신의 심리학적이고 철학적 정사(精
査)의 증대, 즉 지도성 역할을 강조하는 어떤 사람에게 아주 인상적인 보상
일 것이다. 결국 정치가적 원형은 행정적 도덕성의 일차적 형태를 대표한다.
즉, 그것은 비록 초보적인 것이라고 할지라도 신뢰할 수 있을 정도의 도덕적
생활형태이다.

이러한 도덕성의 질과 그것에서 파생된 실천은 지도자가 속한 집단의 선

호와 가치를 그가 확인하려고 드는 성실성과 함수가 될 것이다. 이러한 관여가 루소(Rousseau)가 말한 일반적 의지와 같은 조직의 규범적이거나 형식적인 목적에 반드시 필요한 것은 아니지만 일종의 집합적인 의지가 된다는 점에 주목해야 한다. 극단적인 경우 이것은 정치가가 모반하려는 자신의 부하를 지원하게 될 것이라는 의미가 된다. 정말이지 만일 패러다임이 수준 Ⅱ B에서 멈추게 된다면, 이것은 예외라기보다는 규칙이 될 것이다. 그렇지만 분별력의 정도에 따라서 정치가적 유형의 지도자는 추종성에 대한 의지와 가치를 구체화하려고 하며, 그 자신이 그들이 이끌고자 하는 곳으로 끌려가게 될 것이라는 요점이 되는 사항이다. 이러한 실천은 "비공식적 조직을 알아내고, 개별적으로 빈틈이 없도록 하고, 가치를 의식하도록 하라!"는 바나드의 명령에는 자연히 내재된 실제가 있는 것을 암시한다.

수준이 더 높은 원형들일지라도 거기에는 부적 엔트로피는 물론 엔트로피, 즉 퇴화의 잠재가능성, 도덕적 에너지가 악화되거나 가치가 침식되는 경향성이 있게 된다. 그리고 그러한 가능성과 경향성은 종국적으로 조직생활에서 병리적인 형태를 초래할 수 있다. 정치가적 원형은 다수의 독재나 집단의 순응성에 대한 과도한 압력과 같은 부패와 가장 직접적인 관련을 갖는다. 화이트(Whyte)의 **조직인간**(Organization Man)은 이러한 증후군에 대한 고전적인 입장을 대변하고 있다(1956). 과도한 사회화는 단지 군중·무리 그리고 꿀벌집단의 윤리만을 도출해 낸다(Orwell, 1949). 진정한 정치가라면 이러한 현상을 막기 위해서 다양한 가치지향을 소중히 여기고, 나아가 그러한 지향을 장려해야만 할 것이다. 생명윤리학이나 사회생물학과 같은 현대적 이론에도 불구하고(Mackie, 1977), 우리의 패러다임에 비추어 집단이 언제나 옳다고 가정하는 것은 근거가 없다. 더 높은 수준의 원형들은 존재한다. 집단들은 아주 그릇된 것이다. 그리고 성장은 종종 집단의 의지를 거역해서 이루어지고, 또 그 집단에 대한 심술로 만들어진다. 그래서 자신의 가치설득이 이러한 원형을 능가하는 행정가는 어느 정도까지는 아리스토텔레스(Aristotle)에 반대되는 플라톤(Plato)의 측면을 취해야만 한다. 플라톤의 제자들은 대중의 가치와 동기가 행동의 장기적 지침을 제공한다고 생각한 반면, 그는 대중을 불신하였다. 이러한 고전적 구분은 가치패러다임에 반영되어 유형 ⅡB의 합의적 가치는 아리스토텔레스적인 측면을 강조하고 유형 ⅡA의 결과적 가치는 플라톤적인 측면을 더 강조한다.

패러다임의 현재 수준에서 실천은 속임수 많은 행정가·정치적 흥정꾼이나 중매자·편애나 권모술수에 능숙한 거래자·선동정치가나 민중선동가 등과 같은 잘 알려진 병균에 걸리기 쉽다. 민주주의는 그 나름의 우민 통치적 모습을 갖는다. 이러한 경향은 가장 낮은 수준의 원형을 지향하는 경향이 있고 파악하기가 힘들다. 그러나 합의의 조작과 합의의 분명한 출현을 구분하는 것은 쉬우며, 유능한 조직의 흥정꾼은 이러한 기법을 안다. 또한 최소한의 저항을 보장하고, 선호에 대한 피상적인 개관을 선택하고, 어려운 결정을 피하면서 용이한 결정으로 기울어지며, 집단에 굴복하는 부적 엔트로피 경향도 역시 그러하다. 신뢰할 만한 민주적 지도성도 종종 긴장감과 어려움을 수반하며, 책임은 이러한 원형을 가장 완벽하게 구현하는 실천가들에게 고달픈 것이 될 수 있다. 이것은 그들이 영광을 받을 만한 충분한 이유가 될 것이다. 그들은 유형 Ⅲ으로 기울어지는 것에 대해 저항한다.

진실한 가능성의 예술을 실천하는 진실한 정치가들은 조직세계를 돌아가게 하며, 우리는 그들에게 갈채를 보내야만 한다. 이러한 원형이 없다면 아무것도 이루어질 수 없다. 그러나 사람들은 그것을 능가할 수 있다.

제3절 기술자

가치 패러다임의 두 번째 수준은 행정을 위한 형식적 수준이다. 대부분의 행정가들은 정치가적 원형이나 기술자적 원형 중의 어느 한쪽을 지향하는 경향이 있다. 두 가지 유형 모두는 합리적·인간주의적·실용주의적인 것으로 분류될 수 있지만, 이들 두 가치를 구별하는 것도 가능하다. 즉, 첫 번째 유형은 그 나름의 가치논리를 합의의 정치학에 기반을 두고, 두 번째 유형은 행동에 있어 가치판단의 결과에 대한 합리적 분석에 그 기반을 두고 있다. 다시 말해서 후자의 것은 현저하게 합리적·인지적이고 합리적·법적이다. 즉, 그것은 기술자적 원형이다. 이러한 원형은 의문의 여지없이 이성이란 이념과 깊은 관계가 있는 조직이나 제도적 구조 내에서 기술공학적이고 과학에 기초를 두고, 복잡한 문화에서 거의 초평가적인 것처럼 보인다. 나는 여기서 ‘기술자’(technician)란 용어를 선택해서 쓰고 있지만, 보다 적절하고 정확한 의미에서 ‘관료주의자’(bureaucrat)란 용어가 쓰여야 할 것이다. 그렇지만 ‘관료주의자,’ ‘관료제,’ ‘관료주의적’이란 단어를 대중들이 사용할 때 이에 내포된 경멸적 의미는 이 원형에 응용되어야 하는 적극적 가치에는 어울리지 않는다. 웨버(Weber)에게 면목 없게 되어 버린 이상형의 관료제와 현실세계의 그것은 대중적인 나쁜 감정에도 불구하고 인류의 가장 고귀한 업적 중의 하나라고 말할 수 있는 조직에 관한 방법적 기술이다.

웨버적인 관료제의 가치는 원형과 일치하고, 과학과 학술적 기관의 그것과도 일치한다. 그것은 지성과 논리의 가치이며, 냉정성·공평성·논리적 분석과 문제해결·효율성·효과성·목적성취·선의 공리적 극대화 등의 요소를 포함한다. 정의는 공정성과 대등하며(Rawls, 1972: 60), 경제적 분배는 기회의 균등에서 그 나름의 정당성을 발견한다. 합리성이란 궁극적인 德에 대한 신념은 절대적이며, 인간적 문제들이 진술될 수 있다면 그 문제들은 원칙상 해결될 수 있고, 해결의 주요한 도구가 지식(순수지식·응용지식)이라는 신조도 절대적이다. 또한 편향적인 감정과 질적이고 사실적인 것보다는 양적이고 개념적인 것을 선호하고 개별적인 것보다는 규범적인 것을 선호하려는 경향성도 절대적이다. 신은 수학자일 뿐만 아니라 체제이론가이며, 건축술을 발전시켜 왔다. 모델적응 및 체제재설계기법(MARS)·기회예산제도(PPBS) 그리고 사업계획평가검토기법(PERT)[*] 등은 바로 그것의 세속적 유사물이다. 그리고 그러한 발전의 상태는 어떤 주어진 시간에 사회적 구조 속에서 나타나는 부적 엔트로피의 정도에 의해 평가될 수 있다.

우리들의 시대는 좋다. 왜냐하면 생태학적 한계에도 불구하고 과학의 도움을 받는 조직은 은하계에 대한 관찰로부터 생활 그 자체의 범죄에 이르기까지 거의 모든 것을 성취할 수 있을 것 같기 때문이다. 기술자의 도덕성은 광범위한 차원들을 포함하며, 그것은 정치가와 출세제일주의자 모두에 대한 도덕성을 포함한다. 그것은 체제이론·조업연구·계량적 방법·비용이윤분석과 비용효율분석·컴퓨터 공학·합리적인 모든 장치 그리고 종합적인 계획 등의 다양한 분석적 도구들에 의해 축적된다. 그리고 이러한 도구들은 조직의 목적에 관련된 패러다임에 귀속될 경우 정당화와 정당성을 확신하는 경향이 있다. 합리성에 관한 이러한 재원은 아주 단순하지도 않으며, 그것은 혼합정사(混合精査)의 기법이나 지리멸렬한 점증주의 그리고 적당주의 등을 통해 현실에 적용될 수도 없는 것이다(Lindblom, 1959, 1979; Etzioni, 1968). 합리성이 복잡하거나 단순하거나, 아니면 고도로 세밀하든지 간에, 기술자의 가치를 이끄는 것은 이성에 대한 관여와 합리적인 행동의 결과에 관한 최고의 계산가능한 측정에 대한 관여를 포함한다.

이와 관련된 그 어느 것도 기술자가 비평가적이거나 비도덕적인 것을 필요로 한다는 것을 의미하지는 않는다. 카츠(Katz), 칸(Kahn) 그리고 사이몬(Simon)이 해온 대로 기술자-지도자를 가치중립적이거나 가치중립화된 것으로 다루거나, 타인지향적 명령의 대리인이나 잡역부로 다루는 것은 실수를 범하는 것이다. 원형에 대한 도덕적 관여는 광범위한 이익의 장(場)이나 그러한 이익의 가치명료화에 대한 조직의 지시들을 능가하는 데까지 확대된다. 웨버적인 관료주의자의 유형에 있어, 기술자는 의무감에 의해 올바르게 안내받고, 공익과 그러한 이익에 대한 더 좋은 측정에까지 관여 받는 표면에

---

* 모델적응 및 체제재설계기법(Model Adaptation and Redesign System); 기획예산제도(Planning, Programming, Budgeting Systems); 사업계획평가검토기법(Program Evaluation Review Technique).

나서지 않는 자기희생적인 공무원이다.

모든 원형들은 자신들보다 더 낮은 서열에 있는 사람들까지도 포함한다. 그래서 기술자는 출세제일주의자와 정치가가 지니는 가치를 능가하고 또 포함한다. 이들 가치는 엘리트와 귀속적인 사람들의 것이며, 행정·통치·지도성이 바람직하면 할수록 대부분의 사람들이 규칙으로 받아들이고 강력한 사람들에 의한 최고의 규칙 또는 단순한 규칙에 반대되는 최선의 규칙을 나타내는 개념을 반영한다. 기술자가 권력과 정치의 현실을 인정하는 반면, 원형은 전문적 식견과 전문주의란 궁극적인 장점에 최종적인 신조를 갖는다. 이것은 지식의 실체는 반드시 연속적으로 구분되어야 하며, 학문의 하위분과를 통해서 다듬어야 한다는 사실로부터 생겨난다. 과학의 단위가 협동적이고 상호의존적이지만 점차적으로 분자적이고 구분이 명료해지면서, 사회적 구조와 조직적 생활도 그렇게 되었으며, 행정 역시 그 나름의 전문적 지식을 만들어내면서 아마추어들의 문제라기보다는 전문가들의 문제로 되고 있다.

공공부문의 경우 이런 유형의 기술자는 때때로 관리라는 꼬리표를 단다. 이 말을 대중적이지만 경멸적인 의미로 사용하면 관료라는 단어와 마찬가지로 종종 공무에 헌신하는 생활형태의 가능성을 지나칠 수 있다. 이러한 종류의 생활에 대한 묘사는 대중적이고 기술적인 문헌 모두에서 발전되며(Snow; Dale), 기껏해야 그 유형은 플라톤적인 보호자의 기풍에 근접하는 것이다. 그럼에도 불구하고 진정한 기술자는 유형 I 의 가치에 속하는 것으로 보인다. 그들이 갖는 윤리는 합리적이고 공리적인 것이지만, 그들은 훈련의 엘리트주의와 전문적인 책임감에 의해 강화 받는다. 기술자가 계획과 일반체제의 기술공학적 방법의 지원을 받는 것보다 장기적인 지향대상을 갖는다 할지라도, 기술자와 정치가는 모두가 실용주의적 경향을 갖는다. 과정의 분류(제2장 제3절)에서 기술자는 훨씬 더 용이하게 계획과 관리의 국면에 연관되어 있을 뿐만 아니라, 그는 또한 철학과 감시와 관련된 몇 가지 구성요소들에 대처해야만 한다. 상호작용적 현실(R$_\mathrm{III}$, 제3장 제5절 참조)의 대혼란으로부터 이와 같은 상대적 이탈은 자기희생과 공정성을 위한 일반적 경향성과 일치한다. 그리고 기술자는 그러한 단어에 관한 가장 좋은 의미에서 공정하게 될 것이다.

정치가들과 반대로 기술자는 개인적인 측면보다는 규범적인 측면을 강조하는 경향이 있다. 그는 '행정과 조직의 주요한 목적이 윤리적으로 합당한 목적들을 가능한 효율적이고 효과적으로 성취하는 것'이라고 하는 목적의 패러다임에 동의한다. 행동적인 용어를 빌자면, 그는 작업을 계획하고 한정적인 표준을 유지하며 마감시간을 강조하고, 통일성을 권장하며, 기대를 명료화하고, 문제해결을 조정하게 될 것이다(Katz and Kahn, 1978: 51; Heishman and Peters, 1962). 그래서 그는 혼란스런 인간사 속에서 질서를 주도해 나간다.

원형은 또한 유명무실한 명령자의 뒷면에서 영리한 막료직원이나 각료의 두뇌를 형성하는 차관같이 **밀사**(éminence grise)와 같은 현상학적 형태를 취할 수 있다.

기술자에 관한 기본적인 철학적 기반은 공리주의의 교리에서 발견된다. 그는 자본주의나 사회주의 사회에서와 마찬가지로 공산주의 사회에도 익숙해져 있으며, 가장 효율적인 수단에 의해 이익을 극대화하고자 할 것이다. 그러한 부류를 설명하기 위해서 테일러(Frederick W. Taylor), 맥나마라(Robert McNamara), 그리고 슈페르(Albert Speer)를 하나로 묶는 것은 합당하다. 웨버가 말하는 목적의 합리성인 **합목적성**은 특징적인 것이다. 행정가에게 목표를 제시해 주고, 그로 하여금 그것을 성취하도록 해보라. 물론 비록 그것이 지금까지 철학적으로 최고의 가치유형이라고 할지라도 아주 훌륭한 것이라고 할 수는 없다. 그것은 공리주의를 겨냥한 모든 비평, 특히 합리성 그 자체가 조직적 수단을 통해서 인간생활의 질을 진보시키는 데 있어 필요하다고 할지라도 불충분하다는 비평을 받게 되어 있다. 그래서 사람들은 기술자가 선(the Good) 대신에 이익(the good)을 추구하는 오류를 범할 위험을 가진다고 말할 것이다.

기술자적 원형이 더 낮은 수준의 원형들을 포함하고, 또 가치와 윤리적 의미에서 그러한 원형들을 교정시킨다고 할지라도, 그것은 모든 가치 원형들과 마찬가지로 부패와 퇴보에 대한 일반적 가정에 민감하게 된다. (Hodgkinson, 1978: 115). 그리고 그것이 경험세계에서 이러한 것을 명시하게 될 경우 이에 관한 사례들은 아주 많다. 가령 테일러의 ⅡA적인 과학적 관리는 현대에 이르러서는 노동자의 저항이나 인간관계운동과 같은 ⅡB의 정치적인 것으로 퇴보하게 되었다. 웨버의 초합리주의도 상당한 정도의 관료병리를 만들어냈다. 또한 합리주의의 진수로서 권장된 캐나다 군대의 통합이 사기의 저하와 관여의 파괴 때문에 비난을 받은 반면(Cotton, 1979)[*], 베트남(Viet Nam)에서 미 육군에 대한 맥나마라의 기술통치적 지도성은 상당한 비판을 받아 왔다(Gabriel and Savage, 1978). 전시의 독일에서도 슈페르 교수의 화려한 기술적·정치적 지도성은 대규모의 군국적 오류를 범했으며, 지도자를 20여년 감금한 것으로 종결되었다. 그리고 비록 그것이 전쟁을 달리 종식시켰다는 것이 인정된다 할지라도, 행정철학에 관심을 두고 있는 우리의 교재는 그것을 다소 다르게 적고 있다.

그 사례들은 무한정으로 확대될 수 있으며, 풍부한 사례들은 단지 원형이 우리 시대의 특징이라는 사실을 지적해 준다. 이것은 기술자의 시대이며, 우리의 시대는 관료적·과학적—기술공학적·합리적—법적 복잡한 그리고 신봉건적인 사회이다.

의식적으로나 무의식적으로 이러한 원형을 신봉하는 행정가들은 그들의 의도가 어떤 잘못된 동기도 아니고 고의적인 악의도 아닌 최선의 의도라 주장할 수 있다. 그들은 단지 조직의 목적을 더 잘 성취하길 바라거나 아니면 더 좋은 조직의 목적을 성취하길 바랄 뿐이다. 후자의 경우에 기술자는 군국주의적 오류에 관여하지 않지만, 자신이 속한 조직의 한계에서 종결되게 되는 이익의 범위를 능가하여 본다. 물론 최악의 경우에 기술자들은 인간 본성

---

[*] 이러한 두 가지 군대의 경우에 있어 논쟁의 대상은 '계량경제학적' 또는 '세련된'(civilian) 병역에 관한 모델(model)을 전통적 또는 고전적 모델로 교체하는 것에 집중되어 있다. 그리고 후자의 경우에 거기에는 또한 조직의 모든 구성원들을 똑같은 제복으로 입힘으로서 비합리적 하부구조나 상징체제를 파괴하여 왔다.

의 복잡성과 그것의 직관적·정의적 측면, 풍부한 초합리성을 이해하지도 파악하지도 못하는 철학적 근시라는 죄의식을 갖기도 한다. 역설적으로나 반어적으로 이러한 원형에 있어, 기술자는 무지의 잘못으로 불려질 수 있다. 그리고 기술자가 쉽사리 익명의 관료·공산당정보원·한가한 조직인으로 퇴보한다고 할지라도 그것은 아주 훌륭한 이상형이다. 정치가와 함께 이러한 유형은 대부분 행정적 가치의 논리에서 이성이란 구성요소를 나타낸다. 그리고 기술자는 논리의 그러한 측면이 갖는 한계에 접근한다.

1. 추종성

가장 적합한 지도성의 형태는 정치가의 낮은 수준의 원형이라고 이미 진술한 바 있다. 그럼에도 불구하고 조직생활이 점차 너무 관료적이고 기술공학적으로 바뀌면서, 기술자의 원형이 향상된다. 이것은 현재와 미래의 추종자들의 모범적인 생활형태가 이러한 원형의 가치가 배어든 기술통치적 지도성에 의해 결정된다는 것을 의미한다. 만일 아노미현상과 관료병리란 역기능을 회피할 수 있다면, 이는 추종자가 목적패러다임과 기술통치적 기풍으로 바뀌어야 한다는 강력한 시사를 준다. 거기에는 반드시 규범적인 효과에 대한 어느 정도의 자발적인 자기희생과 추종자로 하여금 사적인 가치에 대한 신뢰감을 제공하는 것에 대한 어느 정도의 의지와 프로그램된 동의가 있어야만 한다. 아마도 20세기의 핵심적인 지도성의 문제는 여기에 있게 될 것이다.

이러한 문제해결을 위해 시도된 사례들은 소련인이 새로이 개발하여 선언하는 공산주의자들의 이념에서 찾아볼 수 있다. 그러한 추종자는 자본가의 경제적 역사에 기인한 성격결함이 없는 도덕적 귀감자로 간주될 것이며, 자발적으로 그리고 기꺼이 기술자의 지도를 받고자 할 것이다. 또한 근간에 일본에서 실시되고 있는 선(Zen)의 수양을 통해 실지로 노동자를 훈련시키고 있다. 여기서의 일반적인 아이디어는 추종자의 성취는 과업에 대한 집중을 통한 자기극복으로 나타난다는 것으로, 이는 최고로 형이상학적인 것을 최고로 실제적인 것과 결합시키려는 순수한 실천(praxis)의 아이디어이다. 이러한 아이디어들 그리고 오우치(Ouchi)의 Z이론아이디어 조차도 준유토피아적인 것이다. 실제적인 현실은 규범적 차원과 개인적 차원 사이에서, 또 인성과 역할 사이에 다루기 힘든 갈등문제가 있는 것처럼 보인다. 어떤 추종자들은 유치하고 권위의존적이며, 그 대신 다른 어떤 추종자들은 자신들의 역할을 조직의 교육에 따르지 않는 심리-생물학적인 것으로 여길 것이다. 또 어떤 사람은 보통 정도로 그리고 단순한 이유로 악할 것이며, 어떤 사람은 반항자로 태어났을지도 모른다. 그리고 가치 패러다임은 지도자는 물론 추종자에게도 적용되기 때문에, 간단한 해결방안이 있을 것 같지는 않다.

그렇지만 주목할 가치가 있는 기술자-추종성의 한 가지 측면은 전문적이거나 준전문적 관여를 하는 조직구성원의 수가 점증한다는 점이다. 고울드너(Gouldner)의 말대로 그들이 하는 관여 중의 몇 가지는 국지적인 것이고, 나머지 몇 가지는 세계주의적인 것일 것이다. 그래서 그들이 갖는 가치관심의 장은 그들의 전문적 식견과 함께 조직의 수용을 능가하는 데까지 확대될 것이다. 이러한 경향이 완화될지 또는 악화될지 알 수 없지만, 계선과 막료 사이의 긴장은 철학적 탐구의 대상임은 물론 경험적 탐구의 대상이 된다. 톰슨(Thompson)은 그것을 조직갈등의 주요한 원천으로 지각했지만, 전문적이고 기술적인 규범들이 일반적으로 기술자의 원형과 공명한다는 것도 인정되어야 한다. 더욱이 원형은 계선직원·행정가·지도자, 그 자신이 전문적 식견과 전문주의의 화신이 될 것이라는 점을 암시하고 있다. 반면에 신생문화 속에 암시되었다고 할지라도 공정한 정의와 독립된 객관성은 개인적인 수준에서 결코 특별하게 주목되지 못했다는 것은 인정될 만하다. 결국 개인은 단순히 굴복해야만 할 것이며, 전문가의 시대는 전문적 식견이란 초가치를 지지하게 될 것이다. 그리고 앞으로 추종성의 핵심적인 문제가 되는 것은 자기초월의 가능성들이 소외의 가능성들을 능가할 수 있느냐 하는 것이다.

2. 실 천

이러한 원형에 있어 실천에 관련된 첫 번째 문제는 제1의 황금률을 결정하는 것이 아니다. 그것이 무엇인가 하는 것은 아주 분명하다. 분명히 그것은 공리주의에 대한 단도직입적인 규칙으로, 최대다수의 최대이익을 극대화하도록 작용한다. 기술자들에 있어 그러한 초윤리적 금언은 그것이 초평가적 지점에까지 내면화된다.

실천의 문제는 내적인 것과 외적인 것의 두 가지 다른 부류로 나뉘어 진다. 외적으로 그 문제는 연속적으로 조직의 목적을 인식하고, 그것들을 조직의 환경과 가치환경을 감안하여 적절하게 정사하면서 준수하는 것이다. 조직의 **존재이유**에 대한 비판적 고찰을 중단하기는 아주 쉽고 달콤하게 무책임에 빠지게 한다. 미국 제너럴 모터스(General Motors)회사에 이익이 되는 것은 그 회사가 무엇을 하든, 또 미국이 어떤 나라이든 간에 확실히 미국이라는 나라에 이익이 되는 것이다. 목적의 합리성을 가리키는 웨버가 말하는 **합목적성**은 정기적인 감사와 같은 것이다. 기술자의 공리주의적 목적은 조직이익에 대한 최선의 조정과 인간적 책임감에 대한 최대한의 것을 성취하는 것이어야만 한다. 그래서 검토되지 않은 삶이 가치가 없다는 소크라테스적 선언은 조직수준에도 적용되어야만 하며, 그렇게 될 경우 검토된 목적만을 위해서 개인적인 관여를 할 가치가 있다고 할 수 있다. 그러한 실천은 슈페르를 구원할 수도 있었을 것이며, 역사적 견지에서 판단하여 옳거나 그르거나 간에 테일러의 저작을 위엄있게 하였다. 그러나 그 자신은 자신의 **합목적성**(Zweckrationalität)이 **합가치성**(Wertrationalität)이라는 것을 의심하지 않았다. 다시 말해서 그것은 목적의 논리임은 물론 가치의 논리이다. 비스마르크(Bismarck)가 수상 또는 국방장관에 재직할 당시 쓴 자신의 일기에서도 그러하였으며, 목표관리(MBO)를 적극적으로 지지하는 사람들 중의 몇 사람에 있어서도 그러하였다.

두 번째 실천의 문제는 훨씬 더 어려운 데 그것은 바로 조직 내부의 문제이다. 톰슨과 같이 우리는 이것을 행정적 동정의 문제라고 칭한다. 그러면 우리는 일반적인 것과 특별한 것, 그리고 규범적인 것과 개인적인 것을 어떻게 조정해야 하는가? 종종 실천에 있어 이것은 예외를 만들고 규칙을 어기며 맹인에게 망원경을 주는 꼴이 되고 간단히 말해 도덕적·윤리적·평가적으로 융통성이 있게 되고, 바나드의 말을 빌자면 복잡하게 되는 것을 뜻한다. 여기서 금언이나 그 부류의 것들은 단정적으로 주장될 수 없다. 왜냐하면 그것은 극도로 인간적인 예술이며 다른 예술들과 마찬가지로 개인적인 것이며, 인성·성격·도덕적 구조의 함수이다. 가치이론의 관점에서 하위합계의 원리는 기억되어야 한다. 즉, 기술자적 원형은 정치가의 원형을 포함한다. 기술자—실천가는 이러한 문제에 대한 실천적 해결을 추구하는 데 있어 나름대로 정치가적인 것에 관심을 가져야만 한다. 훌륭한 실천은 보상적인 것이 될 수 있다. 즉, 그것은 한편으로 작업생활의 질에서 풍요함과 다른 한편으로 신뢰할 만한 행정적 성취를 가능하게 해준다.

그럼에도 불구하고 이것과 모든 원형은 철학적 공격을 받기 쉽다. 예를 들어, 공리주의에 대한 모든 비평들은 실천에 대한 직접적인 시사, 보다 구체적으로 말하여 쾌락적 타산이 전혀 가능하지 않기 때문에 공리주의적 금언이 헛된 것이라는 주장을 기술자에게 분명하게 적용할 수 있다. 주관적인 질들은 비교될 수 없으며, 개인 간에 동의하는 진리의 관점에서 작업생활의 질, 어떤 인간적이거나 사회적인 생활의 질은 수량적으로 또는 원리상으로 결정되거나 평가될 수 없다.[*]

그래서 기술자는 빈틈이 없지만 위험스럽게도 환상일 수도 있는 것을 추구할 수도 있으며, 이익이 되는 것(the good)을 선한 것(the Good)으로 착각하는 위험이 계속 있었다. 이것은 결정 과정에서 수량화에 대한 바람과 가치중립성의 입장에 대한 가설을 명시하는 이러한 원형과 관련한 어떤 그릇된 실천을 설명할 수 있을 것이다. 경제학자·통계학자 그리고 회계사들이 아주 쉽게 제시하는 합리성을 가장한 거짓된 통계와 환상은 행정적 또는 현상학

---

[*] 애로우(Arrow)의 일반적 불가능성의 정리(1963: 59)와 A>B>C로 순서가 정해진 집단의 선호가 C>A라는 결정의 성취를 이끌어내는 역설을 비교해 보라.

적 현실들이 점차적으로 실천을 상실하게 되기 이전에는 선호를 받게 된다. 그리고 지도성의 책임감은 유사합리성이란 애숭이가 보금자리에 되돌아올 때 위기관리에 도움을 주는 것을 그만둔다.

실천에서 실증주의의 착오는 또한 대리인의 오류에 의해 강화될 수 있다. 지도자는 내가 아니라 공동체가 이것을 당신에게 했다고 말하며, 피해자는 당신이 아닌 그들이 이것을 나에게 했다고 말한다.

이러한 원형은 바로 그 특성에 의해 구획과 심리적 거리감에 대한 실천의 착오들, 그리고 절삭적 오류들과 군국주의적 오류들을 초래하는 경향이 있다. 전에 나는 오랫동안 높은 지위에 있었던 이 유형의 대변자라 할 수 있을 만한 관료에게 그가 오랫동안 가까이서 모셔온 수상의 종교에 관해서 질문한 적이 있다. 그때 그는 화를 냈다. 그의 종교는 어떤 차이를 만들어 냈는가? 사람이 종교적인 수준에서 한 것은 사적이고 개인적인 것이며, 공적이고 직무적인 세속적 수준에서 한 것과 혼동되거나 오해되어서는 안 된다. 5세기 경에 콘스탄티노플(Constantinople)의 게라시우스(Gelasius)가 말한 '두 개의 칼'(the Two Swords)이란 교리는 사람들이 의아하게 여길 수밖에 없지만 실천에 어떤 부정적인 암시가 있다고 할지라도 이러한 기술자의 마음 속에   이와 같은 철학과 실천의 착오들은 그들의 실천에 관련된 분지(分枝)들에 있어 다양한 효과를 가질 수 있다. 이는 기술자적 지도자가 종종 대규모의 강력한 조직의 정상에서 발견되고, 대규모의 비인간화와 적극적인 손해를 가능하게 할 수 있기 때문이다. 그러므로 우리는 행정가나 지도자를 가리켜 잡역부나 대리인이라고 한 사이몬의 생각을 강력하게 거부한다. 이러한 생각이 죽어 있는 것이 아니다. 테이어(Thayer; 1978)는 몇 명의 학자들이 "오늘날의 학도가 '정치'와 '행정'의 구분을 수용하지 않는다."고 한 새로운 주장에 대해 어색한 사과를 해야 할 것이며, 뿐만 아니라 관료들 사이에 지배적인 이념이 되는 것으로 똑같이 구분하는 것에 대해서도 설명할 의무를 느낀다(Rohr, 1978: 26)는 데 주목하였다.

그렇지만 모든 실천의 위험들이 하루의 마지막에 계산되어 왔다면, 우리는 기술자를 존경해야만 한다. 왜냐하면 그는 행정가가 열망하고 달성하고자 하는 일상적으로 가능한 최고 수준의 원형들을 대표하기 때문이다. 이것은 도덕적 야망과 행정적 열망에 대하여 안전한 한계를 설정한다. 지도성을 연구하는 자들은 자신 있게 너무 높지 않은 범위에서 시야를 설정할 수 있다. 관료와 기술자는 둘 다 인류 최대의 행정적 성취를 대표하며, 기술자―지도자는 합리적인 덕의 표준적 사자(使者)이다.

그러나 이것이 충분치 않은가를 생각해 보라. 지도성의 철학은 여기서 안심할 수 없다. 즉, 지도철학은 합리성·과학·기술공학 심지어는 수학까지도 뛰어넘어야 한다. 지식인이 매력을 느끼는 것도 지성 때문이며 그 자체가 또한 매력이다.

제4절 시인(詩人)

멈춰 서서 당신은 예외적인 것들을 토로한다.
그리고 특혜 받은 위대한 자연은 나를 압도한다.
미친 이상에 찌들린 열광자,
자신의 송시(頌詩)를 막 적으려고 하는 시인,
전쟁의 종식을 계획하는 정치가,

자신의 종교는 예술이라고 하는 예술가,
나는 이들을 칭송을 할 뿐이다!
불씨로 인해 모든 것들은 따사로움으로 바뀐다.
(Robert Browning, '주교 Blougram의 사과')

앞의 인용구에서 화자는 성공적인 행정가이다. 즉, 주교는 자신의 직무로 인해 물질적 보상을 넉넉하게 즐기면서, 가난하거나 젊은 친구들에 대하여 자신의 생활형태를 옹호하는 입장을 취한다. 주교는 자기 친구의 비평이 신뢰성을 결여했음을 눈치 챌 만큼 아주 날카로웠고, 자기 자신의 생활형태보다 더 높은 수준의 것이 있다는 것을 수용할 수 있을 만큼 아주 지혜로웠다. 그가 최소한 물질적 행복이란 넉넉한 보상을 함께 지니는 일종의 유형 Ⅱ의 기술자 정신을 옹호한다고 할지라도, 그는 가치계서에 다른 가치들이 있다는 것을 깨닫는다. 우리는 또 다른 원형을 구성하는 것이 충분히 가능하다고 할 수 있다. 마지막으로 그것은 내가 시인이라고 불러온 것이다.

시인은 '불을 운반하며', 사물과 사람을 점차로 따뜻하게 만들며, 언어(나아가 사고·개념 그리고 합리성)의 능력을 확대하며, 신에게서 불을 훔치고, 극한에 가서는 현재의 신과 인간을 화해시킨다. 하이데거(Heidegger)는 우리 시대의 위기를 기술자와 시인 사이의 갈등이라고 말하였다(Barrett, 1979: 247). 이런 의미에서 시는 더 높고 깊은 직관, 단지 부분적인 일상적 언어의 직선적 논리로 표현되는 몇 가지 부류의 초합리적인 이해를 말한다. 그것은 또한 의지의 목소리이며, 자유의 종국적인 상징적·현실적 표현이다. 또한 그것은 베를린(Berlin)의 잡석 속에 있는 나치 이념의 황혼(Götterdämmerung)이며, 로마공화국의 금욕주의적 영광이다. 그것은 아테네(Athens)와 스파르타(Sparta); 페리클레스(Pericles)와 시저(Caesar)에 있어서도 마찬가지이다. 그것은 로고스(logos)에 반대되는 미토스(mythos)가 아니라 로고스를 포함하고 그것을 능가하는 미토스이다.

행정에 있어 이러한 유형 Ⅰ의 질은 플라톤으로 하여금 보호자(the Guardian)의 개념을 형성하게 했는데, 보호자의 도덕적 기초는 이것들이 신조가 활성화한 의지의 초합리적 영역 그리고 일상적 수단으로 접근할 수 없는 무의식적 심성의 계층들 속으로 확대된다는 점에서 지금까지 논의된 것들보다 더 심오한 것이다. 기술자와 비교해서 시인은 이익이 되는 것보다는 성스러운 것에 의해 안내된다. 그리고 플라톤의 『공화국』에서 그것은 철학자―왕의 자격으로 필요한 도덕적 안목에 관련된 질이었을 것이다. 비록 유형 Ⅰ의 가치관여가 이상형에서 가치소지자에게 절대적이고 논쟁의 여지가 없음에도 불구하고, 이것들은 앞서 밝힌 도덕적 규약들과 공존하며, 그러한 규약들을 포함하고 그것들을 능가한다. 시인―행정가는 고지식하지 않다. 그리고 그의 궤변은 하위의 형태들을 포함한다.

오랜 역사와 문화에 걸쳐 관리·사무라이·영웅·군주·귀족과 같은 이름들이 원형을 표현하기 위해 사용되었다. 정치에 있어 이들은 대중이 갖는 무언의 꿈을 명료화하며 역사적 중요성과 탁월성을 지닌 신비적 지도자와 같이 신권을 부여받기도 한다.

꿈·신비·종교 중의 어느 것에서 유래했든지 또는 신성적이든 아니면 세속적이든지 간에, 시인의 **의지**는 옳음의 정당화이며 이익의 결정이다. 성인의 경우 그에게 옳은 것은 무엇이나 그에게 이익이 되는 것이며, 초인의 경우 그에게 이익이 되는 것은 무엇이나 옳은 것이다. 그러나 전체를 통해서, 그리고 왕국이나 국가보다 조직의 복잡성이 훨씬 덜한 수준에 있어서, 시인은 바나드에 의해 논의된 도덕적 복잡성과 책임감에 관련된 속성들을 갖는다. 차별적인 혼란이 있는 바다에서 그리고 합리적이고 정치적인 반대의 폭풍을 겪으며 그는 그가 타협할 수 없는 원칙들과 협상한다. **성공의 비결**에 관한 모든 기술들과 함께 정치과학과 사회과학이 제공할 수 있는 이러한 목적에 대한 모든 도구들은 이미 그의 손에 있다. 이러한 도구들과 함께, 그는 역사의 형성과 목적의 발표 및 현실화와 같은 가장 위대한 모든 기술형태에 종사하게 된다.

유형 Ⅰ의 가치들과 이에 대한 시가 명시하는 이론·철학·사회과학에서의 동질적 오류와 유형 Ⅲ과 유형 Ⅰ의 감정 때문에, 그리고 난잡한 행정적 현실세계에서 그것들이 실용주의적 필수요건과 타협의 정신에 폭력을 행하기 때문에, 다양한 주변환경에서 무시무시한 어려움들을 만들어 낸다. 또한 그것들은 나름대로 동기유발적 힘에 관한 최고 수준의 등록부에서 의지를 호소하고, 인간이 할 수 있는 궁극적인 관여를 대표하기 때문에 위협적인 것이다. 비록 그것들이 기술자를 합리적인 인간으로 의심받게 하고, 정치가를 실용주의적 인간으로 불안케 한다고 할지라도, 사람들은 또한 이러한 가치들이 신권이란 현상의 핵심부에 놓여 있다고 가정할 수 있다. 그래서 진정한 신권은 유형 Ⅰ의 관여와 함수를 이루게 된다.

신비적 현상에 대한 합리적인 행정가의 태도는 틀림없이 신중하다. 역사와 경험의 기록은 혼합되어 있고 양면적 경향을 갖는다. 한편으로 집합적 발전의 과정은 시인−지도자들에 의해 촉진되어지며, 다른 한편으로 우리는 집합적으로 실패해온 갑작스런 흥분과 비약적 진보의 위험을 갖게 된다. 심지어 어떤 사람은 두려움의 태도와 상당한 부적감을 갖고 이러한 원형의 논의에 접근한다. 왜냐하면 여기서 분석적 논지의 언어는 파악될 수 없기 때문이다. 원형의 **생활행태**는 부분적으로 접근할 수 없는 것이며, 그것은 단지 행동과 조직적 상호작용의 이해에 대한 해석을 통해서만 접근될 수 있다. 그것은 특별한 행동철학이다.

그럼에도 불구하고 플라톤적 이상의 마력은 매력적이고 동기유발적이며, 마음을 사로잡아 시대를 초월하여 지속되어 왔다. 무산계급의 중추적 선봉으로서의 공산당에서부터 예수 교단과 미국과 영국에 있는 명문대학의 복도에 이르기까지, 학원의 시는 계속된다. 왜 그런가? 참된 종교는 생활이 제공하고 인간이 할 수 있는 최고 수준의 경험이기 때문에 그렇다. 플라톤에 있어 이러한 '종교'는 유동적이지만 성스런 형태로 표현된다. 그래서 보호자·시인·예언자는 **도덕적** 지도자가 되며, 사람들에게 그들의 한정된 관심분야, 사소한 합리성 그리고 분별없는 위험성을 능가할 것을 요구한다. 즉, 그는 신권적 질을 갖는다. 그는 사람들이 빵만으로 살 수 없다는 것을 안다. 뿐만 아니라 그는 그들의 마음속에 숨겨진 열망을 알고, 그들에게 이것을 표현한다. 또한 그는 인간들이 시사한 것에 의해 이끌려진다는 것도 안다.

그래서 어떤 방식으로든 시인은 초합리적인 바람의 전형이나 화신이 된다. 이러한 바람은 때때로 집합적 활동을 하는 인간들에게 영웅적인 노력과 희생을 요청할 수 있다. 그것은 마치 신권적 지도자가 **집합적** 활동의 전개에서 변화의 잠재력을 제공하는 것과 같다. 시인이 없다면 역사는 산술적으로 표현되게 될 것이며, 시인이 있다면 역사는 기하학적으로 표현되게 될 것이다.

원형이론에 따르면, 시인은 하위의 범주들을 포함하게 된다. 그러므로 그는 최고 수준의 윤리적 국면에서 행동하게 될 것이며, 이로 인해 자신이 속한 조직을 위해 더 높은 복지의 상태를 추구하게 될 것이다. 그러나 부하들의 분명한 지각은 지도자의 더 위대한 가치의식과 함수를 이루기 때문에 그러한 상태가 모든 부하들에게 반드시 수용되는 것은 아니다. 시인은 하위의 원형들과 연관된 생활의 가치형태를 초월하게 될 것이며, 무조건화된 감각과 무조건적인 감각, 즉 도덕적 힘에 의해 강화된 권위를 갖는다. 그는 '원리의 인간' 또는 '양심의 인간' 또는 '직관의 인간'으로 보일 것이며, 여기서 이들의 유형 Ⅰ의 가치에 대한 관여는 비록 그들이 신중함과 타산에 관한 달콤한 논쟁을 반대한다고 할지라도 그것이 타협될 수는 없다. 역사에서 루터(Martin Luther)·간디(Gandhi)·무어경(Sir Thomas Moore)은 이러한 형태를 보여주고 있다.

가장 순수한 형태로서의 시인의 원형은 **성공의 비결**이나 **실제정치**와 정반대의 것이다. 즉, 출세제일주의자가 패러다임의 한 극단이라면 시인은 다른 한 극단이다. 이것은 시인이 자신의 목적이 그러한 수단을 필요로 하게 될 경우 그가 이러한 기법들을 이용하지 않을 것이라고 말하는 것도 아니며, 또 다음에 논의되겠지만 양극단이 만나게 될 것이라고 말하는 것도 아니다. 그 유형은 종종 아부로 표현되어 왔으며, 잔다르크·모세·바가바드 기타에서의 아르주나(Arjuna)·전설적인 아더(Arthur)왕과 같이 신화적인 재능을 가진 범문화적이고 범역사적인 인물을 만들어냈는데, 이들은 모두가 성스러움에 대한 어느 정도의 특별한 안목과 관련을 맺고 있다. 시인의 특별한 성취가 행정의 예술을 통해서 드러난 사건에 자신의 의지를 각인시키는 정도에 따라서, 역사가 위인의 전기라는 격언은 정말로 진실이 되기도 한다. 어쨌든 역사는 계속적으로 집합적 행동을 통한 과정에 있게 된다. 그리고 시인의 특별한 역할과 영향력은 드러난 인간사에서 변화를 위한 도약을 위해 예비된 것이다.

과학에 의해서 이해되지 않고, 엄밀하고 공식적인 조사에 둔감한 신권의 현상은 이러한 원형과 아주 밀접한 관련을 맺고 있다. 그렇지만 그것은 가장 확실하게 진실 된 것이며, 사회적 상호작용에서 그 자체를 나타내는 인성의 속성이다. 도덕성과 윤리와 관련된 그의 개인적 질들이 무엇이든지 간에 **의지**에 대한 초인간적 약속이 없을 경우 이론은 깊이 있는 관여와 상위의 것을 요구하며, 시인은 그들과의 상호작용을 통하여 타인에게 의사를 전달하고 영향을 주며, 그들을 고무하는 능력을 갖는다. 일단 그가 지도자의 역할을 갖게 되면 비록 신화와 이미지의 권력이 조직의 타성을 충분히 영속화시킬 수 있다고 할지라도, 그는 극대효과를 보고 들어야만 한다. 종종 시인은 정확히 말해 언어의 거장이다. 레닌(Lenin)·처칠(Churchill)·모택동과 같은 이들은 이러한 질을 드러낸 사람들이다. 시인은 수준 II의 이성과 실용론을 고려하는 바람―아이디어, 가치, 감정적 열망이 대신에 사람들로 하여금 유형 I의 관여를 하도록 강요하는 불이나 영감과 같이 살아 있는 초합리적이고 초월적인 동기유발적 형을 부여받게 되는 방식으로 언어게임을 연출하는 재능을 갖는다.

시·이념 그리고 종교는 협력하여 함께 움직인다. 물론 그것들이 비록 기획자와 실행주의자의 힘을 통해서, 기술자와 정치가가 가지는 최선의 의도나 유산계급이나 대중이 가지는 최악의 의도를 통해서 악용되거나 퇴보될 수 있다고 할지라도, 그것들은 조직의 생활로부터 완전히 제거될 수 없다. 우리의 수준 높고 깊이 있는 열망들이 남아 있고, 어떤 의미에서 근절될 수 없다는 사실은 시인의 원형들을 아주 위험스럽게 할 염려가 있다. 그리고 그러한 유형이 우리에게 성스러운 인간, 덕을 지닌 영웅, 가까이서 자신의 성실을 통해 우리를 감명시키고 생활을 변화시키는 행정가 또는 결코 우리가 만날 수는 없지만 그럼에도 불구하고 우리의 존재 깊이에서 울려 퍼지는 심금을 일깨우고, 명예·영광·자기희생과 충족의 꿈과 조화하며, 위험스러울 정도로 천재와 같이 광기에 근접해 있는 상상된 지도자의 경우는 더욱더 그렇다. 시인들은 지도성에서 최종적인 목표이지만 시인은 이성이 아닌 의지의 지배를 받는다. 그들이 갖는 설득력은 어느 정도 합리적으로 계산된 유인가에 의해 조절된 단순한 적극적 감정에 있는 것이 아니라 의지의 승리에 있다.

이러한 원형이 세상에 있는 사건들의 작용을 통해서 사실로 바꾸어지게 될 경우, 즉 $\mathrm{R_I}$이 $\mathrm{R_{II}}$를 통해서 $\mathrm{R_{III}}$와 충돌하게 될 경우(제3장 제5절 참조), 그것을 구성하는 가치들이 어떠한 시기에 위치해 있든 간에 경험적 검증을 받게 된다. 이것은 역사에 대한 검증이다. 그리고 그 검증을 통과하는 그러한 가치들은 문화(V_5, $_4$, $_3$)의 확정적 부분이 된다. 반면에 통과치 못하는 그러한 가치들은 공적인 기록으로부터 말소되게 된다. 만일 그것이 조금이라도 남게 된다면, 그것은 일탈적 가치행동자들에 대한 박해의 위협 때문에 몰래 있게 될 것이다. 반면에 하위의 원형들과 함께 이러한 끝없는 과정, 즉 사회의 가치구조와 기풍으로부터의 지속적인 분화와 그것으로의 동화는 비교적 무해할 것이다. 심지어 그것은 주목되지 않을 수 있는 것이다. 어쨌든 그것은 수준 II의 **실용주의적인** 것이다. 그러나 최고 수준의 원형에 있어 가치관여는 다른 논리적 질서와[*] 철저하게 다른 감정적 강도를 갖는다. 시인은 자신이 관여하는 가치에 따라 생활하며, 그러한 가치를 위해 죽을 각오를 한다. 이러한 유형 I의 가치들은 그의 심층적인 인성의 하부구조를 형성하며, 전반적인 그의 의지력을 사용한다. "내가 대신하는 이외에 나는 무엇인가?" 확실히 행정에서 시인은 기술적이고 정치적인 유형 사이의 협상에 따르게 되지만 결국에 그는 타협을 하지 않게 될 것이다. 루터는 "여기 내가 있다"라고 말한 바 있는데, 나중에 가서 그는 "나는 다른 것을 하지 않을 수 없었다."라고 말하였다. 그것은 "하늘이 무너진다고 할지라도 정의를 실현하도록 하자"는 말의 행정적 동의어이며, 여기서 정의는 시인의 의지와 대등한 것이다.

대개 그렇지만, 만일 이것이 보다 합리적이고 공정한 행정철학자들을 공격하게 된다면, 현실 속에는 보상적인 측면이 있어야 할 것이다. 지도자의 강한 사적 관여는 충격적인 효과를 가질 수도 있을 것이다. 그리고 자신의 사적인 매력과 신권을 통해서 조직 그 자체는 목적에 관한 공동작용적 의미를 부여받을 수 있게 될 것이다. 일상적인 의미에서 이것은 기껏해야 보호자로서의 기술자(the technician-as-Guardian)에 의해 성취될 수 있지만, 시인에게는 **일상적인** 의미가 없다. 그리고 이러한 원형은 우리들로 하여금 정상성의 한계를 능가하도록

---

[*] 칸트(Kant)의 '도덕법의 숭배'(reverence for the moral law)는 이러한 순서인 것처럼 보인다. 즉, 칸트는 그것이 합리적인 개념에 의해 자생된 것이라고 여기기 때문에 일상적 감정과 그것을 구별시키고 있다.

한다. 즉, 그것은 정상성을 줄이고 새로운 질서에다 생명력을 불어 넣는다.

이제 어려운 한 가지 문제가 제기된다. 즉, 우리는 역사적으로 소극적인 판단, 최소한 미적지근한 판단을 내린 과거의 신권적 행정가들을 이러한 원형에 속하는 지도자의 서열 속에 넣을 수 있는가? 다시 말해서 히틀러·나폴레옹 그리고 칭기즈칸을 여기에 포함시킬 수 있는가? 과대망상증은 그 원형과 어떻게 조화되는가? 예수와 부처님은 시인이었는가?

이러한 문제는 우리로 하여금 이미 논의된 바 있는 유형 III과 유형 I의 감정을 구별하는 어려움에 빠지게 한다. 예를 들어, 출세제일주의자가 자신의 사적인 성공에 지나치게 관여하면서 생활형태에서 지배적인 요소가 되었다고 할 수 있다. 여기서 그의 의지는 이러한 가치에 관여하고, 수준 I에 해당된다. 그는 시적으로 그의 관여가 갖는 인상을 그가 속한 조직을 통해 세상에 부과하려 한다. 그러한 과대망상증은 행정적 생활에서는 잘 알려져 있지 않다. 패러다임의 양극단 수준들 사이에서 그 정도의 변화가 발생하여 왔다. 그것을 다소 다르게 설명하자면, 이 경우에 그의 사적인 경력의 가치에 관련한 지도자의 의지력은 타인의 동의를 이러한 가치들과 이러한 목적에 협력하도록 하기에 충분하다. 시작은 계속 교차하여 왔다.

이러한 각본이 원리상 있음직하지만 그것은 희귀하고 예외적일 것이다. 그 이유는 '환경에 의한 속임이나 제약을 받지 않고, 힘에 의한 구속을 받지 않고, 계산착오로 오도되지 않는다면, 정상적인 사람들은 또 다른 봉사에서 그들 자신과 자신들의 경력을 포함시키지 않을 것이기 때문이다. 단순한 출세제일주의는 불충분하다. 출세에 굶주린 사람은 그가 상당한 어떤 것을 제공할 수 없다면, 시인을 대표하는 필요한 신권적 질을 성취할 수 없을 것이다. 상당한 어떤 것은 **타인**의 초보적이고 잠재적인 가치들에 호소한다. 만일 출세제일주의자가 이것을 할 수 있다면, 그는 이제 더 이상 출세제일주의자가 아니며 시인의 서열에 포함된다. 시인은 대중에게 분명히 말하는 사람이다.

그럼에도 불구하고 결론이 아무리 비극적이라고 할지라도, 우리는 과대망상증과 시가 원형에 몰입시킬 수 있고, 신권적 행정가는 지옥을 천국이 약속된 곳으로 이끌 수 있고, 그러한 유형들이 단순한 이성을 능가하여 넋을 빼앗고 감각을 마비시킬 수 있는 강력하고 위험한 가치영역을 개발하기 위하여 그들 자신의 경력과 자기이익을 변형시킬 수 있다는 결론에 이르도록 강요받게 된다. 히틀러는 명성이 높았던 기술자인 슈페르와 대조를 이루는 시인, 그중에서도 우리 시대의 가장 위대한 시인이었지만, 역사의 판결을 통해서 그는 가치를 잃어버린 시인이 되었다.

예수와 부처님은 어떠한가? 차이점은 그분들이 아무리 신권적이었다고 할지라도, 그분들은 **조직적**이지 않았다는 점이다. 그들은 행정가-지도자가 아니라 교사-지도자이었다. 정말이지 그분들은 분명히 비조직적이었다. 시인적 서열에 대한 그분들의 주장은 그분들의 사후에 조직을 확립한 제자와 사도들을 통해서 옮겨진 것임에 틀림없다. 그런 의미에서 그분들의 신권과 원형의 힘은 오늘날에도 지속된다고 할 수 있다. 여기서 제시되는 특별한 종류의 지도성은 다음 장에서 또다시 논의될 것이다. 그렇지만 사람들은 종교와 시인적 원형의 친밀한 관계, 즉 유형 Ⅰ의 가치들이 심성과 영혼에 직접 관련된다는 것에 대해 당연히 놀라지 말아야 한다. 그분들은 인간적 현상학의 상위 한계와 하위 한계를 설정한다.

1. 추종성

가장 동질적인 형태의 지도성이 정치가의 지도성인 반면, 가장 유익한 지도성은 기술자의 지도성이며 가장 관여적이고, 요구적이며, 나름대로 실행적인 지도성은 시인의 지도성이다. 저자가 앞에서 밝혔듯이, 시인은 자신의 추종자들에게 그들 자신을 능가할 것을 요구하고, 추종성의 범위 내에서 초보적인 동기와 가치들을 개발하며, 추종자들로 하여금 꿈을 갖고 참여하도록 허용한다. 이런 이유에서 그리고 원형의 본질적으로 종교적인 질 때문에, 추종자들은 그들의 지도자와 같이 자신과 타인에 대해서 위험스럽게 되는 경향이 있다. 그들은 서열 내에서 피비린내 나는 경쟁을, 서열 밖에서는 무신론자에 대항하는 폭력을 초래하는 열광적이고 광신적 행동의 질을 부여받게 된다. 아마도 두 쪽 모두에 있어서 이것은 학대병을 초래하게 될 것이다. 물론 이러한 판단은 하위원형의 관점에서 생겨난다. 시인과 그의 추종자들에는 그러한 애매성·소심성·신중성이 없다. 그리고 지도자와 추종자들은 관여를 받게 된다.

이 모든 것이 순수하게 합리적인 견지에서 위험스럽게 보이는 이유는 진실한 신자나 광신자를 만들어 내는 시인의 능력 때문이다. 시인은 마력적인 재능을 가지며, 자신의 추종자들에게 가치엘리트주의 감각을 부여할 수 있다. 간부는 선민(選民)이다. 시인-지도자들이 추종자들을 고무하게 되면 추종자들은 제임스(James, 1902)가 개종으로 기술한 심리적 경험을 하게 된다. 추종자는 그러한 지도성에서 자기 자신의 소명·천직·사명·생활의미를 발견하며, 종교를 갖게 된다. 물론 이 모든 것은 역사적인 맥락과 조직적인 맥락에 의존하지만, 만일 상황이 옳을 경우 거장은 자신의 사도들을 발견하고, 충실한 사람의 서열은 형성되기 시작할 것이다. 그리고 초기의 간부 자손들로부터 신성로마제국·이탈리아 국수당(國粹黨)·나치 친위대·보이스카우트·청소년개척자단과 같은 광범위하고 복잡한 이념적 조직들이 생겨날 수 있다. 물론 몇 명의 추종자들은 기독교 순교자나 나폴레옹의 근위보병, 북극산 레밍쥐나 정신이상자와 같이 다른 사람들보다 더 충실하고 목적에 더 접근하게 될 것이며, 이러한 원형을 타고난 추종성은 궁극적인 헌신이 가능할 것이다. 이러한 헌신이 관찰자의 가치에 근거해서 찬미를 받게 되든 아니면 애도를 받게 되든 간에, 거기서 그는 패러다임과 역사적 과정의 판결에 끼어들게 된다. 견해는 다르며, 평가는 변화한다. 즉, 2차 세계대전 당시 가미가제 특공대(the kamigaze) 조종사들이 자신들의 명예를 회복하고 있는 반면, 아일랜드 테러리스트(the Irishterrorist)의 단식투쟁은 현재 악평을 받고 있다. **오, 덧없는 세월이여! 그 시대의 기풍이여!**

이러한 원형의 추종성은 또한 각성의 외상, 신조상실의 위기, 개종취소의 절망을 각오해야 한다. 이것은 시인-지도자의 일차적 병리가 과대망상증이라는 사실로 복잡하게 된다. 그가 자신의 꿈을 잃거나 세상에서 그 꿈을 이루려고 하는데서 욕구좌절을 경험하게 될 경우나 그렇게 된다면, 그 형태는 부패하고 광기가 생겨날 수 있다. 꿈을 잃게 되면 그는 현실에 대한 욕구좌절과 깊은 양심에 거역하는 자신의 직위권력만을 갖게 될 것이다. 추종성은 이것과 망설임을 지각해내는 것이다. 각본들은 대학살이나 정치범수용소와 같은 비극적이고 심지어는 대격동의 부분까지도 생각하며, 궁극적으로는 가치병, 즉 조직의 환경에서 추종자의 희생과 대파괴를 초래할 수 있는 바람과 의지에 관한 전염성의 치명적인 이상까지도 생각하게 된다. 그래서 그것은 외부에서 오는 것으로 보이게 될 것이다.

2. 실 천

고대의 **"근본적으로 누가 보호자를 보호할 수 있는가?"**라는 질문에 대한 대답은 '아무도 없다'일 것이다. 보호자들을 보호할 수 있는 사람은 아무도 없다. 그리고 그들의 도덕성에 주어질 수 있는 근거는 아무것도 없다(Beehler, 1978: 145-64). 시인은 자신의 직관, 내적인 지침과 음성에 대해서만 응답한다. 어떤 사람은 그가 밝음으로부터 비합리성의 어두운 측면을 분리시키는 면도날 위를 걷고 있다고 말하기도 한다. 비꼬는 사람은 역사에 대한 설명에서 보호자가 상당히 균형 잡히고 종종 자기 자신과 자신의 추종자들을 어둠과 안개 속에 처넣는 것으로 보일 것이라고 응답할 수 있었다. 시인들·성인들·초인간들 그리고 정신병자들 사이에는 많은 공통점이 있다. 행정에 천재적 재능이 나타나게 되면, 그것은 지켜보기에 경이롭고 종종 난해하며, 때때로 그 결과가 소름끼치는 것이기도 하다. 실천의 특성은 유형 Ⅱ와 유형 Ⅰ의 가치 사이의 단절과 관계있다. 즉, 유형 Ⅰ의 가치들이 우리를 **윤리적인** 영역으로 이끄는 반면, 유형 Ⅱ의 가치들은 도덕적인 것과 행정에 관련된 일상적인 실용론을 말한다. 여기서 윤리적인 영역은 비트겐슈타인

(Wittgenstein)이 우리를 침묵하게 한 영역이며(1922: 6.421, 6.423, 7), 행정에서 신권과 관련된 영역이기도 하다.

일반적으로 이러한 원형에는 '신권을 경계하라!'는 실천에 관한 단 하나의 금언만이 있을 수 있다. 신권적 지도자는 타인들이 추종할 수 없고, 또 추종하지 말아야 하는 곳으로 이끌기를 원할 것이다. '경계하라는 것'은 반드시 '회피하라!'는 것을 의미하지 않으며, 그것을 포함하지도 않는다. 거기에는 위험뿐만 아니라 위대함과 영광이 있을 수 있다. 다시 말해 위험이 많은 곳에는 보상도 많다. 즉, 그것은 의식을 가질 것을 명령한다. **경계하라!** 그리고 나서 선택하라.

만일 실천이 정치학과 윤리학의 의식적인 결합, 다시 말해 도덕적 생활형태와 행정적 생활형태의 신중한 결함을 뜻하는 완전한 아리스토텔레스적 의미에서 고려된다면, 우리가 실천이 가장 강력한 상태에 있게 되길 기대하는 것은 확정하게 말해 시인적 원형이 나타날 경우이다. **의지적 결단이 행동을 정당화시키고**, 지도자의 의지가 이루어지도록 하고, 세상이 변하도록 하며, 천국이 다가오도록 하라. R_I으로부터 R_{III}에 걸친 가치의 침투와 보급이 이러한 과도한 관여나 심리적 투자를 수반하게 될 경우, 주저나 망설임, 외형적이거나 내향적인 경계를 위해서가 아니라 다른 것을 위해 어떤 충고가 주어질 수 있는가? 있다면 주사위가 던져지도록 하라. 그러나 유형의 참된 표현에 있어 그러한 조언은 단지 공허한 것이다.

나는 사례를 통해서 시인의 좋은 측면을 구성하기 위한 시도를 해왔다. 그러나 나는 생활에 대한 이러한 가치형태에 대한 경험적 가능성에 사적인 불안감이 있음을 고백해야만 한다. 그리고 설사 불순하게 명시된 형태라 할지라도 시인의 외양은 사실의 세계에서 궁극적으로 부정적인 결과가 강하게 있을 법하다는 것을 시사해 준다. 정말로 우리는 행정의 역사에서 신권적 지도성이 장기적인 관점에서 조직에 이로움을 준다는 것을 입증할 만한 사례들을 확실하게 제공할 수 있는가? 어떤 공리적인 분석에서와 같이 아마도 그 문제는 우리로 하여금 비용과 이윤에 대한 참된 분석을 하도록 허용하는 쾌락주의적 계산을 위한 해답이 불가능하다는 것이다. 비록 우리가 할 수 있다고 할지라도, 우리는 독단적인 선택이라기보다는 다른 어떤 기초에 근거해서 대차대조표가 작성되어지는 이음매 없는 역사의 흐름에서 그 지점을 설정할 수 있는가? 그럼에도 불구하고 그러한 지도성은 조직의 모습을 깨뜨리고 에너지를 방출하며, 넌더리나는 실제를 활성화시킬 수 있다. 심지어 가장 불변적인 관료제까지도 새로운 연구과제 속에 포함되어야 할 것이다. 정치적이거나 기술적인 교착상태가 극복될 수 있고, 새로운 시작에 대한 성급한 느낌이 추종성에 영향을 줄 수도 있다. 그러나 비록 전부는 아니더라도 이것 중에서 몇 가지는 기술자—보호자·정치가·기술통치자·민주주의자의 범위와 능력 속에 있다. 그리고 그러한 지도성의 성취가 갖는 최종적인 결과는 악한 것일 수도 있다. 소설가인 벨로우(Saul Bellow)는 "모든 사람이 선에 정신이 팔려 있는데 어떻게 악을 행할 수 있겠는가?"라고 묻고 있다.

주목해야 할 실천의 요점은 우리의 논의가 비시인의 관점, 즉 지도자가 아니라 추종자의 관점으로부터 부득이하게 생겨난다는 점이다. 시인 그 자신에게는 실천에 대한 논의가 중요하지 않다.* 즉, 그는 단순히 실천할 뿐이며, 그 자신이 갖는 유형 Ⅰ의 가치들은 집행적 행동의 영역에서 구체적으로 실현되고 쓰이게 된다. 그는 자기 자신의 불꽃을 지키는 사람이며, 정직이란 자신의 갑옷을 입고 있으며, 정직하게 어떤 실천적 훈계의 범위를 능가하게 된다.

반면에 부관은 만일 그가 신권이나 신권적인 조직의 프로그램에 의해 압도되지 않는다면 최소한 얼마동안 선택의 선정과 관여의 중지를 유지하게 될 것이다. 만일 그러한 기회의 창이 열려지고, 그러한 자유도가 달성되어야만 한다면, 실천의 충고는 우리가 이미 시행한 것과 다르지 않을 것이다.

내가 '행정'을 지도자와 지도되는 사람을 포함하는 전체적인 과정의 분류를 뜻하는 것으로 여길 경우, 이러한 수준에서의 행정은 궁극적인 예술적 형태, 즉 신중하고 의미 있으며, 실천이 포함된 역사의 형성으로 파악될 수 있다. 개성과 연출가가 복잡한 조직을 통해 미적인 가치를 실현하려는 영화의 경

---

* 아우렐리우스(Marcus Aurelius)는 이러한 규칙에 대한 예외를 입증할 것이다.

우와 가치가 **윤리**와 관계를 가지는 행정에 관련된 현실적인 생활의 경우, 거기에는 유사한 성질이 있다. 이러한 윤리는 시인을 독특하게 대표하는 것이며 그에게 사적인 것이지만, 그것이 최소한 몇 명의 다른 사람들, 특히 부관 간부와 예술의 집행자들, 사도들과 같은 사람들에게 엄청난 호소를 해야 하기 때문에, 결코 단독적인 것이 될 수 없다. 그래서 '경계하라!'는 금언이 똑같이 적용되게 된다. 다시 말해서 '가치를 의식하라!' 이것의 시적인 구체화를 통해 이러한 원형과 접촉하는 것은 첫 번째의 유혹과 덜한 것은 더한 것에 의해 매수되는 개종의 모험을 각오하는 것이다. 시인이 동기유발이라는 샘에 그러한 접근을 하도록 명령하는 것은 극단적인 것들이 가치 패러다임에서 어떻게 대처하는지를 한 번 더 보여주는 다음의 내용에 나타나 있다.

> 슈페르(Speer)는 히틀러(Hitler)의 가장 위대한 강점을 **인간감정가**(Menschenkenner)로서의 그의 능력이라고 하였다. 그는 사람들의 감춰진 결함과 욕망을 알았고, 그들이 자신들의 미덕이라고 생각하는 것을 알았으며, 그들의 사랑과 증오의 이면에 숨겨진 야망과 동기를 알았다. 그리고 그는 사람들이 아첨을 받을 수 있는 곳과 기만당할 수 있는 곳, 그리고 그들이 약점으로 가지고 있는 곳을 알았다. 즉, 그는 본능과 느낌 그리고 그러한 문제들이 그로 하여금 결코 길을 잃게 하지 않는 직관을 통해서 이 모든 것을 알았다. 그래서 히틀러는 슈페르를 포함한 타인에게 가할 수 있는 비상한 권력을 가지게 되었다. 또한 그는 전략가로서 자신의 적이 갖고 있는 내면적인 약점들에 대한 정확한 안목을 발휘하였다. 그러나 동정심과는 거리가 먼 이런 지식으로 인해서 그는 동료들에 대하여 최상의 멸시를 하게 되었다(Davies, 1980: 69n.).

이것은 우리에게 철학적 혼란을 안겨준다. 그리고 패러다임의 이러한 측면에 의해서 제기되는 최대의 문제는 이익이 되는 것이 어떻게 해서 성스러운 것인가 하는 것이다. 나는 시인과 그가 가지는 유형 I의 가치들, 그리고 이것들이 포함하는 관여들 중에서 그 어느 것도 비판의 범위를 벗어날 수 없다고 말하길 원한다. 이것들은 각기 개념적 가치계서의 범위 내에서 단지 한정된 형태로 나타내고 있다. 그러나 출세제일주의자와 시인, 그리고 우리의 분석과 관련된 시 발점과 종착점 사이에는 동물과 인간 사이의 존재론적 불연속성에 상응하는 가 치론적 불연속성이 있는 것처럼 보인다. 가치와 가치의 명시에 있어서 우리는 생물학에서 발견하는 것과 마찬가지로 조직과 논리에서 계서를 발견한다. 그리 고 행정적 생활형태는 깊이뿐만 아니라 높이를 갖는다. 시인은 보다 정화된 공 기를 호흡하며, 일상적으로 포착할 수 있는 이상의 것을 포착한다.

제5절 경 고

이론적으로 가치가능성들을 철저히 논술한 이상의 네 가지 분석적 '순수형' 을 지금까지 어느 정도 구별시켰기 때문에, 이제는 그 유형들이 내재적이고 미숙하며 목적론적이고, 잠재적이며, 사실의 세계에서 불순한 설명으로만 표 현되지 않는다는 것을 반복해 말할 필요가 있다. 이러한 경험적 불순성은 부 분합계와 융합의 원리에 의해 훨씬 더 복잡하게 된다. 이것들은 어떤 가치행 동자가 계서적으로 독특하지만 상위의 가치유형들이 하위의 것을 포함하면 서,* 동시에 공존하는 복잡한 가치들을 정해진 시간에 전달하는 사람이라는 것을 말해준다. 더욱이 행동자들은 이러한 사태에서 심지어 어떤 감정적 부조

---

* 경험주의적 기질을 가진 사람은 7777을 궁극적인 것으로, 1111을 가장 하위 의 것으로 하여 어떤 특정한 지도자에 대해서 4개의 아라비아 숫자로 된 상징 을 만들어 내기 위해 리커트(Likert) 유형의 척도를 셀돈(Sheldon) 유형의 부호화를 결합할 수 있다는 가능성에 매력을 갖는다. 그러나 이러한 식으로 행 정가를 유형화하는 것이 단순한 것인 반면 이것이 앞에서 기술된 바 있는 동질 적 오류와 지오게스크-뢰겐(Georgescu-Roegen, 1971: 60-83) 교수가 산술형적 오류(the arithmomorphic fallacy)에 모두 관여할 위험을 포함 할 수 있다는 것을 주목해야 한다.

화를 인식할 필요조차 없게 된다(Rokeach, 1973: 215-35, 286-293). 모든 가치들이 일상적 의식의 범위 안에 있을 필요가 있는 것은 아니다. 그리고 다른 것들은 승화되기도 하고 억압되기도 한다. 그래서 우리는 극단적 복잡성과 인간적 조건과 관련된 욕구의 본성과 같은 가치현상학의 정교성을 인정하도록 강요받는 한편, 다른 한편으로 우리는 동시에 그에 관한 궁극적이고 대체적인 분석의 가능성과 그 유용성에 대한 실제적인 신념을 갖는다. 다음 장에서 우리는 이것이 행정에 대해서 갖는 시사점들과 함께 이러한 주제에 관해 다시 알아보게 될 것이다. 그리고 지금으로서는 그 복잡성이 아무리 대단하다고 할지라도, 가치문제가 지도성 연구에 반영되지 않는다면 지도성은 결코 이해될 수 없다는 것이 인정되어야만 한다. 또한 지금으로서는 원형의 분석적 지위, 가치 패러다임과 그들의 조화 그리고 지도자들을 유형화하는 것을 의미하는 다른 도식들과 그들의 일반적인 관계를 이해하는 것으로 충분하다.

제6절 도식화

지도성의 기술을 위한 여러 가지 유형학들이 문헌에서 발견되고 있다. 그러나 나는 그것들을 모두 고찰할 수 없고, 우월한 이론적 정당화를 주장하는 웨버(Weber)와 자레즈닉(Zaleznik)의 관점과 구체적인 지도성이론을 제공하지는 않았지만 행정적 시사점을 확실히 갖고 있는 보노(de Bono)의 관점을 제한적으로 고찰해 왔다. 이러한 고찰은 모두가 그 주제에 대한 권위 있는 사고를 설명하고, 이 책의 일반적 주제에 그것을 관련시키는 데 기여하게 될 것이다.

웨버의 범주화는 고전적인 것으로, 행정의 방식을 신권적·전통적(가부장적)·법적인 것으로 구분한다. 그것은 역사적 연구에 의해 증명되며, 역사적 진화와 조직역학의 전반적인 이론을 담고 있다. 자레즈닉의 범주들(1966: 9장)은 본질적으로 지도성이 적극적·중간적·반응적인 세 가지 유형으로 구성된다고 하였다. 즉, 이것들은 각기 (1) '환경적 가능성을 활동적으로 찾아내는 것과 조직의 창조적 잠재력을 위한 범위를 확대하는 것', (2) '환경적 압력에 대한 내적인 변화를 환기시키는 것', (3) '항상성 있게 조직의 내적인 안정성과 「안정상태」를 유지하는 것' 등을 말한다. 이러한 도식은 연구와 사례연구에 의해 상당히 증명되고 있다. 마지막으로 인지적 기능 속에서 연구를 해온 보노의 제안적이고 자극적인 연구가 있는데(1967, 1969, 1971, 1976), 연구에서 그는 다음에 제시되고 있는 행정적·경영적 특성들에 관한 위치배열을 이끌어내고 있다.

(1) **조직자**(organizers): 자신의 재능이 사물을 이론적이라기보다는 실제적인 방식으로 조직하는 사람. 이것은 단순히 사물을 조직하는 것이 아니라 조직을 운영하는 재능을 포함해야만 한다.

(2) **정보편집자**(information compilers): 정보를 수집하고 조사하는 것에 숙련된 사람. 그는 어디서 정보를 발견해야 할지를 알며, 그것을 생명력 있고 접근 가능하도록 보존하는 방법을 안다.

(3) **탐정자**(detectives): 흔적을 추적하고 사물을 발견하는 데 숙련된 사람. 또는 일반적인 방향을 설정하고 거기로부터 자기 나름의 방식을 발견하게 되는 사람.

(4) **연구자**(researchers): 아이디어를 확보하고 그것을 지지할 정보를 종합하는 데 숙련된 사람. 또는 현실세계나 이미 축적된 정보의 세계에서 실험을 하는 데 능숙한 사람.

(5) **아이디어 창출자**(idea generators): 새로운 아이디어, 새로운 개념 그리고 새로운 가설을 창출하는 데 있어서 자신의 능력에 자신감을 갖는 사람. 또는 창의성과 새로운 아이디어에 관심이 있는 사람. 이것은 과거에 언젠가 떠올랐던 하나의 단일한 새로운 아이디어를 추구하려는 의도가 아니라 일반적인 능력을 말한다.

(6) **종합자**(synthesizers): 많은 자료를 종합하고 나서 중요한 것으로

줄이는 데 능숙한 사람. 또는 다른 것들을 합치고 종합을 통해서 새로운 어떤 것을 창출하는 데 숙련된 사람.

(7) **반응자**(reactors): 개관을 하고 현존하는 상황과 타인의 아이디어에 반동하는 데 능숙한 사람. 이것은 정말로 중요한 역할이지만, 파괴적 접근이 아니라 비판에 관한 진실한 평가적 역할을 포함한다.

(8) **설명자**(explainers): 복잡한 상황을 직접적이고 단순한 방식으로 설명하는 데 능숙한 사람. 이것은 과학에 관련된 신문기자의 역할과 다를 바 없다. 이와 같은 명료화와 단순화의 과업은 수신자의 측면에서 특별한 지능을 가정하지 말아야만 한다.

(9) **의사소통자**(communicators): 타인과 면대면의 직접적인 방식이나 서신 등과 같은 몇 가지 다른 매체를 통해서 의사소통을 하는데 능숙한 사람. 이러한 점에서 설명자와 중복되지만 의사소통자는 설명하는 것과는 상당히 다른 어떤 것을 의사소통하는 독특한 능력이다. 그래서 훌륭한 교사는 훌륭한 의사소통자라고 할 수 있다.

(10) **판매자**(salesman): 타인에 있어서의 관심을 창조해내는 아주 중요한 과정에 익숙한 사람. 이것은 다른 사람들로 하여금 어떤 것을 새로운 방식으로 보도록 하는 능력이다. 적절한 의미에서 그것은 타인들이 갖는 지각에서의 변화를 통해 타인의 정서를 기록하는 방식이다.

(11) **집단조직자**(group organizers): 국지적이거나 지역적인 집단을 다루기 위해 요구되는 조직의 유형에 익숙한 사람. 이것은 반드시 인간본성의 실체들과 불안정한 열정을 설명해야만 한다. 그것은 또한 일(things)이 진행되는 방식에 대한 감수성에다가 일이 진행되도록 하는 결단력을 포함해야만 한다.

(12) **외교가**(diplomats): 특별하게 다른 사람과 사이좋게 지내는데 능숙한 사람. 또는 일대일의 기초 위에서 다른 사람을 다루기 위한 재능을 가진 사람. 그리고 상대방의 기분을 상하지 않게 하고서 자신의 관점을 이해시킬 수 있는 사람.

(13) **지도자**(leaders)：책임감을 갖고 결정을 내리길 좋아하는 사람. 자신이 필요하다고 느끼는 권력을 발휘할 기회를 통해서 보다는 자연적인 역할을 통해서 지도성을 발휘하려고 하는 사람. 이것은 어떤 사람이 지도자라고 가정하려는 바람이라기보다는 지도성의 질(質)에 관련된 과거의 경험에 기초되어야만 한다.

(14) **영향자**：일을 들추어내는 것에 능숙한 사람. 이것은 모든 것들 중에서 가장 중요한 역할이다. 또한 그것은 활동·지시·결단 그리고 장애물을 극복하는 기술을 포함하며, 여기서의 기술은 지적인 기술이라기보다는 인성적인 기술이다(1979: 254-5).

이상의 여러 가지 해석들을 모두 고려하게 될 경우, 인지적·행동적인 것과 감정적·경험적인 것 양극단 사이의 범위는 〔그림 6-1〕에서와 같이 우리의 분류학 위에 도식화될 수 있다. 이러한 그림에 대한 동조와 비난은 개념적 지도의 불완전성이 있다고 할지라도, 그리고 불가피한 국경분쟁, **미지의 땅**, 소유권 주장이 없는 영토가 있다고 할지라도, 집행적 행동의 분야가 알기 쉽고 내재적 논리를 갖고 구조화된다는 것을 시사하는 유형의 일관성과 주요한 한계에 대한 광범위한 일반적 일치가 거기에 여전히 있게 된다는 것을 말해준다. 그리고 지속적인 개념적 탐색에 의해서 이러한 지리학을 진보시키고 정교하게 하는 것은 바로 행정철학의 과업이다.

6장에서 의도한 개념적인 지도성 유형들은 다음과 같이 간략하게 요약될 수 있다. 즉, 출세제일주의적 원형은 **약탈자** 중에서 하위의 기본적인 형태이며, **기회주의자** 중에서 상위의 형태를 취한다. 정치가는 잘못되면 **선동가가** 되고 잘되면 **민주주의자**가 된다. 기술자는 한가한 **관료**로 퇴보할 수 있지만 **보호자 - 기술통치자**로 상승할 수도 있다. 시인은 **보호자**와 **과대망상증 환자**라는 나름대로의 형태를 가진다. 신권과 관련하여 그것은 시인에 관련된 모든 변형체에 특별히 적용된다고 할 수 있다. 기술자 유형은 일반적으로 반신권적이지만, 더 높은 수준의 형태에 있어서는 유사신권적일 수 있다. 정치가

는 못해 보았자 유사신권적이며 잘해 보았자 원형신권적이다. 출세제일주의
적 변형체는 종종 유사신권적인 것으로 나타나지만, 관심사에 대한 이들의
이기적인 초점 때문에 본질적으로 반신권적이다.

[그림 6-1] 지도성 유형과 행정과정

	하지킨슨 (Hodgkinson)	웨 버 (Weber)	자레즈닉 (Zaleznik)	보 노 (de Bono)	
철 학 (philosophy)	기 술 자* (technician)	합리적·법적* (rational·legal)	적 극 적 (proactive)	아이디어 창출자 (idea generators) 종 합 자 (synthesizers)	
기 획 (philosophy)	기 술 자 (technician)	합리적·법적 (rational·legal)	적 극 적 (proactive)	연 구 자 (researchers) 정보편집자 (information compilers)	
정 치 (politics)	정 치 가 (politician)	전통적·가부장적 (traditional·patrimonial)	조 정 적 (mediative)	설 명 자 (explainers) 판 매 자 (salesmen)	외교가 (diplomats)
유 통 (mobilizing)	정 치 가 (politician)	전통적·가부장적 (traditional·patrimonial)	조 정 적 (mediative)	의사소통자 (communicators) 조 직 자 (organizers)	지도자 (leaders)
관 리 (managing)	기 술 자 (technician)	합리적·법적 (rational·legal)	반 응 적 (reactive)	집단조직자 (group organizers) 영 향 자 (effectors)	
감 시 (monitoring)	기 술 자 (technician)	합리적·법적 (rational·legal)	반 응 적 (reactive)	탐 정 자 (detectives) 반 응 자 (reactors)	

* 출세제일주의적 원형은 설득적이고 과정의 어떤 측면 내부에서 나타날 수 있다. 그리고 시
인적 원형이 나타날 경우 그것은 또한 과정의 각 수준에서 노력할 수 있다. 신권적 지도자
유형에도 똑같은 자격요건이 적용된다.

이제 우리는 지도성으로서의 행정철학을 고찰해야 할 위치에 있다.

제7장
리더십의 철학

무엇보다도 눈이 있는 곳에는 철학적 이해를 하게 하여 주소서.
비트겐슈타인(Ludwig Wittgenstein)

제1절 행정과 지도성

이제 지금까지 계속 암시적으로만 말한 것을 명시적으로 밝힐 차례가 되었다. 행정은 지도력이며, 지도력은 행정이다. 이러한 등식을 깊이 이해한 독자에게는 별로 놀라울 것이 없다. 그러나 이러한 표현들이 일상적으로 사용되기에는 아직도 생소한 측면이 있다. 그리고 지도성을 인식하려는 경향성이 있지만 아직 그렇게 철저히 느슨하게 이해한 것 같지는 않다. 즉, 지도력을 발휘할 수도 있고 그렇지 않을 수도 있는 그런 행정적·경영적 과정에서만 도움이 되는 것으로 생각하여 거의 항상 철저히 이해하지는 못했다. 마치 부수현상적인 것처럼 생각하여 지도력 없이도 행정을 할 수 있고, 행정이 없이 지도할 수 있는 것으로 생각했다. 그러나 평가적 이름을 붙여 보면 이러한 오해에 잘못이 있다는 것을 알 수 있다. 그래서 동시에 훌륭한 지도력과 그릇된 행정을 가지고 있다거나 아니면 그 반대현상이 있다고 말하는 것을 이해하기는 다소 어렵다. 요약하자면 훌륭한 지도력은 곧 훌륭한 행정이고, 그릇된 행정은 또한 잘못된 지도력일 뿐이라고 할 수 있다.

지도성의 원리(Führerprinzip)는 바로 여기서부터 나온다. 지도성은 조직계층의 정점으로부터 밑바닥에 이르기까지 확대된다.[*] 또한 그것은 조직에 충만되어 있다. 사람들이 행정적·경영적 과정을 회피할 수 없는 것처럼 그는 지도성 행동과 지도성 책임을 벗어날 수 없다. 만일 이 책의 기본적 공리가 유효하다면, 그러한 행정은 행동철학이고, 마찬가지로 지도성은 집합적인 조직의 행동을 통하여 정책·가치·철학을 성취하는 것으로 이해될 수 있다. 지도성에 관한 수많은 정의 중에서 에치오니(Etzioni, 1961: 116)와 바나드(Barnard, 1972)가 정의한 것이 거의 완벽한 것같이 보인다. 달리 표현하자면, 지도성이나 행정은 조직이란 체제를 통해서 사람들로 하여금 조직의 목표를 지향하도록 하는 것이다. 이것은 잘 이루어질 수도 있고, 나쁘게 이루어질 수도 있으며, 또 원래의 목적과 다르게 이루어질 수도 있다. 그리고 전혀 이루어지지 않을 수도 있다.

물론 행정과 지도성은 강조하는 바가 다르고 과정의 분류, 행동자의 인성, 그리고 환경의 우발성에 따라 변화한다. 다른 사람들보다 더 기술적이고 경영적이며 막료가 되거나, 다른 사람들보다 덜 일반적이고 행정적이고 계선으로서 행동하는, 그래서 지도성에 민감하지 못하게 되는 몇 가지 역할에서 아주 분명한 논쟁이 생길 수 있다. 이것은 가치와 사실의 혼합이 과정, 상황과

---

[*] 나치(Nazi)의 친위대 조직이 부대장(Scharfübrer)·돌격대장(Standartenfübrer)·선도대장(Gruppenführer) 등과 같은 그 체제의 순위와 이름에서 이러한 원리를 숨겼다는 것은 다소 흥미롭다. 그래서 심지어는 가장 말단의 구성원들조차도 의미론적으로 자신의 지도성 책임에 민감하게 되었다.

역할에 따라 변화한다고 다른 방식으로 말함으로서 인정될 수 있다. 그렇지만 조직의 역할이 아무리 관례적이고 변하지 않는다 할지라도 이 역할은 여전히 조직과 통합적인 것이다. 위기의 상황과 특별한 상황 하에서는 지도성 행동과 지도성 능력에 아주 민감하게 될 것이다. 전장에서 자신의 부하와 함께 고립된 하사관, '긴급한 호출'로 당황한 말단 관료, 불만을 품고 태업의 기회를 엿보는 노동자 등은 모두 조직의 중요한 결정을 하거나 아주 어려운 가치판단을 해야만 할 것이다. 그래서 현실세계에서 어떤 사람이 행정을 할 수 있다면, 동시에 지도력도 발휘할 수 있다고 말할 수 있다. 그리고 정말 사실이 그렇다. 의견불일치의 요점은 지도성 그 자체가 아니라 지도성으로 나타난 **효과성**이다. 일상 언어에서 그것은 지도성과 대등하고, 조직의 활동에 부과될 수도 있고 그렇지 않을 수도 있는 일종의 겉치레로 이해되는 적극적 효과성이다. 그러나 우리의 보다 더 기술적인 목적에 있어 '행정'과 '지도성'이란 용어는 서로 융합되고 동의어가 된다.

이제 중요한 자격요건에 대하여 고찰해야 할 차례이다. 이 책의 핵심적인 관심사는 자신의 지도성을 조직 안에서 그리고 조직을 위해서 실천하는 사람인 행정가—지도자에 대해서이다. 그러나 조직인들과 실천의 대표자들 외에도, 거기에는 예술가·발명가·저술가·학자·교사 그리고 혁신자들과 같은 조직외적인 개인적인 은둔자들도 있는데, 이들은 자신들의 천재성과 창의성 때문에 조직생활을 하게 되는 환경과 관련된 세계를 간접적으로 변경시켜 나간다. 이들 또한 지도자이며, 이들이 갖고 있는 것 역시 다른 부류이기는 하지만 지도성이다. 물론 차이는 있다. 즉, 이들은 협동적으로 움직이는 것과는 반대로, 말하자면 신봉건적인 망상의 틈바구니에서 개별적으로 움직인다. 즉, 마르크스(Marx)·프로이드(Freud)·부처님(Buddha)·예수님(Christ)·블레이크(Blake)·터너(Turner)·마티스(Matisse)는   도서관·밀실·서재·일터 또는 광야에서 홀로 움직였다. 물론 이들은 결코 혼자가 아니며, 단순히 상대적으로 조직적인 관여와 책임감이 덜했다.

신조: 모든 사람은 양도할 수 없는 철학에 대한 천부적 권리를 갖고 있기 때문에 모든 사람은 지도자가 될 수 있다.

제2절 지도성이론

지도성은 다양하며, 뭐라고 정의하든 계속 연구의 대상이 되고 있다. 그럼에도 지도성은 지난 세계대전 이후 특히 내포적 정사(精査)와 외연적 정사의 연구대상이 되었다. 그러나 이상한 일이 계속 발생하였다. 즉, 지도성을 심리학의 분파로서 집중적으로 연구하는 경향이 있다는 점이다. 그래서 이에 대하여 우리가 지도성의 심리학화라고 부르는 어떤 전문화와 독점화가 있었다고 할 수 있다. 그리고 지도성 사고는 이제 철학이라기보다는 심리학의 하위분과가 되어 버렸다. 고대에 심오하게 철학적 관심사로 시작되었던 보호자를 발견하는 방법은 지금까지 신화적 요소를 제거하고, 세속적·경험적·민주적·심리학적인 것이 되어, 이제는 빽빽하게 뒤엉켜진 망상으로 발전되고 있다. 그래서 가치·윤리·도덕성에 관한 개념들은 부적절한 것이 되고, 무시되고 경시되어 왔다.

논리의 일반적 경향에서 탐구적인 연구는 특성이론을 통한 금언과 어림계산에서 시작해서 (1) 과업지향과 인간지향이라는 고전적인 두 가지 차원을 산출한 요인분석적 특성이론, (2) 상황적 자격요건, (3) 과업·지도자·추종자의 상호작용으로 이해되는 상호작용적 고려, (4) 목표−행로분석에 관한 최근의 다듬어진 금언, 마지막으로 (5) 휘들러(Fiedler) 교수가 연구한 최근의 복합론(1967, 1978; House and Baetz, 1979)의 연구과정을 거쳐 왔다. 이들 연구에서 가치·윤리·도덕 또는 이보다는 약한 의식과 의지라는 심리학적으로 다루기 힘든 요인들을 확인하기는 어렵다. 즉, 진보적으로 보다 실증적인 연구전략에 의해 그같이 복합적이고 혼란을 주는 요소들과 관련된 문제는 무시되어 왔다. 그러면 마지막에 가서 우리가 철학을 모르고서 지도성의 심리학으로부터 무엇을 알 수 있는가?

이러한 물음에 답하기 위해 저자는 현존하는 가장 정교하고, 진보되었으며, 구체적인 지도성이론인 휘들러의 상황모형을[*] 철학적으로 고찰하고자 한다. 이러한 연구는 기본적인 논리에 있어 원형적인 것이며, 이에 대한 고찰을 통해서 우리는 오늘날까지 내려온 심리학적 연구와 경험적 연구에 대한 일반적인 비판을 알 수 있게 될 것이다.

논리적 하부구조는 아주 단순하다. 즉, 지도성 개념은 전반적으로 관찰의 세계를 구성하는 일련의 변인들로 구성되는 것으로 인식된다. 휘들러의 연구에서 이러한 틀은 배제된 어떤 관례적인 경영활동과 같이 행정에 상응하는 변인들의 묶음보다 아마 덜한 것일 것이다. 그럼에도 불구하고 그것은 잠재적으로 무한대(v_∞)일 것이다. 실제적인 목적을 위해 변인들에 관련된 무한한 하위묶음(v_α)이 추출되며, 이들은 또 측정과 연구를 하기 위해 조작적으로 다루어진다. 상황모형에서 설명되는 변인들에는 지위권력·과업구조·지도자—구성원 관계 그리고 보다 최근에는 지능·긴장·경험·과업복합성 그리고 타인들 등이 있다. 모든 이러한 양적인 환산들 중에서, 두 가지 변인들만이 이들의 논리적 입장 때문에 특별히 주목할 가치가 있다. 첫 번째의 것은 투입변인 v_1 지도자의 인성이고, 두 번째의 것은 산출변인(v_0)인 지도자의 효과성이다. 여기서 전자의 것을 휘들러는 최소선호협동자척도(LPC)라는 간단한 서답형 검사도구로 측정하며, 후자의 것에 대한 측정은 조직의 맥락에 따라 다르지만 표면적으로는 객관적이다. 그래서 v_α에 의해 조정되는 v_1의 투입은 v_0와의 관계를 알기 위해 탐색한다. 현재의 신생적인 자격요건을 갖춘 상황모형은 이러한 지속적 연구의 결과이다. 즉, 고도로 정교한 통계적 모형은 지도성 개념에 대한 경험적 상관 중에서 평균적으로 약 25%의

---

[*] 심리학자들에 의해 가해지는 현대적인 비판을 알고자 하면, Green et al(1971, a, b); Ashour(1973); Schriessheim and Kerr(1977) 등을 보라.

분산을 설명할 수 있다고 주장한다.

그러한 연구는 반대를 받지 않으며, 평범한 사회과학과 관련된 가치 있는 기술적 노력을 상징해 준다. 이것은 고무되고 경쟁을 받고 반복되며, 계속 추구된다. 그러나 우리는 또한 그러한 연구를 철학적 전망의 범위 안에 위치할 수 있도록 해야 하며, 또 철학적 비평을 어느 정도 이해해야 한다. 후자의 입장은 다음과 같은 방식으로 요약될 수 있다.

먼저, 중추적인 v_1의 변인은 어떤 철학적 불안정을 생성시킨다. 만일 우리의 유일한 관심의 초점이 지도성 행동이라고 하는 어떤 것이라 할지라도, 인성에 대한 본질적인 진리가 5분에 걸쳐 단일한 차원에서 유도될 수 있는가? 아마 유도될 수 있을 것이다. 그러나 인간의 다차원성이 풍부하게 있다는 증거가 있다. 지도자들의 심리-전기에 관한 문헌의 증가는 우리에게 질적인 **복잡성**에 관한 압도적인 자료를 제공해 준다. 그렇지만 상당한 단순성이 열렬하게 요구되고 과학적으로 추구되어야 한다.

두 번째로 우리가 어떤 철학적 확신을 가지고 v_0가 무엇인가를 말할 수 있는 것은 드문 경우에 해당된다. 조직생활은 연속적으로 이음매가 없는 망상조직이며, v_0 측정은 시간이 경과한 후에 해야 한다. 또한 측정은 경제적 효과성의 측정을 위해 사용되는 대차대조표에 적용하는 것과 같은 종류의 제한을 받아야 한다. 노 젓기 경기 코치는 승패라는 의미에서 자신의 지도성 효과를 평가받게 된다. 그러나 이처럼 아주 단순한 경우조차도 어떤 사람은 노 젓기의 내재적 가치를 위해서 저을 수도 있고, 코치 자신의 지도력의 성취를 포함할 수도 있기 때문에, 그 측정은 조잡한 것이 될 수도 있다. 보다 복잡한 경우의 효과성에 대한 가치판단은 배심원 등에 의한 전문적 언명으로 하게 되지만, 이러한 언명은 그것이 논리적으로 평가자 자신의 **철학**에 의존하게 되기 때문에 그 자체가 오염되게 된다.

물론 캠벨(Campbell, 1977: 18)이 지적한대로, 조직효과성에 대한 포괄적인 질문은 사실상 쓸모가 없다. 그리고 휘들러는 확실하고 정확하게 이러한 함정을 피하기 위해 노력하였다. 그러나 정밀한 조작에 소요되는 비용이

지나치게 의미를 상실케 할 수도 있을 것이다. 만일 그렇다면 심리학적 이론은 또다시 철학적 곤란에 빠지게 될 것이다.

세 번째로 이러한 부류의 연구는 조심스럽게 가치-윤리적 영역을 피해왔다. 감정에 비하여 가치를 줄이고, 행동적 관찰에 감정을 포함시키려는 실증주의적 경향성은 이미 논의되었으며, 방법론적 비판에 관한 상당한 문헌이 현존하고 있다(Greenfield, 1978(a), (b), 1980; Gronn, 1982). 지도자로서의 인간과 추종자로서의 인간이 항상 존재하고, 다른 무엇보다도 가치-행동자가 있다는 사실이 숨겨져 왔고 심지어 망각되기까지 하였다. 또한 관여의 현상과 그 현상학에 있어서도 마찬가지였다(Lang, 1982). 의지의 측면도 무시되었으며, 그것은 어떤 의미에서 심리학적이거나 행동적인 장애물이었다. 더더구나 이 책에서 논의된 가치오류들은 그 주변의 모든 지점에 스며드는 경향을 보인다.

마지막 비판은 이해능력과 관련이 있다. 앞에서 밝혀진 의혹에도 불구하고, 나는 특히 휘들러 교수의 연구에서 밝혀진 바와 같이 이러한 유형의 연구에 대한 일반적인 생산적 노력으로 심리학적 논지의 영역에서 대하게 되는 최선의 이론을 우리가 받아들일 준비가 되어 있다. 그렇지만 저자는 역설을 의심하지 않을 수 없다. 이러한 이론이 진리에 더 근접하면 할수록 그것은 더욱더 이해가 되지 않을 것이다. 현재의 이론은 이미 다루기 어렵고 혼란스러우며, 권위 있는 사람들에게조차도 까다로운 것이다. 천문학에서 천동설의 패러다임이 그 나름의 복잡성 때문에 무너지면서 그것은 지동설을 만들어냈다. 아마 우리는 이 분야에서 유사한 발전을 찾아낼 수 있을 것이다. 그러나 아직 그에 관한 참된 신호는 없다. 쓸모 있는 이론은 그것이 학도들을 집행적 행동이란 복잡한 분야에서 중요한 변인들의 존재와 상호연결성에 민감하도록 하는 한에서 몇 가지 교육적 진가를 갖지만, 철학적으로는 부족하다. 종합을 위한 이해는 그 범위를 능가한다.

과학이 마치 부가지론(不可知論)의 하위분과인 것처럼 항시 무지의 영역을 확대하여 왔다. 리더십의 철학은 지도성을 설명해야만 하고, 또 지속적이고 활발하게 설명해야만 한다. 그러나 그것은 아직까지 나타나지 않은 것 이상을 요구한다. 훨씬 더 분명하게 말해서, 그것은 그것을 지지하는 사람들이 조직행동의 논리와 방법적 기술을 어느 정도 종합적으로 이해할 것을 요구하며 보다 중요하게 말해서, 그것은 실천과 행정철학을 위한 기초로서 가치의 논리에 대한 상응하는 이해를 요구한다. 가령 지도자는 하루일과를 어떻게 꾸려가고, 어떻게 대처하며, 어떻게 대처해야만 하는가? 그리고 우리 시대에 지도자, 즉 행동인이 된다는 것은 무엇을 의미하며, 무엇을 의미할 수 있고, 무엇을 의미해야 하는가? 이러한 문제들은 이론을 능가하는 것이다.

제3절 최고의 가치

지도성이 행정적·경영적 과정 전체를 포함하고, 지금까지 알려진 대로 이러한 과정이 부분적으로 논리적이지만 당당하게 평가적이며 독특한 행정행동이 의사결정이기 때문에, 리더십의 철학은 계속해서 가치를 다루어야만 한다. 달리 말해서 인간의 행위에서 감정의 우세와 충만은 철학가가 행정철학의 다른 부문에 대해서 이러한 부문을 우위에 둔다는 것을 시사해 준다. 물론 행정철학의 과업도 중요하고 지속적이다. 그것은 행정이론과 조직이론의 논지에서 사용되는 평가적인 개념들을 확인하는 것이며, 가능하다면 검증가능하고 예언적인 가설을 산출하는 모형으로 명료화하는 방식으로 그 개념을 밝히고 처리하는 것이다. 이러한 방식으로 철학은 이론을 보조하지만, 지도성의 실천에서 실증적 과학과 무미건조한 이론에 의해 현재 남겨진 진공을 채울 수 있는 가치의 논리와 감정의 분석은 훨씬 더 중요하다.

감정·동기·태도·가치·윤리·도덕·의지·관여·선호·규범·기대·책임감 등과 같은 것들은 마땅히 지도성 철학의 관심사이다. 그리고 지도성의 성격이 실제적 철학이나 행동철학이기 때문에 이에 대하여 연구하는 것은 중요하다. 지도성은 본질적으로 평가적이다. 논리는 가치행동의 분야 내에서 한계를 설정하고 변수가 되기도 하지만, 가치현상은 그 분야 내에서 발생하는 것을 결정한다. 정말로 가치현상은 집행적 행동분야의 본질적인 구성요소들이며, 이 요소들에 의해서 지도자의 과업은 효과적으로 이루어진다. 만일 이것이 진실이 아니라고 한다면, 지도성 행동은 관례화될 수 있으며 궁극적으로는 컴퓨터화도 가능하다. 그러면 우리는 어떻게 이러한 감정적 영역을 다룰 수 있는가? 가치 패러다임은 어떻게 응용될 수 있는가? 또한 그것은 정말로 응용될 수 있는가?

다이(Dye, 1978: 39)는 정책분석 논문에서 개념과 모형의 유용성을 평가하기 위한 여섯 가지 기준을 제안했다. 이를 요약하면 (1) **정리하고 단순화시키는** 능력, (2) 정말로 의미 있는 문제의 측면들을 **확인하는** 능력, (3) **현실과 조화시키는** 능력, (4) 의미 있는 어떤 것을 **전달하는** 능력, (5) **탐구와 연구를 지도하는** 잠재력, (6) 복잡한 행동을 **제시하고 설명하는** 능력이라고 할 수 있다. 저자의 견해로는 이러한 기준들은 가치 패러다임에서도 유효하며, 이런 믿음에서 저자는 이제 이것을 지도자 철학과 통합된 부분으로 상세히 설명하고자 한다.

제4절 감정의 분석

가치와 이에 대한 언어를 비교해 보면 흥미 있는 일이 있다. 이 가치와 언어는 모두 신비적이고 난해한 현상이며, 인간들이 다양한 가치문화와 언어문화 속에 태어나면서 조건화와 프로그램화를 통해서 내면화된 것이다. 또한 그것들은 우리가 말을 하거나, 타인의 입에 오르내리면서 그리고 자신의 소망을 갖게 되고 타인의 소망을 자신과 연결하면서 참여적 행동을 통해 구체화한다. 언어는 우리가 태어나기 전에 이 세상에 이미 있던 것이라는 점에서 일차적으로 개인 간에 동의를 본 것이고 이차적으로는 순수하게 주관적인 것인 반면, 가치는 일차적으로 순수하게 주관적이고 우리가 가치의 **백지상태**로 태어나지 않는다는 점에서 이차적으로는 개인 간의 합의를 본 것이다. 사람들이 언어를 충분히 습득하게 되면서, 그 언어는 자신의 생활형태를 표현하는 도구가 된다. 그리고 사람들이 갖는 가치들은 궁극적으로 언어로 나타나게 되며, 우리는 과장·정치·책략과 같은 언어게임을 통해서 다소간 끊임없이 타인들이 갖는 가치를 변화시키고자 한다. 갈등은 암시적인 것이며, 최후의 클라우제비츠(Clausewitz)적인 분석이란 전쟁에서 가치언어게임을 논리적으로 계속하는 것이다. 이러한 의미에서 지도성의 성격은 언어적인 것이다. 지도성의 성격은 감정적이고 평가적이며, 지도성에 관한 끊이지 않는 연구로 갈등을 조정하고 또 이를 해결하는 것은 물론 때때로 갈등을 촉발하고 심지어 이를 고무하기까지 한다는 점 때문에 싸움은 번져나간다. 이런 모든 경우에도 패러다임적 분석을 적용할 수 있다.

여기서 주목해야 할 첫 번째 것은 가치갈등이 패러다임 내의 계서 간(interhierarchical)이거나 계서내적(intrahierarchical)인 것이라는 점이다.

계서간 갈등(interhierarchical conflict)이란 가령 사람들이 잠을 잘 것인지 아니면 일어날 것인지(Ⅲ: ⅡA), 무능한 동료를 일러바칠 것인지 (ⅡB: ⅡA), 또는 두려움 때문에 전쟁터에서 도망칠 것인지(Ⅲ), 아니면 자신의 동지와 함께 적의 진지를 과감하게 공격할 것인지(ⅡB: ⅡA: Ⅰ)를 결정하는 문제에 봉착할 때 각각의 수준에서 경쟁하게 되는 가치들을 말한다.

두 개의 일반적인 원칙을 이 계서 간 갈등의 해결에 응용할 수 있는데, 이 중 하나는 계서의 원칙(또는 원리의 원칙)이고 다른 하나는 최소원리의 원칙이다. 첫 번째의 원칙은 Ⅰ＞ⅡA＞ⅡB＞Ⅲ이란 이차적 평가를 의미한다. 앞에서 예로 든 사례에 비추어 볼 때 사람들은 잠자리에서 일어나고, 무능한 동료를 일러바치고, 전쟁터에 뛰어 들어가야만 한다. 또는 일반적으로 지도자는 그 원리들이 위협받게 될 경우(Ⅰ), 사적인 고려(ⅡA), 집단의 느낌과 정치적 요인들(ⅡB), 자기 자신의 사적인 감정(Ⅲ)을 무효화할 준비를 해야만 한다. 그리고 **필요한 변화를 시켜** 가치 패러다임 계서의 아래쪽으로 하향시켜야 한다.

이에 반하여 최소원리의 원칙이란 두 번째 금언은 행정가가 가능한 최하수준에서 가치갈등을 해결하려고 해야만 한다는 것을 말한다. 실용적인 이유에서, 그리고 단순히 지도자에 대한 감정적 유행과 비애, 순수한 정서적 관여 때문에, 모든 조직적 논쟁들이 가치계서에서 상향적으로 질주하게 될 경우, 이것은 소모적이고 파괴적이 된다. 달리 말해서 만일 **도덕적** 논쟁과 원리의 문제가 조직의 일에서 끊임없이 제기되게 되면, 이루어지는 것은 아무것도 없을 것이며, 지도자-피지도자의 관계가 단절되거나 파괴되게 될 것이다. 그래서 금언이 명령하는 대로, 지도자는 갈등을 피하고 가치긴장을 감소시키며 불을 끄기 위해 그릇된 수단이나 기교나 기술을 추구하며, 논쟁의 수준을 낮추기 위해 협상·화해 언어적이거나 외교적인 기술을 통해 노력한다.[*]

이러한 두 가지 논리적으로 모순된 금언들의 공존과 거기에 포함되는 변증법적 긴장은 지도성과 집행적 기능에 관계가 있는 바나드의 도덕적 **복잡성**에 대한 모호하지만 심오한 관찰을 설명한다고 생각한다. 언제 원리의 문제를 제기하고, 언제 이를 억제하고 회피해야 할 것인지를 분별하는 힘은 분명히 위대한 예술의 한 부분이라 하지 않을 수 없다. 이러한 변증법을 어떤 한 방향이나 다른 방향으로 처분하려고 시도하는 어떤 철학이 있다면 그것은 지나치게 단순한 것이며 비현실적인 것이다.

계서내적 갈등(intrahierarchical conflict)은 이러한 가치들이 똑같은 논리적 입장이나 계서적 수준에 있게 될 경우 경쟁하게 되는 가치들을 말한다. 그래서 두 가지 벽지들 중에서 하나를 선택하는 일은 수준 Ⅲ에서의 경쟁이다. 또는 간첩이 변절할 것인가를 생각하고 있을 때 가족과 이념 사이에

---

[*] 단순히 충분한 시간의 경과를 궁리하는 것이 종종 어떤 감정적 긴장을 일소하기에 충분할 수도 있다.

서 하나를 선택하는 일은 수준 I의 갈등이다. 이러한 부류의 가치갈등은 폭력이 초래된다고 할지라도 비록 이런 가치위배가 심리의 주관적 통합성에 반대되는 의지의 내적인 움직임에 불과하다 할지라도 궁극적으로는 몇 가지 부류의 힘에 의해 해결되어야만 한다. 갈등 해결과 관련된 금언은 다음과 같다. 즉, '의지에 의존하라! 의지란 무엇인가? 현재 여기에 있다!' 의지의 질은 가치의 수준에 따라 변화한다. III수준에서 이것은 감정적 선호란 질을 가지며, 가장 강한 감정의 힘이 첨가된 가치는 우세한 것으로 나타나야만 한다. IIB의 수준에서는 집합적 감정과 집단설득, 그리고 집단의지의 문제이며, IIA의 수준에서는 이성과 논리의 문제이며, 여기서 합리적 논쟁의 힘은 우세해야만 한다. 가장 높은 I의 수준에서 우리는 다시 불가지·비협력 그리고 완고성의 영역에 들어가게 되며, 거기서 의지는 마침내 가장 적나라하게 드러나며, 갈등은 심리와 집합성 모두에 가장 불행스러운 것이 될 것이다.

가치분석과 갈등관리는 의사결정과 지도성 기술이 통합된 부분이다. 이 부분은 공통적인 논리구조를 공유한다. 즉, 문제인식의 국면은 분석을 수반하며, 다음 단계에서 문제상황이 나오고 축소되며, 평형상태를 성취한 후에 행동이 뒤따른다. 여기서 인식·분석·행동은 군사적 비유를 통해서 보다 공격적인 말인 진군·분석·공격이란 말로 바뀌진다. 이것은 우리가 여기서 논의해 온 핵심적 분석국면이며, 이의 논리적 구조는 (1) 정보수집과 첩보수집, (2) 가치와 사실의 삽입과 구별을 포함한 연구와 반성, (3) 관여의 세계에서 행동에 앞선 의지의 계약 등의 실천에 관한 본질적인 요소를 포함한다. 이는 지도자의 의식에 대한 최대의 요구를 할 수 있고, 궁극적으로 나쁜 실천과 훌륭한 실천, 약한 지도성과 강한 지도성을 구별하는 행동하기 이전 휴지(休止)의 일반적 국면이다.

가치갈등을 꼭 해결해야 할 필요가 없다는 데에 주목하는 것은 아주 중요하다. 인간은 단지 감정적 긴장을 갖고도 살 수 있다. 이것은 현재 1/4세기에 걸쳐 세계의 열강국들 사이에 있었던 사례이며, 아일랜드(Ireland)와 중동에서도 대대로 갈등은 있었던 것이다. 그리고 조직내적 분쟁과 관련된 보다

소우주적인 세계에서 사람들은 바나드가 표현한 대로 다음과 같은 부정적
원리들을 생각하게 된다.

> 집행을 위한 결정의 예술은 현재 적절치 않은 문제를 결정하지 않고 미루며,
> 너무 빨리 결정하지 않으며, 효과적일 수 없는 결정을 하지 않고, 타인들이 해
> 야 하는 결정은 하지 않는 것이다(1972: 194).

행정의 많은 부분이 감정적 긴장을 수반하는 일상적 생활을 포함한다는
사실은 확실히 집행적 스트레스현상 중의 많은 부문을 설명하게 되었을 뿐
만 아니라, 근래에 조직생활이 점차 복잡하게 되면서 마지막 용어에 해당하
는 집행적 피로로 해석하는 현상에 대해서도 많은 설명을 하게 되었다. 가치
분석은 가치들이 경쟁상태에 있는 논리적 '폐쇄'에 대한 어떤 요구를 암시하
지도 포함하지도 않는다. 갈등은 조직과 개인의 생활 모두와 관련된 불가피
한 부분이다. 거기에는 가치도피가 있을 수 없으며, 많은 갈등이 지속되지
않을 수 없다. 항시 많은 갈등이 지속되게 된다.

다음으로 진실한 가치갈등은 항시 개인 내에서 생긴다는 사실이 가치분석
으로부터 발견되었다. 이것은 표현하기 어렵지만 중요한 요점이다. 가치의 본
질적인 주관성은 **가치들 사이에 있는** 갈등이 개인의 의식 속에서 발생한다.
즉, 그것은 개인의 감정적 생활의 한 부분이 되어야만 하며, 그러한 현상학
에서 사적인 것이다. 사람은 그가 잠들어 있거나 혼수상태에 빠져있는 동안
에는 가치갈등을 가질 수도 없고 의식이란 **장의 외부에서도** 가치갈등을 가
질 수 없다. 이것은 의지의 동요이다. 보통 개인 간의 가치갈등으로 생각되
는 것은 진실 된 것이라기보다는 명백한 것이다. 즉, 그것은 **이익**의 갈등이
다. 궁극적으로 사실 그것은 권력투쟁, 즉 가치행동자들 사이의 갈등이다.
이익이란 사실에 이끌린 충동적 가치라고 할 수 있다. 이익의 갈등은 가치갈
등의 결과라고 할 수 있으며, 강제·권력·설득·법률적인 판결·복지·협
상·법적인 과정·외교·정치 등의 다양한 방식으로 해결된다. 그러나 주목

해야 할 점은 **세상에서** 가치행동자의 외현적 행동을 보고서는 개인행동자 내부에서 일고 있는 가치갈등을 해결하는 데 우리에게 아무런 도움도 주지 못한다는 것이다. 전쟁이나 내란의 패배자가 바람직한 것이라고 생각하던 것에 대한 자신의 개념을 변화시킬 수 있는가? 법정의 판결로 **나의** 유죄나 무죄를 결정할 수 있는가? 나의 **의지**를 **타인**의 행동에 의하여 재형성할 수 있는가?

제5절 가치검토

실천상황의 지도자는 가치검토를 필요로 하는 곳에서 수행해야 할 의무, 즉 철학적 의무가 있다. 이것은 그가 직면하고 있는 문제의 가치측면을 분석하는 것이다. 이러한 분석은 사실적 제약 내부에서 가능한 만큼 세련된 인식이 있어야만 한다. 최소한 폐쇄적 행동과 충동적 행동을 완화해야 한다는 것에 대한 찬반양론의 표면적 계산에 가려진 뒷면이라고만 일축할 수는 없다. 뿐만 아니라 이에는 최소한 다음과 같은 문제들이 포함된다. 즉, 갈등상태에 있는 가치사례에는 어떤 것이 있고, 이 사례에 별도의 이름을 붙일 수 있는가? V_1에서 V_5 중에서 어떤 가치영역이 가장 영향을 받게 되며, 가장 현저한 것은 무엇인가? 가치행동자는 누구인가? 갈등은 개인 간이나 개인내적 어디에 어떻게 나타나는가? 이것은 패러다임에서 계서간의 문제인가? 아니면 계서내적 문제인가? 주요한 오류들(동질적·자연주의적·군국적·절삭적) 중에서 어떤 것이 효력을 갖는가? 사례에 가장 적합한 갈등해결의 원리와 전략에는 무엇이 있는가? 초가치란 무엇이고, 초윤리는 무엇인가? 그리고 어떤 초윤리문제가 생길 수 있는가? 거기서 원리(유형 Ⅰ 가치)가 제기될 수 있는가? 아니면 회피할 수 있는가? 해소하지 못한 긴장을 조절할 수 있는가? 가능하고 있을 법한 각본에다 합리적이고 실용주의적 결과를 첨가할 수 있는

가? 가치합의와 정치적 이익의 실체들은 조직의 내부와 외부에서 어떤 영향을 받게 되는가? 지도자는 사례에서 정보나 감정매체(신문·라디오·TV·의 사소통의 망·비형식적 조직)를 어느 정도까지 통제할 수 있는가? 사례에서 당파들에 대한 감정통제의 분석이란 무엇인가? 관여의 분석이란 무엇인가?

가치검토는 행정행동으로 옮기기 전에 앞에 제시된 문제들에 대하여 신중하게 반성해 오는 것이며, 이런 활동은 완전히 쓸데없는 일도 아니고 그렇다고 완벽하게 처리될 수 있는 일도 아니다. 즉, 가치검토는 지도성 책임감에 대한 증명서이자 보증서라 할 수 있다. 그리고 감정 그 자체의 성격에는 사악하게도 그러한 책임감을 회피하고자 하는 바가 있다. 즉, 이 문제는 행정적 도덕성이란 문제의 심장부에 해당되며, 검토의 회피는 그릇된 실천과 부도덕성을 포함한다.

조직생활에서 찾아볼 수 있는 사례들은 아주 많다. 고용과 해고, 그리고 승진에 대한 원형적 결정은 지도자의 측면에서 보면 기껏해야 유형 ⅡA의 결정이지만, 영향을 받게 되는 당사자에게는 유형 Ⅰ이 될 수도 있다. 이러한 계서간 갈등에 대하여 간과하기 쉽다. 중년의 피고용인이 조직구조에 대하여 고도로 합리적인 재배치의 결과로 모든 출세가능성이 없다고 판단한다면, 이는 부적절한 평가이거나 아니면 전혀 평가라고 할 수도 없다. 최소한 의사결정자는 동질적 오류에 빠져들지 말고 자기 앞에 놓여 있는 계서간 가치갈등을 인식해야 할 것이다. 그러면 어떤 황금률에 따라 가치결정을 해야 하는가? 영향을 받는 개인의 통합성을 위하여 조직의 규범적 집단의 더 큰 이익을 파괴해도 좋다고 정당화될 수 있는가? 칸트(Kant)에게는 미안한 애기지만 개인을 목적의 수단으로 생각하기를 그치고 스스로 목적이 될 수는 없는가? 아니면 이것은 외과의사의 도덕성과 대등한 것으로서 지도자의 철저한 옹고집과 도덕적 '잔인성'을 보여주는 사례인가? 가치검토는 가치문제에 대한 해답을 쉽사리 이끌어내지 못하지만, 최소한 조직의 환경에서 인간적 가치들에 대한 궁극적인 보호를 위한 안전장치를 제공한다. 그리고 앞서 제시된 금언들은 실용주의적 지도자로 하여금 원리의 중요성에, 그리고 이념적 지도자로 하여금 상응하는 실용론의 중요성에 민감하도록 한다.

가치검토의 최종 단계는 행동으로 옮기는 일이다. 여기에는 무행위를 포함하는 데 논리적으로 무행위는 단지 부정적 행동이기 때문이다. 행동은 권력·권위 그리고 영향력의 사용을 필요로 하며, 특히 지도자의 측면에서 보면 의지의 관여를 말한다. 또한 여기서는 행동이 가치분쟁의 해결을 지향하게 될 때, 필요한 경우 **성공의 비결**과 관련된 모든 무기를 사용해도 좋다는 암시를 하고 있다. 만일 유형 Ⅰ의 가치를 사용하지 않는다면, 아무리 악의가 있고 못마땅하다고 할지라도 사람들은 가치변화에 가치행동까지 수반하길 희망한다. 또한 사람들은 가치행동의 분야에서 이익유형들에 대한 재조사와 정치적 합의의 지속적인 흐름에서 예측 가능한 변화를 기대할 것이다. 지도자는 이 모두에 민감하고 이에 대하여 듣는다. 반면에 유형 Ⅰ의 가치들 사이에서 갈등을 하게 되면, 가치변화를 용이하게 하기는 어렵다. 그리고 권력, 즉 힘은 가치를 개조하지 않고서도 관계와 사건을 개조시킬 수 있다. 아일랜드·폴란드·중동지역과 같은 국제무대에서 이러한 완벽한 사례들을 많이 볼 수 있다. 이러한 수준의 체계에 있는 가치문제들을 결코 해결하기는 어렵지만, 강제적으로 해결할 수는 있다. 즉, 설사 해결할 수 있다고 하더라도 실은 해결이 안 되는 것이다.

이러한 문제들은 때때로 조직생활의 더 작은 체제의 내부에서 생겨난다. 그래서 이를 분석·감시·검토의 대상으로 삼는 것은 지도자의 의무이다. 어떤 문제에 대하여 분석한다고 이것이 곧 해결방안이라고 할 수는 없지만 이를 체계적으로 응용하면 실천에서 그 해결가능성을 증대시킬 수 있다.

제6절 감정의 통제

감정을 분석하는 것은 단지 지도자의 하나의 의무에 해당되며, 자기 자신의 감정을 통제하는 것은 또 하나의 다른 별개의 문제이다. 여기서 후자는 전자보다 훨씬 더 어려우며, 잘못될 가능성도 크다. 갑작스런 충동이 일어날 경우 훌륭한 분석을 하지 못하도록 망각에 빠뜨리고 익명의 조직행동자들을 불의의 재난에 빠지게 할 수 있다. 심지어는 토론을 종결해야겠다는 가장 단순하고 지속적인 바람으로 인하여 하찮은 순간에 자멸적인 정책모험이 초래될 수도 있다. 가령 포크랜드(the Falklands)에서 아르헨티나 군대의 모험주의는 적절한 예가 된다. 만일 지도성에 대한 적절한 정서적 통제를 의미하는 올바른 행동으로 보완하지 못한다면 분석 그 자체는 단순히 학문적인 것으로 그치고 만다. 실천은 항상 지도자의 감정적 상태와 함수관계에 있다. 이에 대하여 무엇을 말할 수 있는가?

철학적으로 말하여, 공식적 지도자는 다른 조직의 역할에 기대하기보다 더 크고 또 이와 다른 어느 정도의 냉담과 비애착, 그리고 감정적 무관심을 제공하는 가치전망의 입장을 갖도록 자신이 기대 받고 있다는 점에서 전문가적 기능을 갖는다. 또한 지도자는 전체적인 조직의 상황을 명쾌하고 차분하게 파악할 것으로 기대된다. 거기에는 지도자의 사적인 복잡한 이익과는 상당히 동떨어진 전망과 감정통제의 의무가 있다. 가치분석 그 자체는 바로 이를 필요조건으로 한다. 그러나 이러한 소망에는 장애물들이 있다. 행정가도 인간이며, 감정적 충동의 성쇠를 포함한 정상적 인간의 자질인 결함을 공유한다. 상황적 자극에 대한 이 같은 조잡한 감정적 반응의 범위는 공포로부터 무감각에 이르기까지 다양하고 넓다. 일차적 동기유발은 계속되거나 아니면 제지를 받으며, 때때로는 방임상태로 팽개쳐지기도 한다. 이러한 정표적(情表的) 반응은 막연하며 충동적으로 집중되지도 않는다. 이는 조잡하고 일차적이며 투쟁적이고 냉담하며, 도피하려는 것으로서 인간 대대로 내려온 본능과 직접적으로 관계된다. 자기보존의 원리가 원욕(id)이라는 프로이드적 개념에 해당하는 성적인 만족에 대한 충동을 포함하게 된다면, 이러한 일반화된 두드러진 복합적인 감정은 논리적으로 그와 같은 원리에 포함될 수 있다. 이런 종류의 감정은 아직까지 그 자체를 바람직한 것이라는 개념과 같이 암시적인 가치나 명시적인 가치에 속하지 않으며, 아직까지 특별한 가치를 부여하지도 않았다. 그래도 여전히 이런 감정은 동기유발적인 힘을 가지며, 행동자를 불안이나 긴장으로부터 구제할 수 있는 것은 단순한 역동설(力動說)에 의해서라고 하지만 이런 감정은 강력한 행동적 결정인자가 될 수 있다.

이런 유형의 자극에 대한 반응에서 자신의 사적인 잠재력을 인식하는 것은 자기지식에 대하여 지도자가 가져야 할 규범 중에서 중요한 비중을 차지한다. 지도자는 항상 통제 하에 있는 감정을 지녀야만 하며, 이를 지키기는 그리 쉬운 일도 아니며 단순한 일도 아니다. 왜냐하면, '…… 여기서 존재에 따르는 것은 바로 행하는 것이며, 존재를 빛나게 할 수 있고 또 의미를 줄 수 있는 의식에 부수되는 것은 바로 행동'(Barrett, 1979: 86)이기 때문이다. 이러한 의식은 마음속에서 물결치는 감정의 흐름에 압도될 위험이 있다는 것을 무릅쓴다.

행정 또는 지도성은 앞서 기술된 V_1에서 V_5까지의 수준들을 통해서 나름대로 이익의 순서를 정한다. 또한 이것은 사심 없고 공평한 것과 조화를 이루고 이에 해당하는 순서를 내포한다. 단순히 하위의 수준에서 지도자가 타인의 이익을 자신의 이익보다 우선하며, 개인보다는 집단의 이익을, 조직의 구성요소보다는 조직을 우선한다는 의미이다. 이것은 바로 앞에서 논의한 갈등해결의 원리와 감정에 대등한 것이다. 단순하지 않은 상위의 수준에서 지도자는 자신이 속한 조직보다 더 훌륭한 주장을 하는 다른 조직을, 계서적인 요소보다는 환경적인 또는 대우주적인 이익을 더 중요하게 고려해야만 하는 어려운 입장에 처하게 되기도 한다. 이 모든 것으로 인하여 부득이 지도자는 감정통제와 자아통제를 촉진시키게 된다. 그리고 이와 같은 통제를 해야 다음과 같은 금언의 지적 명령이나 지적 의무에 이르게 된다.

(1) **과업에 대하여 알라**. 조직의 사명은 무엇인가? 이러한 사명을 구성하고 있는 하위요소는 무엇인가? 이들을 어떻게 명료화하고 조정할 것인가?
(2) **상황에 대하여 알라**. 조직과 과업 사이에 가로놓인 환경과 관련된 **의**

미 있고 현저한 상황적 특징은 무엇인가? 어떤 것에 특별한 관심을 필요로 하고, 어떤 것을 무시해도 되는가?

(3) **집단에 대하여 알라.** 원칙상 바람직한 상위의 한계점이 없는 지식—가치는 다른 세 가지 금언과 질서정연한 시공의 제약이 가로막는 것을 해결할 수 있다.

(4) **자기 자신을 알라.** 단지 개인적이고 선천적인 능력에 의해서만 제한을 받는 끝없는 의무가 있다. '무엇보다도 나의 약점은 무엇인가?'에 대하여 알라.

여기서 감정관리의 문제를 제기하는 것은 바로 마지막 금언이다. 물론 몇 가지 부류의 신비적 해명이 부족하기 때문에 사람들은 자기 자신을 완전하게 알 수는 없다. 항상 희미한 유리를 통해서 보는 것 같고 다른 사람들이 우리를 보는 것만큼 결코 정확하게 자신을 볼 수 없기 때문에 부분적인 것임에 틀림없으며, 우리 모두는 각각 다른 오디세이(Odyssey) 속의 율리시즈(Ulysses)이다. 결국 그 누구도 자신의 자아보다 자신의 생활형태에 보다 더 친밀한 접근을 할 수 없다. 우리의 사적인 현상들은 공개적으로 접근될 수 없고, 감정이나 정서가 최소한 지도성 그 자체와 마찬가지로 심리적 신비의 대상이기 때문에, 이러한 주제에 대하여 말한다는 것은 주제넘은 것같이 보일 것이다. 그러므로 저자는 단순히 **부정적** 감정의 문제에 한정시켜 언급하고자 하며, 그러한 감정은 행정적으로 역기능적이거나 위험스런 것이 될 수 있다. 이것은 좋은 것은 그 자체를 돌본다는 원리에 근거를 둔다. 그리고 통제가 가장 현저하게 요구되는 경우는 바로 격노·분노·욕구좌절·공포·증오·질투·분개·탐욕 등과 같은 적대적인 정서에 대처할 경우이다.

무엇보다 먼저 주의·의식 그리고 구획의 중요성에 대하여 주목해보기로 한다. 행정가는 한 번에 한 가지 일 이상의 여러 일에 적절히 참여할 수 없으며, 해야 할 한 가지 일이 무엇인지를 결정해 왔다. 그리고 감정의 강요와 압력에도 불구하고 그는 부적절한 물질적 문제에 대한 주의의 분야 속으로 침투해서는 안 된다. 여기서 성공은 구획하는 능력이다. 지도자의 전설은 그것에 대한 민속으로 충만 된다. 즉, 어떻게 나폴레옹이 치열한 전투의 와중에서 곤한 단잠을 잘 수 있으며, 어떻게 히틀러가 점심시간을 알리는 종이 울렸을 때 거친 장광설을 중단할 수 있으며, 식사가 끝난 후에 그가 중단했던 바로 그 상태에서 장광설을 재개할 수 있었겠는가? 모든 효율적 행정가가 어느 정도 이러한 심리적 예술—형태의 명수가 되어야 한다는 것은 사실이다. 그렇지만 철학자는 여기에 심리학 이상의 것이 있다는 것을 재빨리 주목하게 될 것이다. 바로 실천이라는 것이다. 웨일(Simone Weil)은 "진실한 도덕성은 주의가 아니라 판단에 달려 있다"고 말하였다(1962: 10). 우리는 의식의 내용 안에 있는 것과 없는 것에 대해 책임을 져야 하며, 우리가 그것에 대해 곰곰이 생각하게 되면 그것은 대단한 자유이다.

주의(注意)는 의식(awareness)에 해당된다. 즉, 주의는 부분적으로 인간의 의지와 선천적인 생활형태의 함수가 되며, 부분적으로는 철학과 인간의 후천적인 가치집합체의 함수가 되는 일반적인 태도이다. 사람들은 한쪽 끝에 분명한 초점을 둔 과업에의 주의를 수반한 집중과 다른 한쪽 끝에 광범위하게 초점을 둔 의식의 수용성을 수반한 개방된 인식에 이르는 연속선을 상상할 수 있다. 이러한 연속선에 있어 후자의 끝은 부처님께서 "당신은 신과 인간 중에서 어느 쪽이십니까?"라는 질문을 받으시고서, "나는 둘 중의 어떤 쪽에도 해당되지 않는다. 다만 **깨어 있을** 뿐이다"라고 말씀하신 것과 일치할 것이다.

이러한 양극단 사이에는 중간적인 수준의 각성·인식·집중이 있게 될 것이다. 지도자가 진실하게 자기 자신을 아는 정도에 따라서, 그는 의식의 진보에서 자신이 위치해 있는 곳에 대한 몇 가지 의미를 갖는다. 또한 구획에서 지도자의 성공은 이러한 자기에 대한 지식의 함수일 것이다. 확실히 성공 여하는 주의를 기울이는 분야의 구조가 어떻게 되어 있느냐에 달려 있다. 그리고 집행적 분야의 어느 한 부문에서 다른 부문으로 주의가 변하는 것이 적절한 감정의 통제를 수반하여 효율적이고 효과적으로 수행될 경우, 어떤 정신적 완고성과 냉혹성이 필요하게 되는 것은 당연하다. 행정철학자도 주장하는 바이지만, 이러한 심리학적 책략을 수행할 수 없는 지도자는 집행적 역할과 다른 도덕적 의무를 갖는다.

신조: 자기관찰은 자기통제보다 우선한다.

정표적 통제의 심장부에 있는 것은 주의를 집중하고 초점을 맞추고 그 다음엔 의지의 명령에 따라 이 초점을 변화시키는 능력이다. 그리고 의식의 분야 내에서 칸막이를 구축하고 이를 유지하며, 또 감정의 범람을 막을 수 있는 능력이다. 왜냐하면 정서에 의해 압도되는 지도자는 극단적으로 위험스런 것이기 때문이다. 이러한 것은 행정의 딜레마적 성격이며, 만일 그가 정서에 무감각하고 전체적으로 무기력하게 되면, 그것은 조직적으로 이롭지도 못할 것이기 때문이다. 또한 중용이나 중도를 추구해야 한다. 이것은 영국의 육군사관학교 사관후보생을 모집하는 광고에서 아주 생생하게 나타나 있다. 이 광고는 '따라가기 힘든 고행'이란 표제와 함께 그 학교의 졸업자들이었던 전사자들의 이름으로 가득 채워진 대리석 기둥을 담고 있다. 계속해서 그 광고는 직업군인의 이런 슬픈 측면에 의해 과대한 영향을 받거나 너무 과소하게 영향을 받는 후보자는 사관생도로서 부적합하다고 적고 있다.

감정에 대한 올바른 통제가 두 가지를 암시한다는 것이 저자의 신념이자 주장이다. 첫 번째는 일반적으로 **염두에 둬야 할 것**, 자신이 **존재하는** 상황에 대하여 경계하는 자질, 또는 의식의 권력과 의지의 감각에 대한 각성과 전망이며, 두 번째는 자아에 대한 지속적인 감시와 필요한 모든 곳에서 자아를 무시할 수 있는 것이다. 이것은 필생의 사업에 속하겠지만, 다음 세 가지 금지사항의 도움을 받으면 좋을 것이다.

(1) 사건의 흐름에 따라 통제를 잃을 때까지 정서적으로 흔들리지 말고 상황과 기회를 생각하라. 이것은 수준급 노름꾼의 태연자약함과 비슷

한 것이다. 그리고 이것은 우리가 다음에 논의하게 될 행정가의 조직적 관여와는 상당히 다른 것이다.

(2) 자기 자신의 자아(ego) 더구나 원욕(id)에 대하여는 고려하지 않도록 결심하라. 이러한 자기 자신에 대하여 고려하고 싶은 충동은 그의 조직에 대한 관여와 어떤 방식으로든 모순되는 경우에는 더욱 조심해야 한다.

(3) 만일 치밀하게 계산된 정치적인 목적들을 고려하지 않는다면 부정적인 정서의 **표현**에 대하여 일반적으로 삼가하라. 이것은 지도자가 부정적 감정을 느끼지 않을 것이라고 말하는 것이 아니라 지도자가 이것을 정상적으로 표현하지 않을 것이라고 말하는 것이다. 이것은 '적극적인 사고'라는 대중적 심리학과 혼동되지도 않는다. 지도자는 사건의 흐름에 대해서 진지하게 비관적으로 되는 것이 당연하지만 그는 자신감을 표현하고 고무하며 관여를 유지하는 각본연출적 의무를 갖는데, 이것은 그가 미덥지 못한 것에 의지하지 않고, 자신의 신뢰성을 손상시키지 않는 한에서 더욱 그렇다.

바람직성에 대하여 열거하는 것은 학문적인 것이며, 이를 행동으로 바꾸는 것은 지도자-실천이다. 시간이 경과하고 노력을 하면서 감정통제에 필요한 금지사항은 서서히 주입되고, 시간이 경과하고 경험을 하게 되면서 언제 그리고 어디서 규칙들을 조롱하는지에 관한 예술을 배울 수 있다.

제7절 관 여

어려운 이 관여라는 개념은 동기유발이란 일반적인 용어도 포함하지만, 그것은 지도성과 추종성이라는 양쪽 모두의 핵심이 된다. 그러나 관여의 문제에 대하여는 특별한 관심이 필요하다. 지도성 개념과 마찬가지로 알기 어렵고 또 제멋대로 변하는 것이며, 이에 대한 경험적 연구는 최근에 나타나기 시작하며 이에 관한 이론은 빈약하다. 부캐넌(Buchanan)은 철학적으로 애매모호한 확인·연루·충성이란 구성요소에 관심을 두면서 관여의 조직적 형태를 "조직의 목적과 가치, 목적과 가치와 관련된 사람들의 역할, 도구적 가치와는 별개의 것들 자체를 위한 조직에 대한 당파성과 감정적 애착"으로 정의하였다(1974: 533). 이러한 정의는 일반적으로 모우디(Mowday)·포터(Porter) 그리고 스티어스(Steers)와 같은 경험적 연구자들의 정의와 일반적으로 일치한다(1982). 그렇지만 가치의 측면에서 강조할 경우 이것은 철학에 문호를 개방한 것처럼 보일 것이며, 이에 기초한 관여에 대한 정의는 실증적 행동과학에까지 계속 개방하도록 하려는 경쟁을 못하게 차단한다. 한편 빅커스(Vickers)는 관여의 도덕적 측면을 파악하고, 그것을 내면화된 일련의 자기-기대로 다루고 있는데(1980: 55), 여기서 자기-기대는 문화적이고 사회적인 프로그램에 의하여 또는 '경험으로 그가 알고 있고, 그의 관여를 주장하게 하는 몇 가지 인간적 가능성을 흉내 내도록 요구하는 자아의 부분에 대한 의식적 예도(藝道)의 행동에 의해 획득될 수 있다. 정의가 어떻든 간에, 철학과 심리학이 이러한 개념에서 만난다는 것과 그것들의 학문적 분리가 다소 무시되어야 한다는 것은 분명한 것처럼 보인다.

관여는 체제의 어떤 수준에서도 있을 수 있다. 그것이 지칭하는 대상인 동일시·충성 그리고 연루가 행동자가 태어나는 가족·종족·국가라는 체제에 붙여진다. 종종 이것들은 가장 강력하고 가장 불변적인 행동적 기대유형과 감정적 반응을 확립시킨다. 그러나 행동자는 조직·과업·사람·아이디어·놀이·기호·신화에 대한 선택을 할 수 있고, 또 그것들에 대한 자신의 다른 관여를 선택할 수 있는 것으로 생각된다. 이 모든 것들은 지도성의 실천에 대한 의의를 가지게 되며 조직생활에 있어 그들이 갖는 효과는 이미 앞장에서 논의된 바가 있다. 지도자가 가치들을 검토하는 정도에 따라서 그는 관여를 감시하는 데 종사하게 될 것이다.

　내가 이해한 관여는 그것이 하나의 프로젝트에 의지를 부착한 것이다. 프로젝트들은 조직은 물론 인간관계·직관·특정한 과업·아이디어·감상적 복합체 그리고 상징체제 등을 포함한다. 이러한 관계가 형성되게 되면, 자기-기대의 유형이 자동조절적 표준으로 작용하는 심리 속에서 확립된다. 프로이드의 말을 빌릴 경우, 이러한 규범적 통제들은 자아(ego)-이상(ideals)을 구성한다. 또한 이 모든 것이 가치현상으로 이해될 수 있기 때문에 바람직한 것에 대한 개념적 매트릭스의 내면화와 패러다임은 적용된다. 관여는 세 가지 수준 어디에서나 있을 수 있다. 이것은 동질적인 것이 아니다. 놀이에 대한 어린이의 관여는 유형 Ⅲ의 감정적이고 일시적인 것이다. 대조적으로 작업은 집단에 대한 의무와 집단으로부터의 기대(ⅡB), 관여로 인한 비용과 이윤의 합리적 흐름(ⅡA), 이상이나 이념 또는 신화에 대한 봉사(Ⅰ) 등의 보다 높은 수준의 가치를 소개한다. 일반적으로 사람들은 감정적 성향이 효력을 갖는다고 할지라도 작업적 관여와 조직적 관여가 도덕적 구성요소(Ⅱ)와 윤리적 구성요소를 포함한다고 생각한다. 이러한 도덕적·윤리적 구성요소들은 항시 어느 정도까지는 사회-문화적 영향에 의해 프로그램되고 조건화될 것이다. 이것은 결코 순수하지 않다. 아무리 작다고 할지라도 어느 정도 자유로운 작인(作因)이 획득되어야 한다. 국가주의(이것은 애국심인가?)에 대한 정조(이것은 관여인가?)는 계몽적이다. 우리의 감정은 어느 정도까지 내키지 않는 것이며, 어느 정도까지 자유로운 것인가? 조국에 대한 관여에 의해 우리에게 부과되는 행동적 기대의 범위는 무엇인가? 그리고 논리적이고 평가적인 유형은 무엇인가?

　우리의 관여는 종종 출생, 사고에 의해서, 보다 교활한 광고, 매체, 선거, 부모의 권고, 동료집단의 압력과 같은 문화의 설득적인 힘에 의해서 우리에게 부과된다. 선택은 우리가 생각하는 것보다 훨씬 덜할 것이다. 빅커(Vicker)경의 의미에서 예도는 우리가 받아들일 수 있는 것보다 더 드물 것이다. 그리고 여기서 규범이 되는 것은 중간 정도의 투쟁과 중도적 관여이다.

　지도자는 자기 휘하에 있는 추종자들의 관여에 관심을 갖는데, 이는 그가 추종자들의 충성·동일시·연루를 추구하기 때문이다. 지도자는 추종자들의 관여에 대하여 들어야만 하고, 자기 자신이 하게 되는 관여를 연구해야만 한다. 지도자의 가장 큰 업적은 동기유발을 시키고, 신중한 계산을 능가하는 의미와 가치를 지닌 조직을 만들고, 추종자의 의지를 사로잡는 것이다. 조직의 도덕적 풍토·기풍·사기는 바로 그 조직에 대한 관여의 일반적인 수준을 표현한 것이다. 그리고 관여의 정도에 따라 성취에 대한 기대수준도 달라진다.

지도자의 예술 중 상당 부분은 먼저 그가 갖는 의지의 배양과 교육과 관련되고, 그 다음은 다른 사람의 의지양성과 교육과 관련된다. 사람들은 거의 다 지도성이 도덕적 교육에 해당된다고 말하길 원한다. 그러나 우리가 지금까지 살펴본 대로, '의지'는 심리학적으로는 설명하기 곤란한 용어이다. 이에 대하여 바레트(Barrett)는 '신중한 바람', 즉 '이성과 욕구가 만나고, 욕망과 정서가 이성에 굴복하며, 다음에 이성이 바람에 의하여 촉진되며 그래서 인간의 중심적인 축을 실제적 대행자'로 기술하여 왔다. 만일 바레트의 진술이 수준 Ⅲ과 수준 Ⅰ의 바람을 구별하지 못한다고 할지라도 그것은 아름답고 진실한 진술이다. "우리의 존재의 기저에 있어, 우리는 **의지**이다. 즉, '진실한' 자아는 도덕적 존재, 행동하는 존재, 도덕적 판단을 할 수 있고 도덕적 행동을 수행할 수 있는 존재이다. 우리 자신의 경험적 자아를 포함한 세상에 있는 모든 다른 것들은 조건화되고 정돈되지만, 동시에 공간·시간·인과성의 형태로 한정된다.……"(Brennan, 1973: 85). 요약한다면, 마침내 우리는 의지의 개념과 함께 철학적 심리학에서 최종적 개척자가 되는 것처럼 보인다. 생활형태의 결정인자가 되는 것은 바로 이것이 아닌가? 이것은 바로 타고난 것이며, 죽게 되지도 않을 것이다. 신경체제에서 알맞은 긴장, 의식에서 올바른 인식, 심성에서 올바른 염두의 정도를 조절하는 것도 바로 이것이 아닌가?

이의 신비는 의지에 대한 나름대로의 철학을 구축하는 것으로 독자들을 자유롭게 하는 것이다. 그렇지만 사람들은 관여, 즉 의지의 부과가 불관여·관여·철저한 관여 등의 일련의 논리적 단계를 따를 것을 필수조건으로 한다. 첫 단계로 새로운 조직구성원은 집단(V_2)에 접촉하게 된다. 처음에 그가 갖는 열의나 염려는 초기의 경험들로 빨리 완화되며, 그의 관여는 좌절되어 버리거나 아니면 하나의 패러다임적 수준에서 확립 또는 고정된다. 그는 조직의 상징체제와 언어게임을 채택하며, 마음속에 사회심리학적 기대의 묶음을 구체화한다. 이것은 관여의 정체지대와 아주 평탄치 못한 표면*을 수반한다. 그러나 이것은 구성원이 조직의 문화를 내면화하는 평균수준을 나타낸다. 마지막으로 구성원은 지나치게 관여할 수 있다. 각성의 수단; 동료, 상사, 부하, 고객에 대한 불만; 기계적 절차와 소외, 과소자극과 과대자극, 긴장과 근심, 발생하는 실패와 발생하고 있는 지나친 민첩성 등은 한이 없다. 지나친 관여 그 자체는 아직까지 거의 탐구되지 않은 경험적 연구를 위한 영역에 해당된다.

만일 관여가 이러한 방식으로 주기적인 것이라면, 행정과업은 이의 성격과 양성을 연구하는 것이다. 그러나 지도자는 제일 먼저 내적인 것을 보아야만 한다. 이를 위해 그가 자신에게 물어야만 하는 질문은 "그 자신이 갖는 관여의 특성은 무엇인가?"이다. 자신의 관여는 유형 Ⅰ 또는 분별 있는 것인가, 아니면 계서에서 여전히 하위에 속하는 것인가? 관여는 시작과 중간과 끝이 있으며, 또한 의지의 함수이기도 하다. 그렇다면 나의 관여는 어디에 있고, 다른 사람은 어디에 있으며, 또 다른 사람들은 어디에 있는가? 지도자는 직무상 인간의 가치를 끊임없이 탐구하는 학도가 되어야 하고, 설득을 끊임없이 실천하는 실천자가 되어야만 한다. 그리고 그는 의지에 대한 나름대로의 철학을 확립하고, 개인적으로 조직의 의지를 찾아내고 지각하며, 구체화시켜야만 한다. 또한 지도자는 기풍을 만들어내고, 관여를 통해서 조직의 정신에 생기를 불어넣는 예술을 가져야 한다. **자발적인 지도자여!**

---

* 평탄치 못함(unevenness)은 여러 가지 요인들에 있어 세속적인 동요에 기인하게 된다. 즉, 과업흥미, 에너지 수준, 사적인 환경, 다른 조직구성원에 대한 지각된 행동, 기대에 대한 양면가치와 혼란, 개인과 조직의 가치에 대한 지각된 제휴 등은 모두가 매개변인들이다. 그리고 어떤 그러한 동요를 지나치게 되는 것은 관여를 영속적으로 상실케 하거나 이에 대한 직접적인 원인이 된다.

제8절 윤리적 선택안

지금까지 우리는 바람직한 것보다는 바라는 것, 즉 윤리보다는 가치에 상당한 관심을 가져왔으며, 처방적이기 보다는 기술적인 데 관심을 기울였다. 윤리학은 처방적이다. 윤리학은 우리가 마땅히 해야만 하는 것이 무엇이라고 알려준다. 이는 많은 갈등을 불러일으키는 목소리를 낸다. 윤리학의 범위는 상당히 넓다. 그래서 행정에 응용될 경우, 이것은 일련의 윤리적 가능성들과 행정행동을 위한 다양한 임의적 기초를 만들어낸다. 그리고 그것들은 패러다임적 분석에 따르게 된다. 이제 이러한 선택안들 중에서 몇 가지에 대하여 알아보고자 한다. 먼저 단언적 주장을 하게 된다.

신조: 의식과 윤리는 상관관계가 있다.

행정가가 자신의 윤리적 기초를 찾는데 있어, 먼저 원형을 조사해야 한다. 거기서 이상형들을 발견하게 될 것이다. 이상형들은 분석적 장치보다 더 잘 기능한다. 즉, 이상형은 심리적 원형으로 기울어지며, 그래서 행정적 정신에 관한 복잡한 자아이상적 구조에서 구성요소들과 함께 경험적 현실로 바뀌어 번역된다. 행정철학자에 있어서 이런 이상형은 먼저 각각의 초평가적 기반(바꿔 말하면, 초윤리적 비평)에서 기각될 수 있으며, 다음으로 각각의 것이 어떤 경험적인 사례에서 합성되고 혼합되는 경향이 있다는 것을 알려준다. 단순히 이들 모두는 행정의 도덕적 복잡성을 강조한다. 원형들은 윤리를 함축하며, 윤리를 규정하지는 않는다. 즉, 그것들은 본질적으로 심리학적인 것이다. 그러면 지도자는 윤리적 기초를 어디서 추구할 수 있는가? 패러다임의 응용을 통해 알아보자.

잘 공식화된 최하위의 윤리는 **성공의 비결**이다. 저자는 이에 대하여 깊이 설명하려 하지 않는다. 이러한 부류의 순수한 출세제일주의는 논리적 추상

개념이며, 사람들은 어느 정도의 심리적 병리가 이 결론에 대한 이러한 특별한 논리를 추구하기 위해 필요하다는 것을 믿지 않는다. 윤리주의자는 이를 용서할 수 없지만, 현실주의자는 이를 인정해야만 한다. 이것은 수준 Ⅲ이다.

다음에 지도자는 집단-출세제일주의나 분파적 이익의 윤리(ⅡB)를 채택하기도 한다. 지도자는 개인들로 구성된 경쟁적 집단들의 이익보다는 집단의 이익을 추구해야만 한다. 이러한 윤리의 기저가 되는 것은 게임들의 합리적 생태학에 있어서 일종의 **자유방임적** 신념이다. 아담 스미드(Adam Smith)의 경제학 방식대로 거시체제나 시장의 운영이 결국 그러한 집합적 선(善)을 보장한다는 생각은 개인의 자기추구를 통해서 극대화된다. 그러므로 경쟁적 투쟁은 정당하다. 경쟁하라! 그래서 사회복지에 대한 주장과 공동의 이익에 눈뜨지 못한 노동조합의 지도자계급에 대항하기 위해 항공모함에 명령하는 해군 참모장같이 하라.

수준 ⅡA의 윤리적 기초는 전문주의로부터 유도될 수 있다. 많은 전문직들은 문서로 된 윤리적 규약을 갖고 있다. 그리고 대유학파의 사람들이 윤리적 규약과 동업조합의 탐욕을 제약하는 데 있어서의 자신들의 무능력을 아무리 생각한다 할지라도, 윤리적 규약들은 자유로운 행위자가 행동하는 선택안으로서 거기에 있다는 사실은 여전하다. 전문직 윤리의 기저를 이루고 있는 윤리적 이상은 봉사이다. 즉, 전문가 집단의 전문적 식견은 보다 큰 이익을 위하여 봉사하는 데 둔다. 공리주의적 논리에서 이것은 선의 일반적인 극대화에 도움이 되는 것으로 생각된다. 전문가나 엘리트 지식이 있는 곳에서 행정 그 자체는 고전적 관료제이론에서와 같이 계서에 대한 확고한 충성의 자세를 이끌어낼 수 있을 것이다. 공공봉사에서는 궁극적으로 국민의 대표자, 아마도 **민중의 의견**을 대표하는 공복을 의미한다. 불일치와 가치갈등이 전문적 행정가와 자신의 비전문적 상사 사이에서 발생하는 경우, 이것들은 사적으로 주장되지만 공적으로는 결코 주장되지 못한다. 마지막에 가서는 정치조직의 의지가 널리 보급될 것으로 예상된다. 정말로 이것은 정치조직의 윤리로 불려질 수 있었다. 그것은 전문직 윤리에 기초한 일상적 합리성과 중복되기도 하고 때때로 갈등하기도 한다.

최고 수준(Ⅰ)에는 행정적인 임의적 철학을 위한 광범위한 기초와 여기서 단지 선택적으로 설명될 수 있는 윤리적 가능성들에 대한 분류가 있다. 행정철학자라고 자칭하는 이들을 방해하고 위협하는 것은 바로 이러한 과다증의 존재이다. 최소한 그는 진실한 천사들이 나아가길 두려워하는 곳으로 돌진하길 원하지 않는다. 그럼에도 불구하고 확립된 윤리체제 중의 그 어느 것도 지도자의 임의적 행동, 즉 그의 실천을 완전하게 알려줄 수 있다.

신조: 실천은 심성과 의지의 교호작용이다.

다음의 예증들은 자유로운 행위자가 나름대로 관여할 수 있었던 광범위한 윤리적 입장을 가리킨다.

(1) **보호자 정신**(guardianship): 행정가는 자신을 희생적이고 헌신적인 행위자나 최대선(最大善), 즉 성스러운 공복으로 본다. 공복으로서의 행정가는 자신을 국가가 민주적으로(또는 독재적으로) 이루어진 경쟁적 이익과 대립되는 진실한 국가나 그 국가의 이상을 대표하는 사람으로 여길 것이다. 또한 변형체로서의 지도자는 국가의 불꽃을 지키는 파수꾼이자 국가와 민족의 영혼과 정신을 지키는 파수꾼이다.

(2) **유교**(confucianism): 지도자는 전통적 윤리, 문화나 질서를 소중히 여긴다. 그는 조직적 수단을 통해서 개화된 행동윤리와 역사적이고 사회적인 연속성에 대한 존경을 영속화시키려고 한다. 여기서 극단적인 것은 저주스럽고, 서두르는 것은 위험스럽고, 나쁜 태도에 대하여는 개탄해야 한다. 거기에는 '체면'의 동양적 개념이 담겨 있다. 또한 거기에는 이 세상에는 조직적 생활이 적절하게 유지되어야만 한다는 자연적 연속성이 있다는 것이 암시되어 있다.

(3) **사회적 형평**(social equity): 지도자는 「신행정」(Frederickson, 1974: 1-51)에서 주장하는 것에 동의한다. 그는 자신이 혜택 받지 못한 사람들이라고 지각한 몇몇 특정집단(흑인·노동자 계급·장애자)의 이익을 진전시키기 위해 자신의 직무와 조직적인 권력을 사용한다. 또한 그는 사회적 형평과 정의에서 예상된 개선의 목적을 위하여 조심성 있는 편견을 갖기도 한다. 그리고 그러한 윤리는 그 이념의 사용에 있어 은폐와 기만을 허용하게 될 것이다.

(4) **신금욕주의**(neo-stoicism): 지도자는 성과에 대한 사심 없음과 보상에 대한 비애착의 태도와 조화하는 일련의 고전적인 윤리적 가치와 관련된 강력한 의무와 관여의 윤리를 채택한다. 그리고 이러한 윤리는 **성공의 비결**(Bhagavad Gita)과 아우렐리우스(Aurelius)의 『명상록』(*Mediations*)에 가장 잘 표현되어 있다. 이것은 다음에 계속해서 논의될 것이다.

(5) **과대전문주의**(hyper-professionalism): 지도자는 자신의 일차적 역할, 생활형태에서의 일차적 요소가 강도 높은 전문적 가치들을 구성하는 것으로 본다. 그는 자신을 다른 무엇보다도 먼저 군인·교수·과학자·예술가로 간주한다. 그가 갖는 직업은 그가 열망하는 것이다. 그것은 그의 생활의미가 되며, 그러한 소명에 따르는 가치들은 그의 윤리체제를 지배한다.[*]

(6) **인간관계**(human relations): 지도자는 자신의 선취윤리(先取倫理)로서 그가 속해 있는 조직의 장에서 그가 다루어야만 하는 사람들의 심리적인 복지와 물질적인 복지를 선택한다. 이러한 주제는 조직의 고객과 손님들에게도 확대될 수 있다. 기본적인 개념상 그것은 인간주의와 이타주의에 근거를 두고 있다. 때때로 그것은 평등주의란 함축적 의미를 내포한다(Thayer, 1973). 즉, 기독교의 우애와 사랑이란 이념이 신봉되면서 때때로 종교적인 주제들이 우세하게 되기도 한다.

---

[*] 작가인 울프(Tom Wolfe)는 미국의 전투비행사나 우주비행사들 사이에 있는 직장에서의 이러한 윤리를 생생하게 드러내고 있다.

(7) **종교주의**(religionism): 신성하든 세속적이든 간에 모든 종교는 행정가가 동의할 수 있는 윤리체제를 제공한다. 물론 이것들 중에서 각각의 것 또는 어떤 것은 행동과 가치결정규칙의 자원을 위한 다른 임의적 기초들과 갈등될 수도 있다. 그리고 가치행동자의 탓으로 돌릴 수 있는 관여의 단계와 정도는 항시 중요한 요인이다.

이상의 입장들과 체제들은 행정적 자유재량의 문제에 적용할 수 있는 일련의 명령과 결정규칙을 제공할 수 있다. 지도자는 자신이 그 어떤 것에도 관여하길 원하지 않을 수 있다. 즉, 그는 본질적으로 자기 나름의 것을 발견 또는 재발견하길 원할 수 있으며, 완고하게 절충적이려고 노력하며 보다 정확하게 말해서 자신이 절충적이라는 착각까지도 소중히 여기려고 노력한다. 불행하게도 과학의 혼란 때문에 지도자이든 추종자이든 간에 어떤 개인이 자신의 윤리적 본성을 처리하게 될 것인지를 예언할 수 없다. 그것은 자신의 생활형태의 함수이며, 눈은 단지 표면만을 보며, 보다 정확하게 말해서 표면으로부터 반사되는 빛에만 반응한다. 그것은 표면을 형성하고 알려주는 것을 볼 수 없다. 그것을 위해서는 또 다른 종류의 눈이 필요하다. 그러나 적어도 형태가 있는 곳에는 어느 정도의 윤리적 일관성과 관여와 선별이 있게 될 것이다. 그것은 생활형태인 의지의 모습이기도 하다.

제9절 명예의 가능성

철학은 과학이 아니다. 그러나 철학은 과학의 제단을 예찬한다. 또한 철학은 나름대로 과학을 능가하는 내적인 임무를 갖는다. 즉, 그것은 기술적인 것에서부터 처방적인 것에 이르기까지 세밀하게 그 방식을 다루어야만 한다. 그것은 철학과 관련된 실천가, 교수, 대변인과 철저하게 격리될 수 없다. 그래서 결국 나는 내가 어느 정도 체계적인 철학적 전체에 논리적으로 연결된 가치들과 이상들을 가지려고 노력한다 할지라도, 특유하고 사적인 가치들과 이상들을 표현하고자 한다. 아마도 철학과 관련된 또 다른 욕구좌절적 특징은 그것이 새로운 어떤 것을 전혀 말할 수 없다는 것이다. 윤리학에는 새로운 것도 없고 발견할 것도 없다. 앞으로 이루어질 것은 지금까지 이미 이루어져 왔으며, 태양 아래 새로운 것은 아무것도 없다. 영원히 진실한 것은 단지 그들로 하여금 재진술과 무한한 재해석을 가능하게 할 뿐이다. 이후에 필요한 것은 그 누구에 대해서도 맹목적인 힘을 갖지 않는다.

행동의 세계, 집행자의 세계는 변화와 역학의 세계이다. 변화의 세계에서 유일하게 영원한 것은 유형들과 생활형태에 의해서 제공되는 것이다. 아우렐리우스(Marcus Aurelius)는 "한 가지 것이 존재 속으로 서둘러 들어가면, 또 다른 것이 존재로부터 서둘러 나온다. 또한 한 가지 것이 등장하는 과정에 있게 된다고 할지라도, 그것의 일부분은 이미 중단되게 된다. 마치 끊임없는 시간의 범위가 영원의 얼굴을 지속해서 갱신하는 것과 마찬가지로 유동과 변화는 우주의 조직을 계속 갱신한다.……"는 방식으로 그것을 설명하고 있다(VI: 15). 지속적인 것은 생활형태이며, 생활형태의 다양성 중에서 우리의 관심거리가 되는 것은 조직과 관련된 지도자의 역할이다. 그리고 유동을 부추긴다고 할지라도 지속하는 것은 행동과 과업이다. 또한 수단이 되는 것은 명예, 의무의 계발, 자비심, 성취와 같은 어떤 위대하고 장엄한 아이디어들…… 상술될 수 없지만 활용될 수 있는 목적, 그리고 상술될 수 있는 목적 등이다. 나는 명예로운 일의 철학, 즉 지도성의 명예와 똑같은 것을 제의하고 싶으며, 보다 이성적으로 나는 그러한 철학의 가능성을 제안하고 싶다.

국제정치에서 품위 없는 미사여구의 경우를 제외하고는 현재 퇴화되고 거의 사용되지 않고 있는 '명예'라는 용어는 부활될 만한 가치가 있다. 나는 명예라는 말을 과업·의무 그리고 지각의 윤리를 의미하는 것으로 쓰고자 한다.

과업과 행동은 일차적인 것이기 때문에 첫째로, 과업의 윤리에 대하여 기술하고자 한다. 거기에는 어느 쪽으로부터의 도피도 없으며, 끝이 없이 서로 물어뜯는 인과의 연쇄, 행동, 반동, 상황과 결과의 망상조직으로부터의 해방도 없다. 여기서 명예로운 태도는 과업이 과업 그 자체만을 위해서 수행되어야만 한다는 것이다. 행동자는 스스로 산출이 아니라 과정에 효과적으로 참여해야 한다. 그리고 수단은 평가적 목적으로만 번역되어야 한다. 심리학적이거나 철학적인 분리는 과업과 과업의 내적인 보상 사이에서 만들어져야만 하며, 관여는 상이 아니라 경쟁이며, 승리가 아니라 전투에 주어지는 것과 같이 과업 그 자체에 대한 것이어야 한다. 이러한 의미에서 과업은 내적으로 명예스런 것이 되며, 도덕적 관여와 이해의 과정을 통해서만 만족스러운 것이 된다. 그리고 이러한 과정은 가능하다.

두 번째로 의무의 윤리에 관해 알아보도록 하자. 왜냐하면 이것은 행정적 관여의 규범적 차원에 의해 정의되기 때문이다. 명예로운 지도자는 자신의 의무를 찾는데 지속적으로 참여하게 된다. 아무리 비하된다고 할지라도 그는 생활의 질과 의미에 대한 인간적인 탐색에 영향을 주는 가장 강력하고 가장 위험스런 예술을 실천하기 때문에, 그는 의무로 인한 강박관념을 가져야 하며, 그것이 명예로운 것이라면 반드시 가져야만 한다. 그가 가져야 하는 책임은 무엇이며 옳다고 하는 것은 무엇을 말하는가? 명예는 이러한 실천과 지속적인 철학적 탐색을 요구한다. 그리고 이런 탐색은 가능하다.

세 번째로, 지각의 윤리에 관해 알아보도록 하자. 이러한 지각은 크게 상식(common sense)과 몰상식(uncommon sense)과 같이 두 가지 방식으로 나눌 수 있는데, 먼저 상식에 관해 논의하도록 한다. 이러한 철학은 유형 Ⅱ 수준에서 가치에 대한 인간주의적 기반을 주장하고, 조직의 생활은 항시 실용주의적 검증에 따른다. 여기에는 사회과학이 무시하고 있는 도덕적인 구성요소가 있다. 지도자는 부버(Buber)의 조언을 받아들이고 "당신들은 모두가 우리의 눈에 보이는 단순한 대상의 조건 속으로 다시 미끄러져 들어가는 경향이 있다. 그리고 집중된 질서에 대한 지속적인 도덕적 노력에 의해서만 우리는 '타인'(우리가 나-당신 관계로 대하고 있는 존재)들로 하여금 '사물'의 이전의 지위에 대한 우리의 사고와 미래의 행동을 감소시키지 못하도록 할 수 있다"는 도덕적 관성의 법칙에 대항하여 싸워야만 한다 (Brennan, 1973: 102). 이것은 정말로 어려운 일이다. 그러나 이것 또한 가능하다.

지각의 윤리 중에서 두 번째의 명예는 몰상식을 포함하는데, 이는 상식이 충분치 못하기 때문이다. 인간은 빵만으로는 살 수 없다. 자신의 의무와 일의 기초들은 초합리적이고 형이상학적인 공간 속으로 확대된다. 그리고 이러한 기초들을 확립하고 계발하는 것 또한 가능하다.

행정은 발전을 통해서 부분적으로 세련되고 부분적으로 인간화되어온 인간의 기본적이지만 불완전한 활동이다. 이것은 진실로 철학적인 것이기 때문에, 지성과 정신 그리고 명예와 관련된 일로 남는다. 그리고 그것은 가능하다.

우리는 비밀스런 명예를 말할 수도 있었는데, 우리가 마지막으로 설명하고자 하는 사적이거나 개인적인 명예에 관한 지도성의 윤리에는 철학적 측면은 물론 심리학적 측면도 있다. 이들 두 측면은 비애착과 과업을 통한 자기초월의 이상을 그 목적으로 한다. '과업 그 자체만을 위해서 일하라', '보상을 바라지 말고 일하라', '결과야 어찌되건 자신의 의무를 성실히 행하라', '수단이 목적을 지향하도록 하라.' 이러한 말들은 일반적으로 보호자의 규범이며, 특별하게는 기술자-보호자의 이상적 유형에 관한 규범이다. 그리고 그 규범들을 옹호하는 것은 쉽지만, 그것들이 실천과 연계되도록 묶는데 요구되는 것은 통합적 요소로서 **무관심의 예술**을 계발하는 것을 포함하는 특별한 부류의 자기교육과 자기훈련이다.

제10절 무관심의 예술

　물론 여기서의 무관심이란 말은 특별한 의미로 이해해야 한다. 즉, 무관심이란 지도자가 염려하지 않는 것을 의미하지는 않는다. 지도자는 산출, 특히 전적인 책임이나 부분적인 책임을 갖는 인간적 산출이나 조직적인 산출에 대해서도 관심이 있고 관심을 가져야만 한다. 명예를 위해 그가 무관심해야 한다는 것은 행동결과로 인해 그에게 사적으로 생겨나는 것들에 대해서 무관심해야 한다는 말이다. 자신의 행동추이가 옳다면, 그의 의무는 발견되고 수행된다. 그래서 무관심이나 관심이 없다는 것은 그 자신에게는 성공이 되기도 하고 실패가 되기도 한다. 이것은 이상이다. 그 자신의 자아는 계산하는 것을 중단해야만 하며, 그것은 조직적 변인들에 대한 등식으로부터 제거되어야만 한다. 나아가 그것은 초월해야만 한다. 이것이 아무리 터무니없이 이상적일지라도 이러한 실천 또한 가능하다.

　이것을 어떻게 성취할 수 있는가? 어떻게 접근할 수 있는가? 이것은 아마도 우리가 걸음마를 배우는 것과 똑같은 방식으로, 그리고 끊임없는 실패와 줄기찬 노력을 통해서 가능할 것이다.

　심리학적으로 보다 분명히 알아보도록 하자. 다음의 국면들은 지도성의 감정적인 행위에서 발생하고 재발되고, 중복된다. 지도성과 행정이 문제로부터 문제로, 결정으로부터 결정으로의 진행이기 때문에, 첫 번째 요구되는 것은 조심성과 사건의 흐름 및 행동의 가능성과 관련된 민감성에 대한 일반적 태도이다. 인식과 자각은 첫 번째의 감정적 조건이다. 이러한 조건 속으로 주의(注意)의 장은 연속적으로 흘러가며, 때때로 문제가 동시에 다루어지며, 문제가 풀리고, 해결되고, 보류된다. 즉, 감정적 요구에 따라 문제는 연속해서 일어난다.

　비애착과 무관심을 향한 첫 번째 단계는 역설적으로 정반대인 집중이다. 지도자는 자신의 문제에 주의를 집중하며, 많은 정설적 문헌에서 기술된 바와 같이 의사결정의 모든 표준적 국면에 걸쳐 문제에 주의를 집중해야 한다. 지성·감정 그리고 의지가 모두 작동한다. 이것은 본질적으로 분석·관찰 그리고 검토의 국면으로, 거기서 자아는 가치를 상황적 사실로 전가하여 참여한다.

이러한 예술의 두 번째 단계는 변별(discrimination)이다. 지도자는 사실과 환상, 사실과 가능성은 물론 사실과 가치를 변별해야만 하며, 그 이상의 것도 변별해내야 한다. 즉, 그는 주체로서의 자기 자신과 조직이나 특정한 과제나 계획에 의해서 추구되어야 하는 객체를 변별해내야 한다. 할 수 있다면 그는 또한 할 수 있는 정도까지 역할소지자, 공식적 지도자로서의 자신과 자아로서의 자신, 자기 자신으로서의 자신을 변별해야 한다. 변별은 동일시를 파괴한다. 그래서 행동자로 하여금 긴박한 행동으로부터 벗어나게 한다. 이러한 이중성에 대한 의식은 관여에 앞선 국면, 즉 숙명적인 국면에서 가장 바람직하다. 그 이후에는 즉시 모든 분지적 가능성과 결과의 가망성을 수반한 행동의 흐름이 뒤따르게 된다.

그렇지만 변별은 분리가 아니다. 이것은 출발에 해당되며 선결조건이다. 많은 지도자들은 이기적 개입(egoistic involvement)을 줄이거나 또는 왜곡시키지 않도록 감정통제를 하지 않고서도 분석하고 변별할 수 있다. 무관심의 예술은 자아를 해방시키는 능력의 배양, 조직적 사건과 조직적 책임이란 흐름에서 항상 존재하는 이익, 이상적으로는 상당한 그 어떤 것을 요구한다. 여기서 상당한 그 어떤 것은 만일 그것이 형언할 수 없는 것이 아니라면 말로 표현할 수 없는 것을 토론의 대상으로 삼아야 한다. 그리고 우주의 도덕적 질서에 따라 사적인 존재를 정리하는 것은 심리학적 자아(the self)의 초월을 능가하여 의지에 도움이 되는 철학적 자아(the ego)의 초월을 의미한다. 만일 이것이 전체적으로 또는 부분적으로 이루어질 수 있고, 지도자의 이러한 개별적 측면이 일시적으로 보류될 수 있다면, 그는 분리를 성취한 것이며, 그가 정직하게 문제해결, 의사결정, 자신의 의무탐색을 다룰 수 있다는 것은 분명하다.

무관심의 마지막 국면은 구획(compartmentalization)인데, 그중에서도 감정적 구획이라고 할 수 있다. 이미 다루어진 문제들은 집행적 활동의 순환적 과정 속에서 적절하게 재출현해야만 처리된 문제가 된다. 지도자는 이런 문제에 무관심하다. 그도 밤에는 자야 한다. 그도 플리머스 호우(Plymouth Hoe)에서 볼링을 해야 한다. 그리고 그는 한 번에 한 가지 일을 해 내는 보통사람이다.

저자는 무관심과 감정적 통제를 어떻게 실천하느냐에 대하여 숙고해왔다. 이는 만일 지도자 명예의 윤리에 관한 가능성이 상당히 이상적임은 물론 현실적인 것이라면 그러한 실천은 나에게 선결조건으로 보였기 때문이다. 윤리는 거대한 가치의 헌장이다. 그리고 모든 사람이 가치행동자라는 것이 진실이라면, 지도자는 거대한 가치행동자의 헌장이다. 그래서 그는 자신의 규범적 기능 때문에 타인을 위한 가치를 만들 수 있다. 윤리적으로 이것은 지도자의 역할에 대한 열정 아니면 공평성 그 이상의 것을 암시한다. 즉, 그것은 일종의 열정이 없는 공평성, 즉 무관심의 예술을 요구한다.

지도자는 자신이 추종자들과 공유하는 세 가지 가치행동자의 역할, 즉 전달자·교육자·판사의 역할에 대하여 특히 인식해야 한다. 전달자로서의 지도자는 자신이 가지고 있는 가치와 조직의 가치를 보급하고 선전하는 사람이고, 교육자로서의 지도자는 조직분야와 특별한 관련을 맺고서 가치를 가르치고 배우는 사람이며, 판사로서의 지도자는 시각적으로 가치분쟁을 해결하고 가치를 분쟁 속에 제기하거나 이끌어내는 집행자의 역할을 하는 비평자이면서 결정자이다.

이 책에서는 가치를 아주 중요하게 다루고 있다. 가치보다 더 중요한 것은 없다. 왜냐하면 모든 의미의 근원이 되기 때문이다. 비트겐슈타인(Wittgenstein)이 선언한 대로 세상의 가치는 세상의 밖에 놓여 있는 것처럼 보인다(1922: 6. 41). 그러나 지도자로서의 행정가는 세상 안에서 행동하고, 지도자의 가치역할은 행정과정의 순환으로 확대된다. 그래서 지도자의 책임은 아주 크다.

우리가 이 책의 전반에서 논의해 온 철학은 행정을 가치활동, 정말이지 최고 수준의 천직으로 여긴다. 그리고 이것은 지도자로 하여금 의미(meaning)를 통해서 인간을 위하여 봉사하도록 돕고자 하는 것이며, 수사학도 아니고 권고적인 것도 아니고 실질적인 의도이다.

이것은 가능하다. 이 책은 이를 위한 지도를 제작하기 위한 것이다.

종 언

이러한 지도자 철학의 본질에 대하여 간결하게 표현할 수 있다. 철학은 인간의 생활에 뿌리를 내리지 못하거나 인간의 생활을 변화시키지 못한다면, 그리고 생활에 뿌리를 내리고 인간의 생활을 변화시키기 전까지는 백지 위에 그려진 얼룩에 해당되며 한낱 공기의 떨림에 불과하다. 인간의 생활에서 이러한 변화가 다른 생활을 변화시키기 위한 잠재력을 갖는다는 것은 지도성과 관련된 주목할 만한 기적이다. 그리고 이러한 힘은 아주 대단하다.

명 제*23)

6　'권력'은 행정사건에서 제일 중요한 용어이다.

6.1　행정권력은 의지의 함수이다.

6.11　마키아벨리(Machiavelli)주의의 초가치는 성공이다.

6.12　한 사람이 권력을 가지게 되면 그것을 휘두르려는 마음이 생긴다.

6.2　권위는 정당화된 권력이다.

6.22　권위의 정당성은 조직의 목적과의 관련 여부에 달려 있다.

6.3　권위는 논리를 초월한다.

6.4　'지도성'이란 용어는 피지도자를 마법에 걸리도록 하기 위한 呪文이다.

6.41　지도성은 하나의 사건이지 인성의 속성은 아니다. 그것은 행동의 역동적 복합체에 주어지는 하나의 기술이다.

6.42　지도성은 기술적 능력과 도덕적 복잡성과 연결되어 있다.

6.43　신권(charisma)은 목적을 위한 우리의 욕망에 작용한다.

6.431　권력, 신권, 그리고 인간 사이의 연결을 날조하는 것보다 더 위험한 행정의 측면은 없다.

---

* 이것들은 저자가 전에 출판한 저서에서 발췌한 것이다(1978: 217-20). 그리고 금언과 신조는 이 책에서 이미 제시했던 것을 모아놓은 것이다.

신 조

1. 나는 우리 자신과 타인을 위한 개인적인 자유의지의 잠재력, 부분적인 결정론과 어느 정도의 자유, 그리고 인간적 자율성 신장의 가능성이 있다고 믿는다.

2. 자아에 대한 욕구좌절, 그리고 집합적이고 계서적인 통치 아래서의 자아훈련은 조직생활의 필수 부분이다. 이는 자아의 품위를 높여주기도 한다. 즉, 정신적 성장의 수단이 될 수 있다.

3. 없어서는 안 될 사람은 없다. 그러나 아무도 그를 대체할 수는 없다.

4. 지혜는 세계를 내다보고, 또 사람들이 세계를 바라보는 것을 다시 바라볼 수 있는 특별한 능력이다(de Bono).

5. 급료지불은 어떤 조직에 대한 최종적인 검사이다. 그리고 이것은 신념 이상의 것이며, 동의어반복이다.

6. 상식은 올바른 행정이나 실천을 위한 필요조건이지 충분조건은 못된다.

7. 우주에는 도덕적 질서가 있다. 그리고 그 질서에 대한 집착은 강화되며, 그에 대한 일탈은 약화된다.

8. 모든 사람은 철학에 대한 양도할 수 없는 천부적 권리를 갖기 때문에 모든 사람은 지도자가 될 수 있다.

9. 자기관찰은 자기통제보다 우선한다.

10. 의식과 윤리는 상관관계가 있다.

11. 실천은 심성과 의지의 교호작용이다.

금 언

지도자는 네 가지 책임이 있다. 즉, 지도자는

1. 과업에 대하여 알아야 한다.
2. 상황에 대하여 알아야 한다.
3. 자신의 추종자에 대하여 알아야 한다.
4. 자기 자신에 대하여 알아야 한다.

규 범

일 그 자체만을 위해서 일하라.

참고 문헌

Allison, Derek (1980) 'Weberian Bureaucracy and the Public School System,' unpub. dissertation, University of Alberta.

Argyris, Chris (1957) *Personality and Organization*, New York: Harper.
(1964) *Integrating the Individual and the Organization*, New York: Wiley.
(1973) 'Personality and Organization Theory Revisited,' *Administrative Science Quarterly* Oct.

Arrow, K. J. (1963) *Social Choice and Individual Values*, New York: Wiley.

Ashour, A. S. (1973) 'The Contingency Model of Leadership Effectiveness,' *Behaviour and Human Performance* 9: 339.

Aurelius, Marcus (1964) *Meditations*, Staniforth, Maxwell (tr.) Harmondsworth: Penguin Classics.

Ayer, Alfred J. (1948) *Language, Truth and Logic*, London: Gollancz.

Barker, J. (1969) *The Legacy of Logical Positivism: Studies in the Philosophy of Science*, P. Adenstein and S. Barker (eds.), Baltimore: Johns Hopkins Press.

Barnard, Chester I. (1958, 1966) 'Elementary Conditions of Business Morals,' Barbara Weinstock Lectures, Berkeley: Univ. of Calif.
(1972) *The Functions of the Executive*, Cambridge, Mass.: Harvard.

Barrett, William (1979) *The Illusion of Technique*, New York: Doubleday.

Bateson, Gregory (1979) *Mind and Nature*, New York: Dutton.

Beehler, Rodger (1978) *Moral Life*, Oxford: Basil Blackwell, and Drengson A'an

R. (1978) *The Philosophy of Society*, London: Methuen.

Beer, S. (1959) *Cybernetics and Management*, New York: Science Edns.

Bendix, R. (1962) *Max Weber*: *An Intellectual Portrait*, New York: Doubleday.

Berger, Peter L. and Luckmann, Thomas (1972) *The Social Construction of Reality*, Harmondsworth: Penguin.

Blau, P. M. (1955) *The Dynamics of Bureaucracy*. Chicago: Univ. of Chicago Press. and Scott, W. Richard (1962) *Formal Organizations*, San Francisco: Chandler.

Brennan, J. G. (1973) *Ethics and Morals*, New York: Harper & Row.

Buchanan, B. (1974) 'Building Organizational Commitment: The Socialization of Managers in Work Organizations,' *Administrative Science Quarterly* 19: 533.

Buckley, W. (1968) *Modern Systems Research for the Behavioral Scientist*: *A Source Book*, Chicago: Aldine.

Burnham, James (1941) *The Managerial Revolution*, Bloomington: Indiana UP. (1943) *The Machiavellians, Defenders of Freedom*, New York: Day.

Campbell, J. P. (1977) 'On the Nature of Organizational Effectiveness,' in P. S. Goodman and J. M. Pennings (eds.) *New Perspectives in Organizational Effectiveness*, San Francisco: Jossey-Bass.

Cohen, S. and L. Taylor (1978) *Escape Attempts*: *The Theory and Practice of Resistance to Everyday Life*, Harmondsworth: Pelican.

Cotton, C. A. V. (1979) 'Military Attitudes and Values of the Army in Canada,' Toronto: Canadian Forces Applied Research Unit, Report 5.

Crozier, Michel (1964) *The Bureaucratic Phenomenon*, Chicago: Univ. of

Chicago Press.

Culbertson, J. *et al.* (1981) 'Symposium on the Theory of Practice,' *American Educational Research Association*, Los Angeles.

Cutt. James (1980) 'Accountability, Efficiency, and the "Bottom Line" in Non-Profit Organizations' (mimeo), School of Public Administration, Univ. of Victoria.

Dale, H. E. (1941) *The Higher Civil Service of Great Britain*, Oxford: Clarendon.

Davies, A. F. (1980) *Skills, Outlooks and Passions*, Cambridge: Cambridge.

de Bono, Edward (1967) *The Use of Lateral Thinking*, Harmondsworth: Penguin.

(1969) *The Mechanism of Mind*, Harmondsworth: Penguin.

(1971) *Lateral Thinking for Management*, Harmondsworth: Penguin.

(1976) *Teaching Thinking*, Harmondsworth: Penguin.

(1979) *The Happiness Purpose*, Harmondsworth: Penguin.

Dimock, M. (1958) *A Philosophy of Administration*, New York: Harper.

Dostoevsky, F. (1951) *Notes from the Underground*, Harmondsworth: Penguin.

Downs, Anthony (1967) *Inside Bureaucracy*, Boston.

Drucker, P. (1942) *The Future of Industrial Man*, New York: John Day.

(1967) *The Effective Executive*, London: Heinemann.

(1978) *Adventures of a Bystander*, New York: Harper.

(1981) 'Behind Japan's Success,' *Harvard Business Review* Jan.-Feb. p.83.

Durkheim, E. (1957) *Professional Ethics and Civic Morals*, C. Brookfield(tr.), London.

Dye, Thomas R. (1978) *Understanding Public Policy*, 3rd edn, Englewood Cliffs NJ: Prentice-Hall.

Ellul, Jacques (1954) *The Technological Society*, J. Wilkinson (tr.), New York.

Enns, Frederick (1981) 'Some Ethical-moral Concerns in Administration,' *Canadian Administrator*, vol.xx, May.

Etzioni, Amitai (1961) *A Comparative Analysis of Complex Organizations*, New York: Free Press.

(1964) *Modern Organizations*, Englewood Cliffs, NJ: Prentice-Hall.

(1968) *The Active Society: A Theory of Societal and Political Processes*, New York.

Eysenck, H. (1958, 1960) *Sense and Nonsense in Psychology*, Harmondsworth: Penguin.

Feyerabend, Paul (1975) *Against Method: Outline of an Anarchistic Theory of Knowledge*, London: New Left books.

Fiedler, Fred (1967) *A Theory of Leadership Effectiveness*, New York: McGraw-Hill.

(1978) 'The Contingency Model and the Dynamics of the Leadership Process,' in L. Berkowitz (ed.) *Advances in Experimental Social Psychology*, vol.ii, New York: Academic Press.

Fleishmann, E. A. and Peters, D. R. (1962) Interpersonal Values, Leadership Attitudes and Managerial Success,' *Personnel Psychology* 15: 127-43.

Frederickson, H. G. (1974) 'Symposium on Social Equity and Public Administration,' *Public Administration Review* 34 Jan.-Feb.

Gabriel, Richard A. and Paul L. Savage (1978) *Crisis in Command*, New York: Hill and Wang.

Georgescu-Roegen, Nicholas (1971) *The Entropy Law and the Economic Process*, Cambridge, Mass.: Harvard UP.

Georgiu, P. (1973) 'The Goal Paradigm and Notes towards a Counter Paradigm,' *Administrative Science Quarterly* 18: 291.

Getzels, Jacob W. and Egon Guba (1957) 'Social Behavior and the Administrative Process,' *School Review* Winter, 423.

and H. A. Thelen (1960) 'The Classroom Group as a Unique Social System,' in *The Dynamics of Instructional Groups*, 59th Yearbook of the National Society for the Study of Education, Chicago: Univ. of Chicago.

Giddens, A. (1977) *Studies in Social and Political Theory*, London: Hutchinson.

Gödel, Kurt(1931) 'Über formal unentscheidbare Sätze der *Principia Mathematica* und verwandter Systeme,' I *Monatshefte für Mathematik und Physik* 38: 173-98.

Gouldner, Alvin (1957) 'Cosmopolitans and Locals: Toward an Analysis of Latent Social Roles,' *Administrative Science Quarterly* 2: 281-306.

Gowen, Herbert H. (1931) *A History of Indian Literature*, New York: Appleton.

Graen, G. B., Orris, J. B. and Alvares, K. M. (1971a) 'Leadership Effectiveness: Some Experimental Results,' *Journal of Applied Psychology* 55: 196.

(1971b) 'Contingency Model of Leadership Effectiveness: Some Methodological Issues,' *Journal of Applied Psychology* 55: 3, 205.

Greenfield, Thomas B. (1973) 'Organizations as Social Intentions: Rethinking Assumptions about Change,' *Journal of Applied Behavioral Science* 9(5): 551-74.

(1978a) 'Organizations as Talk, Chance, Action, and Experience,' in A. Heigel-Evers and V. Streeck (eds.) *Die Psychologie des 20 Jahrbunderts*, Band VIII, Zürich: Kindler Verlag.

(1978b) 'Reflections on Organization Theory and the Truths of Irreconcilable Realities,' *Educational Administration Quarterly* 14: 2 Spring 1-23.

(1979) 'Ideas versus Data, or, How Can the Data speak for Themselves?,' in G. Immegart and W. L. Boyd (eds.) *Problem Finding in Educational Administration: Trends in Research and Theory* Lexington, Mass.: D. C. Heath.

(1980) 'The Man who Comes Back through the Door in the Wall: Discovering Truth, Discovering Self, Discovering Organization,' *Educational Administration Quarterly* 16(3): 26-59.

Gronn, P. C. (1982) 'Neo-Taylorism in Educational Administration,' *Educational Administration Quarterly* 18(4).

Gulick, L. and Urwick, L. (eds.) (1937) *Papers in the Science of Administration*, New York: Institute of Public Administration.

Habermas, J. (1971) *Knowledge and Human Interests*, Boston: Beacon.

Halpin, A. W. (1967) *Theory and Research in Administration*, New York: Mac-Millan.

Handy, Charles B. (1976) *Understanding Organizations*, Harmondsworth: Penguin.

Herzberg, F. (1966) *Work and the Nature of Man*, Cleveland: World Publishing.

Mausner, B. and Snyderman, B. (1959) *The Motivation to Work*, New York: Wiley.

Hodgkinson, Christopher (1978) *Towards a Philosophy of Administration*, Oxford: Basil Blackwell.

Hofstadter, Douglas R. (1979) *Gödel, Escher, Bach*, New York: Basic Books.

House, Robert J. and Baetz, Mary L. (1979) 'Leadership: Some Empirical

Generalizations and New Research Directions', *Research in Organizational Behavior* 1: 341.

James, William (1902) *The Varieties of Religious Experience*, Boston. (1907) 'The Moral Philosopher and the Moral Life,' in *The Will to Believe and Other Essays*, New York: McKay.

Kaplan, Abraham(1966) *The Conduct of Inquiry*, San Francisco: Chandler.

Katz, Daniel and Robert L. Kahn (1978) *The Social Psychology of Organizations*, 2nd edn, New York: Wiley.

Kluckhohn, F. R. and Strodtbeck, F. L. (1961) *Variations in Value Orientations*, Evanston, Ill.: Row, Peterson.

Korzybski, J. (1933) *Science and Sanity: An Introduction to Non-Aristotelian Systems and General Semantics*, Lakeville, Conn.: International Non-Aristotelian Library.

Ladd, John (1970) 'Morality and the Ideal of Rationalization in Formal Organizations,' *Monist* 54: 488.

Lang, (1982), D. 'The Nature of Organizational Commitment in the Military,' unpub. MA thesis, Univ. of Victoria.

Lasch, Christopher (1979) *The Culture of Narcissism*, New York: W. W. Norton.

Laslett, P. and Runciman, W. G. (eds.)(1967) *Philosophy, Politics and Society*, 3rd series, Oxford: Blackwell.

Laszlo, Ervin (1972) *Introduction to Systems Philosophy: Toward a New Paradigm of Contemporary Thought*, New York: Gordon and Breach.

Liddy, G. Gordon (1980) *Will*, New York: St. Martin's Press.

Likert, R. (1967) *The Human Organization*, New York: McGraw-Hill

Lindblom, Charles E. (1959) 'The Science of Muddling Through,' *Public Administration Review* Spring 155-69.

(1979) 'Still Muddling: Not Yet Through,' *Public Administration Review* 39: 517-26.

Litchfield, G. H. (1956) 'Notes on a General Theory of Administration,' *Administrative Science Quarterly* vol.1 no.1.

Low, Albert(1976) *Zen and Creative Management*, New York: Doubleday.

McGregor, D. (1960) *The Human Side of Enterprise*, New York: McGraw-Hill.

Machiavelli, N. (1886) *The Prince*, London: Routledge.

Mackenzie, R. A. (1969) 'The Management Process in 3-D,' *Harvard Business Review* Nov.-Dec.

Mackie, J. L. (1977) *Ethics*, Harmondsworth: Penguin.

March, James G. (1974) 'Analytical Skills and the University Training of Educational Administators,' *Journal of Educational Administration* XII no.1 May.

and Simon, H. A. (1958) *Organizations*, New York: Wiley.

Marquis, L. and Goldhammer, K. (1961) 'American Values in D. S. Wengert *et al.* (eds.) *The Study of Administration*, Eugene: Univ. of Oregon Press.

Marx, Karl (1927) *Das Kapital*, London: Dent.

Mascaró, Juan(tr.)(1962) *Bhagavad Gita*, Harmondsworth: Penguin.

Maslow, Abraham (1954) *Motivation and Personality*, New York: Harper. (1968) *Toward a Psychology of Being*, 2nd edn, New York: van Nostrand.

Matsushita Corp. (1980) *Introduction to the Matsushita School of Government and Management*, Kanagawa, Japan.

Mayo, Elton(1933) *The Human Problems of an Industrial Civilization*, New York: MacMillan.

(1947) *The Political Problems of an Industrial Civilization*, Boston: Harvard.

(1949) *The Social Problems of an Industrial Civilization*, London: Routledge & Kegan Paul.

Merton, R. K. *et al.* (1952) *Reader in Bureaucracy*, New York: Free Press.

Miles, Raymond E. (1975) *Theories of Management*, New York: McGraw-Hill.

Milgram, S. (1963) 'Behavioral Study of Obedience,' *Journal of Abnormal and Social Psychology* 67: 371.

(1965) 'Some Conditions of Obedience and Disobedience to Authority,' *Human Relations* 18: 57-76.

(1974) *Obedience to Authority*, New York: Harper & Row.

Mintzberg, H. (1973) *The Nature of Managerial Work*, New York: Harper & Row.

Monsen, R. Joseph (1971) 'Social Responsibility and the Corporation: Alternatives for the Future of Capitalism,' Seattle: Univ. of Washington report series.

Moore, G. E. (1903) *Principia Ethica*, London: Cambridge UP.

Mowday, R. T., Porter, L. W. and Steers, R. M. (1982) *Employee Organization Linkages: The Psychology of Commitment, Absenteeism and Turnover*, New York: Academic Press.

Naipul, V. S. (1981) *The Return of Eva Peron*, Harmondsworth: Penguin.

Nietzsche, Friedrich (1956) *The Birth of Tragedy and the Genealogy of Morals*, F. Goffing New York: Doubleday.

Orwell, George (1949) 1984 Harmondsworth: Penguin.

Ouchi, Wm. G. (1980) 'Markets, Bureaucracies, and Class,' *Administrative Science Quarterly* Mar.

and Price, R. L. (1978) 'Hierarchies, Class and Theory Z: A New Perspective on Organization Development,' *Organizational Dynamics* Ang.: 3-23.

Parsons, T. (1951) *The Social System*, New York: Free Press.

Peters, R. S. (1960) *The Concept of Motivation*, London, Routledge & Kegan Paul.

Pitkin, Hanna (1972) *Wittgenstein and Justice*: *On the Significance of Ludwig Wittgenstein for Social and Political Thought*, Berkeley: Univ. of Calif.

Plato (1974) *The Republic*, Desmond (tr.), Harmondsworth: Penguin.

Popper, Sir Karl (1948) 'What can Logic do for Philosophy?,' *Proceedings of the Aristotelian Society* 154.

(1966) *The Open Society and its Enemies*, London: Routledge & Kegan Paul.

Prabhavananda, Swami and Isherwood, Christopher (trs.)(1949) *Bhagavadgita*, New York: New American Library.

Rawls, John (1972) *A Theory of Justice*, Cambridge, Mass.: Harvard.

Reddin, W. J. (1970) *Managerial Effectiveness*, New York: McGraw-Hill.

Roethlisberger, F. J. and Dickson, W. J. (1939) *Management and the Worker*, Cambridge, Mass.: Harvard UP.

Rohr, John A. (1978) *Ethics for Bureaucrats*: *An Essay on Law and Values*, New York: Dekker.

Rokeach. M. (1973) *The Nature of Human Values*, New York: Free Press.

Sahlins, Marshall (1972) *Stone Age Economics*, Chicago. Aidine.

Schriessheim, C. A. and Kerr S. (1977) 'R. I. P. LPC: A Response to Fiedler,' in J. G. Hunt and L. L. Larson (eds.) *Leadership*: *The Cutting Edge*, Carbondale, Ill.: Southern Illinois.

Schumacher, E. F. (1977) *A Guide for the Perplexed*, New York: Harper

& Row.

Scott, William G. and Hart, David K. (1979) *Organizational America*, Boston: Houghton Mifflin.

Self, Peter (1972) *Administrative Theories and Polics*, London: Allen & Unwin.

Silver, M. and D. Geller (1978) 'On the Irrelevance of Evil: The Organization and the individual Action,' *Journal of Social Issues* 34(4): 25-136.

Simon, Herbert A. (1965) *Administrative Behavior*, New York: Free Press.

Singer, Ethan A. and Wooton, Leland M.(1974) 'The Triumph and Failure of Albert Speer's Administrative Genius: Implications for Current Management Theory and Practice,' *Journal of Applied Behavioral Science* 12 no.1: 79-193.

Skineer, B. F. (1971) *Beyond Freedom and Dignity*, New York: Knopf.

Smith, Adam (1776) *The Wealth of Nations*, London.

Snow, C. P. (1961) *Science and Government*, Cambridge, Mass.: Harvard UP.

Solzhenitsyn, Alexander (1974) *August 1914*, Harmondsworth: Penguin.

Speer, A. (1970) *Inside the Third Reich: Memoirs*, New York: MacMillan.

Steers, Richard M. and Porter, Lyman W. (1975) *Motivation and Work Behavior*, New York: McGraw-Hill.

Stufflebeam, D. L. *et al.* (1971) *Educational Evaluation and Decision Making*, Itasca, Ill.: Peacok.

Taylor, Frederick W. (1915) *The Principles of Scientific Management*, New York: Harper.

(1964) *Scientific Management*, London: Harper (New York, 1947).

Thayer, Frederick C. (1973) *An End to Hierarchy! An End to Competition*, Pittsburgh: Franklin-Watts.

(1980) 'Values, Truth, and Administration: Cod or Mammon?,' *Public Administration Review* Jan/Feb.: 91.

Thomas, Rosamund M. (1978) *The British Philosophy of Administration: A Comparison of British and American Ideas*, London: Longmans.

Thompson, J. D. (1967) *Organizations in Action*, New York: McGraw-Hill.

Thompson, Victor A. (1961) *Modern Organization*, New York: Knopf.

(1976) *Bureaucracy and the Modern World*, Morristown, NJ: General Learning Press.

Toffler, Alvin (1971) *Future Sbock*, New York: Bantam.

Tönnies, Ferdinand (1955) *Community and Association*, London: Routledge & Kegan Paul.

Tribe, Lawrence H. (1972) Policy Science: Analysis or Ideology,' *Philosophy and Public Affairs* Fall: 66-110.

von Bertalanffy, L. (1968) *General Systems Theory: Foundations, Development, Applications*, New York: Braziller.

Vickers, Sir Geoffrey (1965) *The Art of Judgement*, London, New York: Basic Books.

(1972) *Freedom in a Rocking Boat*, Harmondsworth: Penguin.

(1980) *Responsibility-Its Sources and Limits*, Seaside, Calif.: Intersystems: Pub.

Waldo, Dwight (1977) *Democracy, Bureaucracy, and Hypocrisy*, Berkeley: Inst. of Governmental Studies, Univ. of Calif.

(1980) *The Enterprise of Public Administration*, Novato, Calif.: Chandler & Sharp.

Weber, Max (1947) *Theory of Social and Economic Organization*, A. M. Henderson and Talcott, Parsons (trs.), London: OUP.

(1956) *Staatssoziologie*, Berlin: Duncker und Humbolt.

Weil, Simone (1962) 'Human Personality,' in *Selected Essays*, R. Rees (tr.), New York:

(1965) *Oppression and Liberty*, London: Routledge & Kegan Paul; Amherst, Mass.: Univ. of Massachusetts Press.

Whyte, William H. Jr. (1956) *The Organization Man*, New York: Simon and Schuster.

Williams, B. (1971) 'Morality and the Emotions,' in J. Casey (ed.) *Morality and Moral Reasoning*, London: Methuen.

Wise, Arthur E. (1977) 'Why Educational Policies Often Fail: The Hyperrationalization Hypothesis,' *Curriculum Studies* 9(1): 43-57.

Wittgenstein, Ludwig (1922, 1961) *Tractatus Logico-Philosophicus*, Pears, D. F.

and B. F. McGuinness (trs.), London: Routledge & Kegan Paul.

(1974) *Philosophical Investigations*, C. E. M. Anscombe (tr.), Basil Blackwell.

(1980) *Culture and Value*, Peter Winch (tr.), Oxford: Basil Blackwell.

Wolfe, Tom (1979) *The Right Stuff*, New York: Farrer, Strauss, and Giroux.

(1980) *Mauve Gloves and Madmen, Clutter and Vine*, New York: Bantam.

Zaleznik, A. (1966) *Human Dilemmas of Leadership*, New York: Harper & Row.

Zimmer, Heinrich (1956) *Philosophies of India*, New York: Bollingen Foundation.

찾아보기

●역 자 소 개●

주삼환(朱三煥)

●약력●

서울교육대학 교육학과 졸업
서울대학교 교육대학원 교육행정 전공(교육학석사)
미국 미네소타 대학교 대학원 교육행정 전공(철학박사)
전 서울 시내 초등학교 교사 약 15년
　　한국교육학회 회원, 한국교육행정학회 회장(1999)
　　미국 오하이오 주립대학교 객원교수(2003~2004)
현 충남대학교 인문대학 교육학과 교수

●저서 및 역서●

『사회과학이론입문』(공역, 한국학술정보(주), 2005)
『한국교육행정강론』(한국학술정보(주), 2005)
『질의 교육과 교육행정』(한국학술정보(주), 2005)
『수업분석과 수업연구』(공저, 한국학술정보(주), 2005)
『교육행정철학』(역, 한국학술정보(주), 2005)
『미국교육행정』(역, 한국학술정보(주), 2005)
『입문 비교교육학』(역, 한국학술정보(주), 2005)
『임상장학』(역, 한국학술정보(주), 2005)
『교육행정사상의 변화』(한국학술정보(주), 2005)
『위기의 한국교육』(한국학술정보(주), 2005)
『교양 인간관계론』(공역, 한국학술정보(주), 2005)
『우리의 교육, 몸으로 가르치자』(한국학술정보(주), 2005)
『전환시대의 전환적 교육』(한국학술정보(주), 2006)
『장학: 장학자와 교사의 상호관계성』(역, 한국학술정보(주), 2006)
『허즈버그의 직무동기이론』(역, 한국학술정보(주), 2006)
『대안적 교육행정학』(공역, 한국학술정보(주), 2006)
『전환적 장학과 학교경영』(한국학술정보(주), 2006)
『교육행정 특강』(한국학술정보(주), 2006)
『교장의 리더십과 장학』(한국학술정보(주), 2006)
『교장의 질 관리 장학』(한국학술정보(주), 2006)
『지방 교육자치와 대학자치』(한국학술정보(주), 2006)
『장학의 이론과 기법』(한국학술정보(주), 2006)
『리더십의 철학』(한국학술정보(주), 2006)
『교육행정 및 교육경영』(공저, 학지사, 2003, 개정판)
『미국의 교장』(학지사, 2005)
『교육이 바로 서야』(원미사, 2002)

『전환기의 교육행정』(성원사, 1996)
『학교경영과 교내장학』(학지사, 1996)
『교육행정 및 교육경영』(공저, 삼광출판사, 1995)
『장학론』(공저, 한국교육행정학회, 1995)
『장학론』(공저, 한국방송통신대학, 1991)
『인간자원장학론』(공역, 배영사, 1987)
『장학론: 선택적 장학체제』(역, 문음사, 1986)

『교육행정연구』(성원사, 1985)
『장학론』(공역, 학문사, 1984)
『교육정책의 새로운 방향』(역, 교육과학사, 1983)
『교육학개론』(공저, 정민사, 1983)
『장학론』(갑을출판사, 1982)
『신장학론』(역, 교육출판사, 1979)

명제창(明濟昌)

●약력●

    충남대학교 교육학과(학사)
    충남대학교 대학원 교육행정 전공(석사, 박사)

●저서 및 역서●

『교육행정 및 교육경영』(공저, 학지사)
『교양인간관계론』(공역, 법문사)
『대안적 교육행정학』(공역, (주)한국학술정보)
『리더십의 철학』(공역, (주)한국학술정보)

리더십의 철학

• 초판 인쇄	2006년 3월 2일
• 초판 발행	2006년 3월 2일
• 지 은 이	C. 핫지킨슨
• 옮 긴 이	주삼환, 명제창
• 펴 낸 이	채종준
• 펴 낸 곳	한국학술정보㈜
	413-756, 경기도 파주시 교하읍 문발리 526-2
	파주출판문화정보산업단지
	전화 031) 908-3181(대표) · 팩스 031) 908-3189
	홈페이지 http://www.kstudy.com
	e-mail(e-Book사업부) ebook@kstudy.com
• 등 록	제일산-115호(2000. 6. 19)
• 가 격	31,000원

ISBN   89-534-4740-2 93370 (Paper Book)
            89-534-4741-0 98370 (e-Book)